Páginas de sociabilidade feminina

CONSELHO EDITORIAL

Ana Paula Torres Megiani

Eunice Ostrensky

Haroldo Ceravolo Sereza

Joana Monteleone

Maria Luiza Ferreira de Oliveira

Ruy Braga

Páginas de sociabilidade feminina

Sensibilidade musical no
Rio de Janeiro Oitocentista

Everton Vieira Barbosa

Copyright © 2018 Everton Vieira Barbosa

Grafia atualizada segundo o Acordo Ortográfico da Língua Portuguesa de 1990, que entrou em vigor no Brasil em 2009.

Edição: Haroldo Ceravolo Sereza
Editora assistente: Danielly de Jesus Teles
Projeto gráfico, diagramação e capa: Danielly de Jesus Teles
Assistente de produção: Mari Rá Chacon
Assistente acadêmica: Bruna Marques
Revisão: Alexandra Colontini
Imagem da capa: DAVID, Jean-Baptiste. *Le Moniteur de la mode.* Journal du grand monde. 2º numéro de novembre 1854 – gravure n° 413.

Esta obra foi publicada com apoio da Fapesp, nº do processo: 2016/22201-6

CIP-BRASIL. CATALOGAÇÃO-NA-FONTE
SINDICATO NACIONAL DOS EDITORES DE LIVROS, RJ

B196p

Barbosa, Everton Vieira
Páginas de sociabilidade feminina : sensibilidade musical no Rio de Janeiro Oitocentista / Everton Vieira Barbosa. - 1. ed. - São Paulo: Alameda, 2018.
il. ; 21 cm.

Inclui bibliografia

1. Música - Rio de Janeiro (RJ) - Séc. XIX - História e crítica. 2. Música - Aspectos sociais - Rio de Janeiro (RJ). 3. Rio de Janeiro (RJ) - Usos e costumes - Séc. XIX. 4. Identidade de gênero. I. Título.

| 17-46420 | CDD: 780.98153 |
| | CDU: 78.067.26(815.3 |

ALAMEDA CASA EDITORIAL
Rua 13 de Maio, 353 – Bela Vista
CEP 01327-000 – São Paulo, SP
Tel. (11) 3012-2403
www.alamedaeditorial.com.br

Sumário

Prefácio: Sons e gostos de uma elite: uma análise do cotidiano feminino do Rio de Janeiro em meados do Oitocentos ... 7

Apresentação ... 11

1. Eis uma senhora à testa da redação de um jornal ... 23

2. Entre elas: sensações, sentimentos e impressões ... 81

3. Imprimindo um cenário musical carioca ... 143

Conclusão ... 209

Referências ... 217

Agradecimentos ... 237

Prefácio
Sons e gostos de uma elite: uma análise do cotidiano feminino do Rio de Janeiro em meados do Oitocentos

> O povo que chupa o caju, a manga, o cambucá e a jabuticaba pode falar uma língua com igual pronúncia e o mesmo espírito do povo que sorve o figo, a pera, o damasco e a nêspera?

Com essa frase, José de Alencar, em 1872, em seu prefácio de *Sonhos d'Ouro*, sugere, assim como afirma Wisnik (2004), que a forma com que articulamos nossa boca, nossa língua, também possui sabores, tais como as "frutas e frutos" e claro, denota nosso caráter peculiar. Dessa forma, não podemos absorver da mesma forma ou igual espírito as frutas, os sons e os costumes do povo que sorve o figo ou a pera. No entanto, a troca, a circularidade cultural é possível e, sempre ocorreu, desde os tempos mais longínquos na história. A possibilidade e vontade de experimentar diferentes frutos, sabores, sons, sentimentos e percepções, assim como de saborear de forma distinta os mesmos espaços, viabiliza a construção de novas articulações na língua, nas sonoridades, e claro, nas sensibilidades, nas relações sociais e nas ações cotidianas.

Qual a relação dessa discussão com o trabalho de Everton Barbosa? *Páginas de Sociabilidade Feminina: sensibilidade musical no Rio de Janeiro Oitocentista*, nos conta uma história de parte da elite carioca, através do olhar feminino em meados do século XIX. E essa história se entre-cruza com a biografia das editoras do *Jornal das Senhoras*. Um exemplo interessante é o de Joanna Paula Manso de Noronha, a primeira editora deste jornal. Nascida na Argentina, já tinha se aventurado em terras es-trangeiras, como Cuba e Estados Unidos, até estabelecer sua moradia no Brasil, casando-se com um músico português, Francisco de Sá Noronha.

O trabalho busca com a narrativa dessas histórias e de muitas ou-tras, discutir e compreender as redes de sociabilidade dessas mulheres, da relevância das trocas culturais e de como esse cotidiano era difundido e absorvido por parte dessa elite carioca.

Através da abordagem e entrecruzamento de diferentes tipos de documentos e fontes (escritas, iconográficas e musicais), o texto iden-tifica as sensibilidades, percepções e relações sociais que as mulheres pertencentes a uma elite aristocrática do Rio de Janeiro estabeleciam com os diversos espaços de sociabilidade que frequentavam possibilitando as-sim, ao leitor, conhecer parte de seu cotidiano, de suas experiências de vida e também da atuação de mediadores culturais, que fizeram parte dessa história e que permitiram mesclar sotaques, sabores e sons, por meio dos textos, das festas, das lojas e também das partituras musicais. Isso a despeito dessa elite ansiar pela importação de valores europeus, de tecidos, romances e, claro, de pianos, sons e ritmos. Um olhar mais atento nos mostra que, apesar desse esforço, o *Jornal das Senhoras* difundia não apenas valsas e quadrilhas, mas também, lundus e modinhas.

O texto nos revela também que, ao propalar "textos sobre variedades, modas, poesias, educação feminina, medicina e economia domésti-ca, folhetins, crônicas semanais, quinzenais, teatrais, dos salões, boletim musical e inserirem peças de modas, bordados e de partituras musicais" as editoras do periódico aqui analisado também utilizam o jornal como um meio de diálogo "de mulher para mulher", um veículo de instrução feminina e um espaço de poder, na luta pela equiparação sexual.

Essa história, que nos é contada aqui é instigante e nos remete de volta a José de Alencar, pois nos permite pensar que também é possível experimentar o figo em terras tropicais e, após isso, preparar, misturar (e

Páginas de sociabilidade feminina 9

por que não?) criar, cozinhar e difundir uma boa e diferente geléia, com uma suculenta manga ou jabuticaba.

Esperamos que esse trabalho, construído ao longo de três anos, leve o leitor a compreender esses diferentes sabores, histórias e experiências através da narrativa e análise dessas relações, articulações e redes de sociabilidade no Rio de Janeiro de meados do Oitocentos. Experimente sorvê-lo todo! *Voilà!*

Profa. Dra. Fabiana Lopes da Cunha
(UNESP e Visiting Research King´s College London)

Apresentação

Eu gostaria de iniciar este texto explicando a escolha do título *Páginas de sociabilidade feminina: sensibilidade musical no Rio de Janeiro Oitocentista*, pois certamente esta explicação permitirá uma dimensão significativa a respeito desta pesquisa.

Durante os anos de 2011 a 2013, ao cursar a pós-graduação – *latu sensu* – História, Sociedade e Cultura, na Pontifícia Universidade Católica de São Paulo (PUC-SP), busquei para o Trabalho de Conclusão de Curso (TCC) desenvolver um diálogo entre História e Música. A escolha desta temática deve-se à minha aproximação musical na participação em eventos e em espaços de sociabilidade, cuja sua presença foi uma constância. Além disso, o gosto musical foi adquirido durante o aprendizado de canto, violão e teclado na juventude.

Assim, nestes três anos de estudos na universidade, foi feito um contato inicial com o livro *História e Música*, de Marcos Napolitano, para investigar algumas questões para reflexão e desenvolvimento do TCC.[1]

---

1   NAPOLITANO, Marcos. *História e Música: história cultural da música popular*. 3ª ed. Belo Horizonte: Autêntica, 2005.

Durante a leitura deste livro, um trecho que tratava da atividade musical profissional em meados do século XIX causou inquietação pelo fato de o autor afirmar que até aquele período, esta prática era entendida como uma forma de trabalho artesanal, ou, nas palavras de Napolitano, "coisa de escravos". Na continuação do parágrafo, o autor explicou que "[...] com o impacto do romantismo entre nós, a partir de 1840/50, essa visão começou a mudar [...]".[2]

Pronto! Neste parágrafo surgiram questões que poderiam ser desenvolvidas no TCC: Por que e como o romantismo modificou a visão da atividade musical profissional em meados do século XIX?

Para responder tais questões, recorri às fontes primárias do século XIX, e dentre elas, O Jornal das Senhoras (1852-1855),[3] periódico digitalizado pela Biblioteca Nacional,[4] por meio da Hemeroteca Digital.[5]

Ao realizar a leitura desta fonte, detectaram-se comentários sobre as músicas ouvidas e executadas naquele momento, além de trinta e cinco partituras que acompanharam o impresso periódico em determinadas edições.

As peças musicais foram inseridas em O Jornal das Senhoras, pois elas possuíam um processo de impressão distinto dos jornais e livros publicados no mesmo período. Enquanto os periódicos eram im-

---

2   *Ibidem*, p. 42.

3   O material físico deste periódico está localizado na seção de obras raras da mesma biblioteca, na cidade do Rio de Janeiro. Possui 209 edições e todas elas encontram-se digitalizadas e microfilmadas pela Biblioteca Nacional. O Microfilme Positivo: PR-SOR 02157 [1-2] está disponível em: <http://bndigital.bn.br/acervo-digital/jornal-senhoras/ 700096>. Acesso em: 01 mar. 2017.

4   O site da Biblioteca Nacional está disponível em: <http://www.bn.br/>. Acesso em: 01 mar. 2017.

5   O site da Hemeroteca Digital está disponível em: <http://hemerotecadigital. br.br/>. Acesso em: 01 mar. 2017.

Páginas de sociabilidade feminina

pressos em casas tipográficas,[6] as partituras musicais eram impressas em casas litográficas.[7] Assim, por meio das páginas do jornal, adentrou-se em um universo ainda desconhecido, percebendo ser o início de uma pesquisa sobre a música no século XIX em um periódico organizado, escrito e voltado às mulheres.

Retomando as questões que permitiram o encontro com esta fonte, procurou-se identificar os traços de mudanças que ligassem o romantismo à atividade musical profissional no Brasil.

Sem respostas concretas ou específicas, foi realizado um diálogo com algumas professoras[8] e a leitura em referenciais teóricos sobre o tema no período para esclarecer estas questões.

Neste diálogo e nas leituras efetuadas, observou-se que o romantismo não foi o único fator determinante da mudança na percepção da atividade musical profissional, mas além dele, um conjunto de fatores internos e externos permitiu essa transição.

Para confirmar esta ideia, Jonas Alves da Silva Junior afirmou que "[...] dois fatos vão impulsionar muito a música brasileira nas primeiras

---

6　Cf. SODRÉ, Nelson Werneck. *A história da Imprensa no Brasil.* 4ª ed. (atualizada) Rio de Janeiro: Mauad, 1999, p. 35-42.

7　A litografia é uma forma de gravura em suporte de pedra com o uso de um lápis gorduroso. Esta técnica chegou ao Brasil em 1818. Cf. BOEIRA, Luciana Fernandes. "Lendo imagens: a litografia no Brasil do século XIX". *Saeculum* (UFPB), Paraíba, nº. 28, 2013, p. 155-175. Disponível em < http://periodicos. ufpb.br/ojs2/ index.php/srh/article/view/18194/10287>. Acesso em 01 mar. 2017; Cf. CUNHA, Fabiana Lopes da. *Caricaturas carnavalescas e humor no Rio de Janeiro através da ética das revistas ilustradas Fon-Fon! E Careta (1908-1921).* Tese (doutorado em História). FFLCH-USP, São Paulo, 2008, p. 63; Cf. LEME, Mônica Neves. *E "saíram à luz" as novas coleções de polcas, modinhas, lundus, etc.- Música popular e impressão musical no Rio de Janeiro (1820-1920).* Tese (doutorado em História). UFF, Niterói, 2006, p. 126-158.

8　O diálogo foi feito em 2013, com as professoras Maria do Rosário da Cunha Peixoto (PUC-SP) e Estefania Knotz Canguçu Fraga (PUC-SP).

décadas do século XIX: a entrada do piano no país, trazido por Dom João, e o estabelecimento das primeiras casas impressoras de música".[9] Estes dois fatos corroboram para entender como tais mudanças repercutiram nas transformações culturais sobre a percepção da música. A inserção de pianos no Brasil, conforme apontou José Miguel Wisnik, "[...] supõem mudanças significativas e profundas nas condições de produção musical",[10] dentre elas o uso de partituras que serão publicadas pelas casas impressoras de música, mencionadas por Silva Junior.

Deste modo, ao mesmo tempo em que aquelas questões foram resolvidas, optou-se em dar continuidade ao diálogo entre a História e a Música, utilizando *O Jornal das Senhoras* como fonte primária, por conter comentários sobre as músicas executadas no período, além de partituras inclusas. Assim, uma das primeiras tarefas foi conhecer a fonte de pesquisa que se tinha em mãos.

Neste sentido, deu-se atenção a duas questões. A primeira foi sobre a imprensa e todas as conexões que a envolveram no período, desde sua materialidade, circularidade e intervenções sociais e culturais que ela recebeu e provocou em determinado tempo e espaço. A segunda foi sobre a estrutura pessoal do periódico, desde suas redatoras, escritoras(es), colaboradoras(es), assinantes/leitoras(es) e demais pessoas envolvidas, que influenciaram e/ou receberam influência pelo jornal, permitindo pensar as intencionalidades, gostos e escolhas impressas.

---

9   SILVA JUNIOR, Jonas Alves da. *Doces modinhas pra Iaiá, buliçosos lundus pra Ioiô: poesia romântica e música popular no Brasil do século XIX*. São Paulo: Linear B; Faculdade de Filosofia, Letras e Ciências Humanas (Coleção Dissertações e Teses do Programa de Pós-Graduação em Literatura Brasileira da Faculdade de Filosofia, Letras e Ciências Humanas), 2008, p. 66.

10 WISNIK, José Miguel. *Machado Maxixe: O caso Pestana*. São Paulo: Publifolha, 2008, p. 42.

Páginas de sociabilidade feminina

Para isso, os textos de Tania Regina de Luca,[11] e de Heloísa de Faria Cruz e Maria do Rosário da Cunha Peixoto[12] foram de grande importância por tratarem da utilização de impressos periódicos como fonte e objeto. A partir destes dois pontos foi possível perceber algumas estratégias editoriais utilizadas pelas redatoras para manter a circulação, a distribuição e a aceitação do jornal por suas leitoras. Dentre elas, o acompanhamento de partituras em algumas edições, informações sobre músicas e músicos específicos divulgados no jornal, e os espaços de sociabilidade frequentados por estas mulheres, onde a música foi aprendida, ouvida, executada e sentida.

A frequência das redatoras, colaboradoras e leitoras nestes "espaços de sociabilidade", o "gosto musical" impresso no periódico e as demais informações musicais publicadas permitiram pensar "A música sob a ótica do *O Jornal das Senhoras*: 1852-1855", título do trabalho de conclusão de curso, entregue à PUC-SP em 2013.

Assim, deu-se continuidade a pesquisa durante os anos de 2013 e 2016 no curso mestrado, realizado na Universidade Estadual Paulista "Júlio de Mesquita Filho", campus de Assis, sob orientação da Professora Doutora Fabiana Lopes da Cunha.

Ao longo deste período, buscou-se identificar "O cenário musical carioca sob a ótica do *O Jornal das Senhoras*: 1852-1855", título inicial da dissertação. Porém, percebeu-se que a pesquisa foi além desta perspectiva, ao retratar também os espaços de sociabilidade frequentados pelas mulheres, que escreviam e/ou liam o periódico feminino, dar a conhecer seu cotidiano e suas sensibilidades musicais.

---

11 Cf. LUCA, Tania Regina de. "História dos, nos e por meio dos periódicos". In: PINSKY, Carla Bassanezi (org.). *Fontes históricas*. 2ª ed., 1ª reimp. São Paulo: Contexto, 2008, p. 111-154.

12 Cf. CRUZ, Heloísa de Faria; PEIXOTO, Maria do Rosário da Cunha. "Na oficina do Historiador: Conversas sobre História e Imprensa". *Revista Projeto História*, São Paulo, vº 35, volume, dez. 2007, p. 253-270. Disponível em < http://revistas. pucsp.br/index.php/revph/article/view/2221/1322 >. Acesso em: 01 mar. 2017.

Neste sentido, o título *Páginas de sociabilidade feminina: sensibilidade musical no Rio de Janeiro Oitocentista*, utilizado ao final da dissertação de mestrado e também neste livro, visa preencher o objetivo de identificar o cenário musical carioca visto, praticado, sentido e impresso nas páginas do *O Jornal das Senhoras* e de compreender as relações sociais estabelecidas entre as mulheres da elite em diversos espaços de sociabilidade frequentados, permitindo conhecer parte de seu cotidiano e de suas experiências de vida.

A ideia de intitular a dissertação e o livro como *Páginas de sociabilidade*, parte da noção de espaços de sociabilidade, desenvolvida inicialmente no campo da sociologia por Georg Simmel (1858-1919) nas primeiras décadas do século XX.

Ela tem como fundamento "[...] duas proposições: uma delas é que em qualquer sociedade humana pode-se fazer uma distinção entre seu conteúdo e sua forma. A outra proposição é que a própria sociedade em geral se refere à interação entre indivíduos".[13] Deste modo, a forma como os indivíduos interagem entre si, de acordo com seus desejos, gostos, conteúdos e escolhas constituem a vivência em sociedade e os meios de sociabilidade.

Ao folhear as páginas deste livro, o leitor tem a oportunidade de interagir e socializar com as personagens e parte de suas histórias. Ainda que esta interação e socialização sejam interpretadas de modo figurado, o conteúdo e a narrativa utilizada tiveram como princípio dar a conhecer a importância da atuação feminina nos espaços de sociabilidade frequentados.

Já no campo histórico, a noção de sociabilidade ganhou novas definições. Enquanto Maurice Agulhon[14] e Marco Morel[15] se preocuparam

---

13   SIMMEL, Georg. *Sociologia*. Organizador [da coletânea] Evaristo de Moraes Filho. São Paulo: Ática, 1983, p. 166.

14   Cf. AGULHON, Maurice. *Pénitents et Francs-Maçons de l'ancienne Provence: essai sur la sociabilité méridionale*. Paris: Fayard, 1984.

15   Cf. MOREL, Marco. "Sociabilidades entre Luzes e sombras: apontamentos para o estudo histórico das maçonarias da primeira metade do século XIX". *Estudos*

com as sociabilidades estabelecidas em espaços associativos e a relação entre seus membros nestes e em outros locais, Angela de Castro Gomes relacionou estes lugares com a ideia de rede, possibilitando novos aprendizados e sensibilidades entre seus partícipes.[16]

Neste sentido, quando mencionamos os espaços de sociabilidade frequentados e impressos pelas redatoras no periódico *O Jornal das Senhoras*, visamos os diversos locais públicos e privados de vivência e trocas de experiências entre estas mulheres. Assim, os teatros, as residências, os salões, as associações privadas, os clubes de lazer são alguns destes espaços de sociabilidade que compuseram o cenário musical carioca sob a ótica das redatoras, colaboradoras e leitoras do jornal.

O gentílico "carioca" refere-se à localização geográfica de impressão do *O Jornal das Senhoras*. Portanto, a ideia de cenário musical carioca está associada ao conjunto de práticas musicais realizadas por qualquer pessoa em espaços de sociabilidade frequentados pelas redatoras e colaboradoras do jornal, tanto na cidade do Rio de Janeiro quanto em outros locais, e registrados nas páginas do periódico feminino.

Enquanto alguns espaços frequentados e músicas ouvidas e executadas foram impressas no periódico, outros locais e práticas sonoras foram negligenciadas, esquecidas e ocultadas. Tais silêncios, esquecimentos e negligências devem-se às escolhas e aos gostos femininos.

Na medida em que as páginas do *O Jornal das Senhoras* deram destaque às músicas executadas nos teatros, nas sociedades de música, nos bailes, nos jantares e nas associações particulares, os cantores de serenatas, dos bares e cafés, os pregoeiros, os cantos de trabalho dos negros e as práticas musicais escravas foram ocultados.

Históricos, Rio de Janeiro, n° 28, 2001, p. 03-22. Disponível em: < http://bibliotecadigital.fgv.br/ojs/index.php/reh/article/viewFile/2147/1286>. Acesso em: 01 mar. 2017.

16 Cf. GOMES, Angela de Castro. *Essa gente do Rio...: modernismo e nacionalismo*. Rio de Janeiro: Editora Fundação Getulio Vargas, 1999.

Por este motivo, este trabalho visa identificar o cenário musical carioca sob a ótica do *O Jornal das Senhoras*, ou seja, sob o ponto de vista das mulheres que atuaram neste periódico, registrando as práticas musicais ouvidas, executadas e sentidas nos diversos espaços de sociabilidade frequentados.

As músicas impressas e os espaços de sociabilidade frequentados fazem parte de um gosto musical comum entre estas mulheres.

Se for para observar o gosto particular, realmente as discussões são subjetivas, mas a discussão do gosto coletivo pode ser um indicativo do estágio e do desenvolvimento de uma sociedade. O gosto seleciona e cria ideias e hábitos comuns de grupos e classes, simultaneamente atenua e acentua as diferenças dentro de uma sociedade. O gosto pode ser adquirido ou imitado do comportamento e da posição social do outro.[17]

Nas modas, nas vestimentas, nos espaços frequentados e nas músicas ouvidas e executadas, o discurso de "bom gosto" compôs as páginas do *O Jornal das Senhoras*, moldando este universo de escolhas e sensibilidades femininas, bem como este cenário musical impresso.

A ideia de cenário musical carioca utilizada nesta pesquisa provém da noção de paisagem sonora, empregada por Raymond Murray Schafer,[18] e de cenas musicais, empregada por Will Straw.[19]

---

17 MONTEIRO, Maurício. *A construção do gosto: música e sociedade na Corte do Rio de Janeiro – 1808 – 1821*. São Paulo: Ateliê Editorial, 2008, p. 18.

18 Cf. SCHAFER, Raymond Murray. *A afinação do mundo: uma exploração pioneira pela história passada e pelo atual estado do mais negligenciado aspecto do nosso ambiente: a paisagem sonora*. (Introdução: Marisa Trench Fonterrada). São Paulo: Editora UNESP, 2001; Cf. SCHAFER, Raymond Murray. *O ouvido pensante* (Tradução Marisa Tench de O. Fonterrada, Magda R. Gomes da Silva, Maria Lúcia Pascoal). São Paulo: Fundação Editora da Unesp, 1991.

19 Cf. STRAW, Will. "Systems of Articulation, logics of change: communities and scenes in popular music". *Cultural Studies*, vol. 5, n° 3, 1991, p. 368-388.

Páginas de sociabilidade feminina 19

Ambos os pesquisadores desenvolveram estes conceitos na perspectiva dos Estudos Culturais, um campo de investigação interdisciplinar que surgiu na década de 60 do século XX na Inglaterra e que ganhou terreno na Europa, Estados Unidos e Canadá.

Enquanto o primeiro se concentrou em pesquisar as diversas sonoridades captadas pela percepção auditiva, ou seja, o ambiente acústico, o segundo buscou perceber a circulação musical nos espaços urbanos, e consequentemente as redes de sociabilidade que moldaram e/ou foram moldadas pelos diversos tipos de consumo musicais.

Ainda que os pesquisadores concentrem suas atenções em outros tempos e espaços, ambas as noções podem ser utilizadas nesta pesquisa de modo parcial, tomando alguns cuidados.

O primeiro deles é compreender que as mulheres que escreveram para o jornal e suas assinantes pertenciam a um pequeno grupo social, caracterizado: pelo acesso à educação – ainda que limitada e diferenciada do ensino masculino –; pela disponibilidade de bens econômicos e culturais; e por pertencerem às famílias da elite aristocrática carioca. Ao atuarem no *O Jornal das Senhoras*, estas mulheres relataram nas páginas do periódico as redes e os espaços de sociabilidade frequentados, bem como as músicas apreciadas e executadas nestes locais.

O segundo cuidado deve ser tomado ao perceber que estas mulheres viviam em uma sociedade legitimada pelo poder patriarcal, portanto eram submissas legalmente ao pai, enquanto solteiras, e ao marido após o casamento. Com isso, tanto os textos sobre a educação feminina quanto as informações sobre notação musical e demais assuntos relacionados à música tiveram um caráter pedagógico, a fim de emancipar moralmente e melhorar socialmente a posição e o papel feminino em sociedade.

Disponível em < http://dx.doi.org/10.1080/09502389100490311 >. Acesso em: 01 mar. 2017.

E por fim, devemos lembrar que em meados do século XIX ainda não existia a tecnologia de aparelhos capazes de gravar e reproduzir o som, e mídias sonoras como o rádio, o gramofone, o disco de vinil ou o CD. Neste sentido, o único recurso de registro musical no período foi a partitura. E mesmo servindo como registro, sua execução nunca seria igual à anterior. Portanto, a inserção de partituras em *O Jornal das Senhoras* serviu como meio instrutivo na formação musical feminina, bem como indicou os gostos e escolhas musicais das redatoras e colaboradoras do periódico.

A utilização do conceito paisagem sonora, adequada ao contexto social e cultural do século XIX no Rio de Janeiro, busca tratar das sensibilidades musicais ouvidas, sentidas e impressas em *O Jornal das Senhoras*. Os relatos femininos sobre a importância da audição e dos sons ouvidos, os sentidos que a música fornece em determinados ambientes, os modos de percepção sonora e como ela afeta determinados comportamentos são alguns exemplos das paisagens sonoras assimiladas pelas redatoras e colaboradoras em suas experiências de vida e em suas narrativas, publicadas no periódico feminino.

Já a noção de cenário musical, inserida na sociedade carioca Oitocentista, será abordada na identificação dos espaços de sociabilidade frequentados por estas mulheres e dos agentes históricos que lá circularam.

Ao relatarem e imprimirem no jornal o "bom gosto" das músicas executadas nestes locais, o periódico ajudou a moldar gostos, escolhas, hábitos, práticas e redes de sociabilidade femininas. E ao mencionarem os músicos, instrumentistas e demais admiradores da música, o periódico feminino pode ser concebido como um cenário musical, onde estes agentes culturais ganharam visibilidade nas páginas do *O Jornal das Senhoras*.

Partindo da articulação destas e de outras noções ao longo da pesquisa, o livro foi estruturado em três capítulos, a fim de proporcionar ao(a) leitor(a) uma organização na constituição deste cenário musical carioca sob a ótica do *O Jornal das Senhoras*.

O primeiro capítulo tem como mote a imprensa e *O Jornal das Senhoras*. Ao traçarmos um breve panorama sobre os impressos periódicos no Brasil ao longo da primeira metade do século XIX e de alguns agentes culturais envolvidos neste trabalho, perceberemos como o periódico de Joanna, Violante e Gervasia surgiu neste contexto.

E para mantê-lo publicado, distribuído e assinado, destacaremos as diversas estratégias editoriais desenvolvidas por estas mulheres, dentre elas o uso de partituras e os comentários sobre as músicas executadas no período. As estratégias utilizadas e percebidas na pesquisa possibilitam compreender a sapiência destas senhoras no trabalho tipográfico, dando margem para o próximo capítulo.

O segundo capítulo centra sua atenção nas mulheres que fizeram parte do periódico, seja por meio da redação, colaboração ou assinatura. Ao estabelecer *O Jornal das Senhoras* como um veículo de instrução, de diálogo e de poder, se compreenderá que o papel social destas mulheres em uma sociedade patriarcal foi além dos bastidores do periódico, perpassando os diversos espaços de sociabilidade públicos e privados existentes na cidade do Rio de Janeiro.

E se os objetivos iniciais das redatoras foram de emancipar moralmente e melhorar socialmente a condição das mulheres, se perceberá que o periódico serviu como um agente de informações, possibilitando novos conhecimentos, vivências, experiências, bem como um meio de atuação feminino legitimado. Neste entremeio, a música foi ouvida, praticada e sentida pelas mulheres que relataram algumas destas experiências, moldando um cenário musical carioca, tema do último capítulo.

O terceiro capítulo adentrará os espaços de sociabilidade frequentados por estas mulheres e trará a luz as músicas ouvidas, executadas, sentidas e impressas em *O Jornal das Senhoras*. Ao mesmo tempo em que são destacados estes espaços e as sonoridades, a utilização de outras fontes permitirá conhecer os locais e as músicas negligenciadas pelas redatoras e colaboradoras do periódico. Assim, será possível identificar os gostos e as escolhas impressas que moldaram o cenário musical carioca.

Ainda que os três capítulos estejam divididos por temáticas distintas – imprensa, gênero e música –, eles se entrecruzam nos espaços de sociabilidade, por meio da sensibilidade musical feminina impressa nas páginas do *O Jornal das Senhoras*.[20]

---

20 Optou-se por atualizar a grafia de todas as fontes, sem alterar seu sentido.

1
Eis uma senhora à testa da redação de um jornal

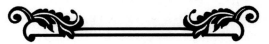

Às nossas Assinantes.

Redigir um jornal é para muitos literatos o apogeu da suprema felicidade, *já sou Redator*, esta fasezinha dita com seus botões faz crescer dois palmos a qualquer indivíduo.

No círculo ilustrado o Redator é sempre recebido com certo prestígio do homem que em letra de imprensa pode dizer muita coisa, propícia ou fatal a alguém.

N'outra roda de gente que considera o progresso do gênero humano, como uma heresia, e os literatos como uma casta de vadios, por que entendem que se possa cavar com uma enxada, porém o trabalho intelectual é para essa gente uma alocução em grego: e portanto o Redator é... é um vadio mesmo, um ente inútil.[1]

---

[1] NORONHA, Joanna Paula Manso de. "As nossas Assignantes". *O Jornal das Senhoras*. Rio de Janeiro: Typographia Parisiense, n° 1, 01 jan. 1852, p. 01 [grifo da autora].

A reflexão sobre a função do redator e de sua posição social foi publicada na primeira edição do periódico *O Jornal das Senhoras*, em 01 de janeiro de 1852.

Se tal reflexão demonstrou os distintos posicionamentos existentes no limiar Oitocentista a respeito da atuação do redator em sociedade, este excerto também permitiu identificar a sapiência da redatora Joanna Paula Manso de Noronha (1819-1875) no campo de atuação em que adentrou. Na continuação do excerto, Manso de Noronha buscou justificar sua atuação como diretora e redatora do *O Jornal das Senhoras* mencionando a atividade de mulheres, dedicadas à literatura e que colaboraram em jornais franceses, ingleses, italianos, espanhóis e estadunidenses.

A justificativa da atuação feminina em um periódico foi necessária devida à escassa participação de mulheres na imprensa brasileira. Incomum para a época, a própria redatora questionou: "Ora pois, uma Senhora à testa da redação de um jornal! Que bicho de sete cabeças será?"[2]

Este questionamento confirmou o conhecimento que Manso de Noronha detinha a respeito da presença feminina em impressos de outros países, e das poucas mulheres que atuaram na imprensa brasileira.

Neste sentido, é válido buscarmos uma aproximação do mesmo conhecimento tido pela redatora Joanna a respeito da diminuta atuação feminina na imprensa brasileira no período.

Para isso, trilharemos uma breve cronologia dos impressos no Brasil, com apontamentos sobre a participação feminina na prática jornalística, além de observarmos algumas transformações que permitiram o acesso de senhoras brasileiras à testa da redação de um jornal.

Ao seguirmos este caminho, também será possível identificarmos as estratégias editoriais que possibilitaram a propagação da ilustração, ao inserir e legitimar *O Jornal das Senhoras* na rede e nos espaços de sociabilidade que interligaram redatores, mediadores, leitores e outros agentes culturais no Brasil Oitocentista. Deste modo, os meios utilizados para

---

2   *Ibidem.*

Páginas de sociabilidade feminina   25

divulgar e instruir o belo sexo musicalmente permite a visualização de
um cenário musical carioca sob a ótica das redatoras Joanna, Violante e
Gervasia impressos nas páginas do periódico feminino.

1.1 As origens da imprensa brasileira, sua oficialização e o fim da censura prévia

A "imprensa brasileira", ou seja, a empresa que produziu impressos no Brasil surgiu oficialmente no ano de 1808, logo após a vinda da
família real.

Ainda que esse fato tenha inaugurado a tipografia régia na antiga
colônia portuguesa, vale destacar que outras tentativas de instalação da
máquina de impressos foram feitas nos séculos XVII[3] e XVIII.[4]

Algumas mais e outras menos eficazes, tais empreitadas permitiram constatar, em primeiro lugar, o grau de coerção feito por Portugal
em relação à colônia, a ponto de barrar qualquer instalação tipográfica.

Como exemplo, Antonio Isidoro da Fonseca, antigo impressor em
Lisboa, transferiu-se para o Brasil no ano de 1746, instalando uma peque-
na tipografia no Rio de Janeiro e imprimindo quatro pequenos opúsculos.
Porém, "[...] por ordem régia de 6 de julho de 1747, teve seus bens seques-

---

3   Cf. RIZZINI, Carlos. *O livro, O Jornal e a Tipografia no Brasil, 1500-1822: com
     um breve estudo geral sobre a informação.* (Ed. Fac Similar.) São Paulo: Imprensa
     Oficial do Estado, 1988; RIZZINI, Carlos. *O Jornalismo antes da Tipografia.*
     São Paulo: Comp. Ed. Nacional, 1968; SODRÉ, Nelson Werneck. *Op. cit.,* 1999;
     MELO, José Marques de. *Sociologia da imprensa brasileira: a implantação* (prefá-
     cio de Luiz Beltrão). Petrópolis: Vozes, 1973.

4   Cf. MORAES, Rubens Borba de. *Livros e bibliotecas no Brasil colonial.* 2ª ed.
     Brasília: Briquet de Lemos, 2006; MOLINA, Matías Martínez. *História dos jornais
     no Brasil. Da era colonial à Regência (1500-1840).* 1ª ed. São Paulo: Companhia
     das Letras, 2015; HALLEWELL, Laurence. *O livro no Brasil: sua história* [tradu-
     ção de Maria da Penha Villalobos e Lélio Lourenço de Oliveira, revista e atualiza-
     da pelo autor]. São Paulo: T. A. Queiroz: Ed. da Universidade de São Paulo, 1985.

trados e queimados, além de ter sido deportado para Lisboa",[5] demonstrando a rigidez exercida pela coroa portuguesa na proibição de impressos em terras brasileiras.

E em segundo lugar, essas tentativas contribuíram para gestar uma circulação de impressos, bem como estabelecer uma rede de solidariedade entre seus membros, como no caso do livreiro Paulo Martin Filho, que veio para o Brasil no início do século XIX e manteve com seus familiares europeus, e também livreiros, uma circulação transatlântica de impressos.[6] Mas Martin Filho não foi o único que intermediou a venda de impressos no Rio de Janeiro. Além dele, Nireu Oliveira Cavalcanti encontrou outros vinte e dois "oficiais livreiros que atuaram na cidade do Rio de Janeiro entre 1754 e 1807",[7] e informações sobre um livreiro na cidade de Vila Rica, chamado Manuel Ribeiro dos Santos.[8]

Enquanto isso, Aníbal Bragança observou o requerimento de livreiros no Rio de Janeiro à metrópole sobre "privilégios, isenções e liberdades", e concluiu que "[...] em meados do século XVIII, já havia um 'promissor mercado específico'", voltado à circulação de impressos na colônia.[9] Deste modo,

---

5   SEMERARO, Claudia Mariano; AYROSA, Christiane. *História da Tipografia no Brasil*. São Paulo: Museu de Arte de São Paulo (MASP): Secretaria de Cultura, Ciência e Tecnologia do Governo do Estado de São Paulo, 1979, p. 06.

6   Cf. FERREIRA, Tânia Maria Tavares Bessone da Cruz; NEVES, Lúcia Maria Bastos das. "Brasil, Portugal e França: a circulação de ideias políticas e culturais por meio dos que tratam em livros (1808-1830)". In: ABREU, Marcia; DEAECTO, Marisa Midori (Orgs.). *A circulação transatlântica dos impressos: conexões*. 1ª ed. Campinas: IEL/Setor de Publicações, 2014, p. 15-24.

7   CAVALCANTI, Nireu Oliveira. *O Rio de Janeiro setecentista: a vida e a construção da cidade da invasão francesa até a chegada da Corte*. Rio de Janeiro: Jorge Zahar, 2004, p. 146.

8   *Idem*. "A livraria do Teixeira e a circulação de livros na cidade do Rio de Janeiro, em 1794". *Acervo* – Revista do Arquivo Nacional. Rio de Janeiro, vol. 8, nº 01/02, pp. 183-194, jan/dez. de 1995, p. 184.

9   BRAGANÇA, Aníbal. "António Isidoro da Fonseca e Frei José Mariano da Conceição Veloso: precursores". In: BRAGANÇA, Aníbal; ABREU, Marcia

Páginas de sociabilidade feminina 27

A ausência de imprensa no Brasil até inícios do século XIX não impediu a escrita e a publicação de livros antes disso por autores de origem brasileira ou estabelecidos no Brasil, obras que eram impressas em Portugal ou noutras partes da Europa.[10]

A circulação e a publicação de textos referem-se aos "catecismos e gramáticas escritos em línguas indígenas". Além disso, "notícias e imagens da geografia das regiões descobertas, dos seus povos e da sua língua, da sua fauna e flora, começaram a circular sob todas as formas, manuscritas e impressas".[11]

A circulação destes documentos podia ser disponibilizada pelos livreiros, ou acabava adentrando em terras brasileiras quando "[...] os letrados que desempenharam cargos na administração colonial transportavam as suas bibliotecas, por vezes volumosas, para os locais onde se instalavam, no Rio de Janeiro, na Bahia, no Recife, Vila Rica ou outros locais".[12]

Além destes, os "Mestres-capelães, mesmo aqueles de catedrais e igrejas paroquiais, mantiveram as bibliotecas de música em suas próprias casas, juntamente com os seus próprios instrumentos e livros de música".[13]

Deste modo, era difícil controlar a circulação destes documentos na cidade, uma vez que o Rio de Janeiro recebia uma demanda variada de impressos:

(Orgs.). *Impresso no Brasil: dois séculos de livros brasileiros.* São Paulo: Editora Unesp, 2010, p. 28-29.

10 BELO, André. *História & livro e leitura.* 2ª ed.; 1. Reimp. Belo Horizonte: Autêntica Editora, 2013. (Coleção História &... Reflexões, 3), p. 77.

11 *Ibidem*, p. 78.

12 *Ibidem.*

13 Versão Original: "Chapel-masters, even those of cathedrals and parish churches, kept the music libraries in their own houses, along with their own instruments and music books". CASTANHA, Paulo; TRINDADE, Jaelson. "Chapelmasters and musical practice in Brazilian cities in the eighteenth century". In: BAKER, Geoffrey; Knighton, Tess (Orgs.). *Music and urban society in colonial Latin America.* New York: Cambridge University Press, 2011, p. 145.

Por sua condição de cidade portuária, o Rio de Janeiro do século XVIII constituiu-se no grande centro distribuidor de impressos – como livros, gravuras, mapas, folhinhas, folhetos, volantes etc.–, suprimindo o comércio especializado do interior da capitania e também da vasta região de Minas Gerais, São Paulo, Goiás, Mato Grosso, Paranaguá e Curitiba, Santa Catarina, Rio Grande de São Pedro (atual Rio Grande do Sul) e Colônia do Sacramento.[14]

A condição de cidade portuária, assim como capital colonial, tornou o Rio de Janeiro um centro propício para a circulação de mediadores culturais, impressos e ideias. Este fluxo aumentou e se dinamizou ainda mais com a chegada da corte portuguesa no Brasil e com a instalação da impressão régia, ambas em 1808.

A transição da família real foi feita por causa das imposições de Napoleão Bonaparte (1769-1821) quanto ao fechamento dos portos portugueses à navegação britânica, a exigência de prisão dos súditos britânicos residentes em Portugal, e pelo confisco de seus bens.[15]

Diante de tais pressões, Portugal aliou-se à Inglaterra, via Convenção Secreta, estabelecida em 22 de outubro de outubro de 1807, com o intuito de transferir a sede da monarquia portuguesa para o Brasil. Assim, com o acordo celebrado, partiu a família real em direção à América portuguesa em 29 de novembro do mesmo ano.[16]

Ao desembarcar em 22 de janeiro de 1808 na cidade de Salvador, uma das primeiras medidas de D. João VI (1767-1826), príncipe regente de Portugal, foi decretar a abertura dos portos brasileiros a todas as nações

---

14 CAVALCANTI, Nireu Oliveira. *Op. cit.*, 2004, p. 148.

15 Informações retiradas do site < http://bndigital.bn.br/francebr/napoleao.htm>. Acesso em 01 mar. 2017.

16 ARRUDA, José Jobson de Andrade. *Uma colônia entre dois impérios: a abertura dos portos brasileiros 1800-1808*. Bauru: EDUSC, 2008, p. 37.

Páginas de sociabilidade feminina 29

amigas,[17] beneficiando especialmente a Inglaterra com a taxa alfandegária menor que outros países. Esta medida favoreceu o comércio de papel, de tinta, e de outros produtos necessários à produção de impressos no Brasil. Meses depois, com a família já instalada na cidade do Rio de Janeiro, outra medida de D. João VI influenciaria de vez a imprensa no Brasil. Trazida pela Nau Meduza, sob os cuidados de António de Araújo de Azevedo (1754-1817), 1º Conde da Barca,[18] a tipografia régia, então, foi instalada sob o decreto de 13 de maio de 1808.[19]

Apesar de "[...] oficializada a instalação de uma casa impressora destinada a publicar os papéis oficiais do governo e 'todas outras obras'",[20] esta medida não foi um evento isolado ou acidental, mas repercutiu em estratégias e rearranjos na figura de D. Rodrigo de Sousa Coutinho (1745-1812) e com a ajuda de Frei José Mariano da Conceição Veloso (1742-1811).[21]

Assim, o primeiro periódico oriundo desta tipografia foi a *Gazeta do Rio de Janeiro* (1808-1822), impresso oficial que noticiou questões de ordem econômica, política interna e externa, e anúncios dos mais variados.[22]

---

17   BRASIL. "Carta Régia de 28 de Janeiro de 1808 – Abre os portos do Brasil ao comércio direto estrangeiro com exceção dos gêneros estancados". *Collecção das Leis do Brasil de 1808.* Rio de Janeiro: Imprensa Nacional, vol. 1, 1891, p. 01.

18   O título de 1º Conde da Barca foi criado pelo decreto de 27 de dezembro de 1815 pela rainha D. Maria I de Portugal (1734-1816).

19   BRASIL. "Decreto de 13 de Maio de 1808 – Cria a Impressão Régia". *Collecção das Leis do Brazil de 1808. Op. cit.*, p. 29-30.

20   ABREU, Marcia. "Duzentos anos: os primeiros livros brasileiros". In: BRAGANÇA, Aníbal; ABREU, Marcia (Orgs.). *Op. cit.*, 2010, p. 42.

21   BRAGANÇA, Aníbal. "A criação da impressão régia no Rio de Janeiro: novos aportes". In: FERREIRA, Tania Maria Tavares Bessone da Cruz *et. al.* (Orgs.). *D. João e o Oitocentismo.* Rio de Janeiro: Contra Capa/Faperj, 2011, p. 48.

22   Cf. SILVA, Maria Beatriz Nizza da. *A Gazeta do Rio de Janeiro (1808-1822): Cultura e Sociedade.* Rio de Janeiro: EdUERJ, 2007.

Outros periódicos publicados pela Tipografia Nacional foram: *O Patriota* (1813-1814);[23] *Almanach do Rio de Janeiro* (1816-1827); *Jornal de Annuncios* (1821); *Diário do Rio de Janeiro* (1821-1878); *Dispertador Brasiliense* (1821); e *O Reverbero* (1821-1822). Apesar de poucas peculiaridades entre esses impressos, como anúncios ou artigos literários, todos eles mantiveram um discurso de legitimação da monarquia e informações voltadas aos interesses políticos da realeza no Brasil.

Novas transformações no universo dos impressos aconteceram a partir de 02 de março de 1821, quando foi decretada a liberação da imprensa. Com esta medida

> Procurava o governo equilibrar-se entre os chamados embaraços que a prévia censura dos escritos opunha à propagação da verdade e os abusos que uma ilimitada liberdade de imprensa podia trazer à religião, à moral ou à pública tranquilidade.[24]

Deste modo, apesar de a instalação tipográfica e a oficialização ter proporcionado a circulação de novos impressos, somados aos já existentes na colônia portuguesa, a liberdade de ideias estava atrelada "[...] em meio a uma densa trama de relações e formas de transmissão já existentes, na qual a imprensa se inseriu".[25]

Como este decreto "[...] aboliu a censura prévia dos manuscritos, fazendo-a recair sobre as provas tipográficas" e em "[...] 09 de março do mesmo ano, as Cortes portuguesas decretaram a liberdade de

---

23 Cf. KURY, Lorelai. *Iluminismo e Império no Brasil: O Patriota (1813-1814)*. Rio de Janeiro: Editora Fiocruz, 2007.

24 LUSTOSA, Isabel. *Insultos impressos: a guerra dos jornalistas na independência (1821-1823)*. São Paulo: Companhia das Letras, 2000, p. 106.

25 MOREL, Marco. "Da Gazeta tradicional aos jornais de opinião: metamorfoses da imprensa periódica no Brasil". In: NEVES, Lúcia Maria Bastos Pereira das (Orgs.). *Livros e Impressos: retratos do Setecentos e do Oitocentos*. Rio de Janeiro: EDUERJ, 2009, p. 163.

imprensa",[26] D Pedro I (1798-1834) decretou o fim da censura prévia no Brasil por meio da decisão de 28 de agosto de 1821.[27] Podemos imaginar a importância desta decisão para os literatos do período, devido ao surgimento de seis a sete tipografias no Rio de Janeiro entre 1821 e 1822,[28] e consequentemente pelo aumento no número de periódicos oriundos dessas empresas particulares.

Neste momento "[...] fosse pelo viés do desenvolvimento técnico e de sua expansão, fosse por seus conteúdos, a imprensa era entendida como construtora do progresso e da liberdade, ou seja, do esclarecimento".[29]

A circulação dos periódicos pelos espaços públicos e privados, as leituras silenciosas ou compartilhadas, as conversas sobre os assuntos publicados proporcionaram novos locais de fala, servindo de base "[...] para a formação de uma opinião pública, bem como para a formação de um movimento de independência no Brasil".[30]

Portanto, "Opinião, nesse momento, já começava a despontar como uma palavra que significava um ponto de vista em oposição à antiga autoridade dogmática".[31]

---

26 RIBEIRO, Lavina Madeira. *Imprensa e espaço público: a institucionalização do jornalismo no Brasil (1808-1964)*. Rio de Janeiro: E-Papers Serviços Editoriais, 2004, p. 63.

27 BRASIL. "N. 51 – REINO – Em 28 de Agosto de 1821 – Sobre a liberdade da imprensa". *Collecção das Decisões do Governo do Brazil - 1821*. Rio de Janeiro: Imprensa Nacional, 1889, p. 36.

28 Enquanto Nelson Werneck Sodré destacou o surgimento de seis tipografias, Laurence Hallewell identificou sete tipografias entre os anos de 1821 e 1822. Cf. SODRÉ, Nelson Werneck. *Op. cit.*, 1999, p. 36; Cf. HALLEWELL, Laurence. *Op. cit.*, 1985, p. 118-119.

29 MOREL, Marco. *Op. cit.*, 2009, p. 154.

30 *Idem. As transformações dos espaços públicos: imprensa, atores políticos e sociabilidades na cidade imperial (1820-1840)*. São Paulo: Hucitec, 2005, p. 204-205.

31 NEVES, Lúcia Maria Bastos Pereira das. "Opinião Pública". In: FERES JÚNIOR, João (Org.). *Léxico da história dos conceitos políticos no Brasil*. Belo Horizonte: Editora UFMG, 2009, p. 183.

Consequentemente, durante o transcorrer do século, esta noção ganhou maior amplitude por meio da imprensa, tornando a esfera pública[32] brasileira um local de alianças e disputas dos novos mediadores culturais inseridos neste espaço.

1.2 Novos(as) mediadores(as) culturais no Rio de Janeiro Oitocentista

Após o fim da censura prévia, novos mediadores culturais iniciaram a empreitada de atuar na direção de impressos periódicos. Ligados a rede de impressos por diversas maneiras, estes agentes históricos agregaram mais esta tarefa, além das outras atividades por eles já realizadas. Um destes homens das letras foi Evaristo da Veiga (1799-1837).

Atento aos acontecimentos de 1821 – o fim da censura prévia -, e de 1822 – independência do Brasil -, ele escreveu o *Hino Constitucional Brasiliense* em 1822, e no ano seguinte já apareceu como proprietário de uma livraria, junto de seu irmão João Pedro Ferreira da Veiga.

Esta livraria pertenceu a Silva Porto, e foi comprada pelos irmãos Veiga através de um dinheiro que receberam de seu pai, Francisco Luís Saturnino da Veiga, que "[...] era, depois de Paulo Martin Filho, o mais antigo livreiro da cidade".[33]

Em 1827, Evaristo se desvinculou da sociedade com seu irmão[34] e comprou a livraria e tipografia de Jean Baptiste Bompard (1757-1841),[35]

---

32 Cf. HABERMAS, Jürgen. *Mudança estrutural da Esfera Pública: Investigações quanto a uma categoria da sociedade burguesa* (tradução de Flávio R. Kothe). Rio de Janeiro: Tempo Brasileiro, 2003.

33 HALLEWEL, Laurence. *Op. cit.*, 1985, p. 122.

34 *Ibidem.* João Pedro Ferreira da Veiga permaneceu como proprietário da livraria "na rua da Quitanda nº 114 até o começo da década de 1860".

35 Este francês veio para o Brasil "[...] em 1818, como caixeiro para a loja de seu primo Paulo Martin. Após a morte deste último em finais de 1823, Bompard assumiu a livraria, conservando-a até seu retorno definitivo à França em 1828". NEVES, Lúcia Maria Bastos Pereira das. "As Belas Letras na Livraria de Jean

(Páginas de sociabilidade feminina 33

na Rua dos Pescadores, n° 49. Neste mesmo ano, ele inaugurou o periódico *A Aurora Fluminense* (1827-1839), do qual atuou como redator junto a José Apolinário Pereira de Morais (1808-1833), ao médico francês Joseph François Xavier Sigaud (1796-1856) e ao professor Francisco Crispiano Valdetaro (1805-1862).

Além de livreiro e redator, também foi conhecida a atuação de Evaristo da Veiga na política brasileira, eleito como deputado por Minas Gerais, em 1830. Exercendo diversas funções, Evaristo foi um homem atento aos acontecimentos do período, colaborando significativamente na rede de sociabilidade dos impressos.

Outro homem das letras e agregador de diversas funções foi Pierre Plancher (1779-1844). Ao desembarcar em fevereiro de 1824 no Rio de Janeiro, este comerciante trouxe em sua "bagagem cultural", "[...] caixas e mais caixas de livros por ele editados, o estoque de sua livraria com volumes de outras editoras e toda a maquinaria de uma tipografia desmontada, esperando para ser posta em funcionamento".[36]

Após uma audiência solicitada à D. Pedro I, "Plancher obteve não só o *brevet* de livreiro como o título de Impressor Imperial para si mesmo e de Tipografia Imperial de Plancher para seu negócio", iniciando suas atividades no Rio de Janeiro.[37]

Além de editor e impressor de jornais e livros, Plancher também vendeu "[...] chapéus de palha italianos, roupões, rendas e bordados franceses e plumas de boa qualidade para o penteado feminino",[38] demonstrando que sua rede de sociabilidade não se limitou aos impressos, mas abarcou outros objetos e grupos sociais que o inseriram em uma teia maior de relações sociais e culturais.

Baptiste Bompard (1824-1828)". *História (São Paulo)* v. 32, n. 1, p. 79-98, jan/jun 2013, p. 80.

36 MOREL, Marco. *Op. cit.*, 2005, p. 24.

37 *Ibidem*, p. 27 [grifo do autor].

38 *Ibidem*, p. 31.

Um exemplo que permite demonstrar a amplitude dessa rede de sociabilidade foi com a fundação do *Jornal do Commercio* em 1827. Plancher foi um dos fundadores deste periódico, junto a "[...] seu filho Émile, o médico francês Joseph Sigaud e os brasileiros Júlio César Muzzi e Francisco de Paula Brito".[39]

Dentre os fundadores do *Jornal do Commercio*, podemos observar a participação do médico francês Joseph Sigaud, que também atuou na redação do periódico *A Aurora Fluminense* com Evaristo da Veiga. Sua presença demonstrou como essa rede de sociabilidade era complexa, abarcando livreiros, redatores, políticos, médicos, literatos, músicos e outros homens de diversas origens e profissões.

Alguns músicos também se dedicaram ao trabalho com impressos no Rio de Janeiro. Pierre Laforge (1791-1853) chegou ao Brasil em 1816, atuando inicialmente como professor de música e músico em teatros e outros espaços de sociabilidade. "Em 1834, abriu na Rua do Ouvidor nº 149, uma 'estamparia de música', tornando-se assim o primeiro impressor sistemático de partituras musicais no Rio de Janeiro".[40]

Além dele, os músicos estrangeiros Rafael Coelho Machado (1814-1887), Antônio Tornaghi, Bento Fernandes das Mercês, Pierre Guigon e Isidoro Bevilacqua ao se estabelecerem no Brasil se dedicaram a vida musical, atuando como musicistas e professores de música, mas também como comerciantes de instrumentos e/ou partituras musicais no Rio de Janeiro.[41]

Por isso, tal rede de sociabilidade "[...] compreende a necessária identificação dos grupos que atuam em um determinado contexto, grupos e indivíduos que se cruzam e se sobrepõem, mas que nem por isso perdem suas identidades próprias, suas histórias e suas relações".[42]

---

39 *Ibidem*, p. 33. Júlio César Muzzi (1770-1832) foi um médico brasileiro.

40 LEME, Monica Neves. *Op. cit.*, 2006, p. 161.

41 *Ibidem*, p. 160-193.

42 MARTINS, Maria Fernanda Vieira. *A velha arte de governar: Um estudo sobre política e elites a partir do Conselho de Estado (1842-1889)*. Rio de Janeiro:

Para identificar o cruzamento de indivíduos que atuaram nesta rede, podemos observar outro membro deste grupo, o editor Francisco de Paula Brito (1809-1861). Após ter sido funcionário de Plancher, ele fundou uma tipografia própria, imprimindo em sua loja seus periódicos, poesias, contos, partituras musicais e impressos de outros redatores e instituições. Tanto Pierre Plancher quanto Paula Brito foram homens que imprimiram em suas tipografias alguns periódicos contendo informações voltadas ao público feminino. Tais impressos fazem parte da imprensa feminina.[43]

> A mulher, então, faz parte da caracterização da imprensa feminina, seja como receptora e, às vezes, como produtora também. Todavia, a circunstância de alguns veículos serem redigidos por mulheres não é uma condição necessária para que os qualifiquemos de femininos. O grande elemento definidor ainda é o sexo de suas consumidoras.[44]

O Espelho Diamantino (1827-1828) foi impresso na tipografia de Plancher e logo em sua primeira edição o redator Julio Floro das Palmeiras anunciou ser um "[...] periódico de política, literatura, belas artes, teatro e modas, dedicado às senhoras brasileiras".[45]

Já o periódico *A Marmota na Corte* (1849-1852), produzido na tipografia de Paula Brito, além de "[...] aromatizar o paladar das famílias", tinha como plano "[...] reformar abusos e recriar os leitores, e ganhar a estimação das simpáticas meninas", buscando, por fim, agradar a

---

Arquivo Nacional, 2007, p. 30.

43 Cf. BUITONI, Dulcília Helena Schroeder. *Mulher de Papel: A Representação da mulher pela imprensa feminina*. São Paulo: Edições Loyola, 1981; Cf. LUCA, Tania Regina de. "Mulher em Revista". In: PINSK, Carla Bassanezi; PEDRO, Joana Maria. *Nova História das Mulheres no Brasil*. São Paulo: Contexto, 2012, p. 447-468.

44 BUITONI, Dulcília Helena Schroeder. *Imprensa feminina*. São Paulo: Editora Ática, 1986, p. 06.

45 PLANCHER, Pierre. *O Espelho Diamantino*. Rio de Janeiro: Imperial Typographia de P. Plancher-Seignot, n°1, 20 set. 1827, p. 01.

"gente de todas as classes".[46] Para angariar o consumo das leitoras, eram oferecidos "[...] além de poesias e outros recreios, algumas lições, [...] charadas, logogrifos, receitas curiosas etc".[47]

Assim, ambos os tipógrafos, atentos a demanda do público leitor feminino, buscaram atender este grupo, que começara a obter importância na rede dos impressos brasileiros. Esse espaço ganhou peso, não apenas pelas mulheres obterem jornais voltados ao belo sexo, mas por elas adentrarem na prática jornalística.

Um exemplo importante neste contexto foi o da escritora Nísia Floresta Brasileira Augusta, pseudônimo de Dionísia Gonçalves Pinto (1810-1885). Nascida em uma cidade do Rio Grande do Norte, e tendo se mudado para Recife, começou a atuar como escritora em 1831, publicando alguns artigos sobre a condição feminina em um periódico pernambucano chamado Espelho das Brasileiras.[48]

Já em 1832, Nísia Floresta publicou seu primeiro livro, Direitos das Mulheres e Injustiça dos Homens, editado pela mesma tipografia do periódico Espelho das Brasileiras, de Adolphe Emile de Bois Garin. Este texto "Foi inspirado no livro de Mary Wollstonecraft Vindicaitions of the Rights of Women, escrito em 1792, na cidade de Londres, como uma resposta à Declaração dos Direitos do Homem. Nísia o leu numa tradução francesa"[49] de Mistriss Godwin, e traduziu-o para o português.

Tanto o seu contato com textos oriundos da Europa quanto a sua tradução e publicação demonstraram o grau de instrução que Nísia Floresta adquiriu durante a sua infância e juventude. Vinda da Europa

---

46   BRITO, Francisco de Paula. A Marmota na Corte: Rio de Janeiro: Typographia de Paula Brito, n° 01, 07 set. 1849, p. 01-02.

47   Ibidem.

48   Este impresso periódico obteve 30 edições e era publicado na Tipografia Fidedigna, do francês Adolphe Emille de Bois Garin. Encontramos a 27ª, 28ª, 29ª e 30ª edição de O Espelho das Brasileiras digitalizadas pela Hemeroteca Digital, site da Fundação Biblioteca Nacional.

49   Cf. COSTA, Hebe Canuto da Boa-Viagem de Andrade. Elas, as pioneiras do Brasil: a memorável saga dessas mulheres. São Paulo: Scortecci, 2005 [grifo da autora].

Páginas de sociabilidade feminina   37

em 1852, essa escritora foi saudada por Joanna Paula Manso de Noronha, em *O Jornal das Senhoras*, indicando que a rede de sociabilidade feminina também interligou as mulheres escritoras do período:

> Sentimos vivo prazer em anunciar às nossas Assinantes a chegada da Sra. D. Nísia Augusta Floresta, brasileira, tão conhecida entre nós pela sua inteligência e ilustração; [...]. A Sra. D. Nísia estava ausente de nós há dois anos e meio, viajando neste intervalo à França e à Inglaterra, onde visitou os melhores colégios de instrução os mais abalizados literatos, e senhoras ilustradas; e ultimamente esteve em Portugal, donde voltou a nossos braços, admirando os Herculanos, Garretas, Castilhos e outros varões respeitáveis na ciência.[50]

Tal ligação de Nísia Floresta com Manso de Noronha permite observarmos as relações sociais entre as mulheres letradas, assim como os espaços geográficos por elas percorridos.

No caso de Joanna Paula Manso de Noronha, podemos perceber uma trajetória parecida com a de Nísia Floresta, ao percorrer outros endereços, até chegar ao Brasil e iniciar a publicação do *O Jornal das Senhoras*.

Esta argentina, nascida em 1819, se exilou com sua família no Uruguai, em 1840, devido ao governo ditatorial argentino instaurado por Juan Manoel Rosas (1793-1877). Porém, por causa do cerco na região uruguaia, feito por Manuel Oribe (1792-1857), aliado de Rosas, Manso de Noronha e sua família migraram para o Brasil em 1842.

Mas antes de lançar *O Jornal das Senhoras*, Manso de Noronha ainda percorreu Cuba e os Estados Unidos, em 1846, para divulgar a car-

---

50   *O Jornal das Senhoras, Op. cit.,* n° 08, 22 fev. 1852, p. 10.

reira de seu esposo, Francisco de Sá Noronha (1820-1881), músico português com quem se casou em 1844.

Neste momento, é possível percebermos que o casamento da argentina com um musicista, somada às suas intencionalidades de divulgação da profissão musical de seu marido, aproximaram esta argentina da atividade musical profissional.

Se por um lado Joanna não obteve grande reconhecimento no desempenho musical de seu marido, por outro lado foi nesta viagem que Manso de Noronha tornou-se mãe de Eulália e Hermínia, além de escrever o romance histórico *Mistérios del Plata*, relatando as atrocidades cometidas durante o governo ditatorial de Rosas na Argentina.

Não só o seu romance histórico seria publicado no periódico, como também as composições musicais de Francisco de Sá Noronha, na busca por divulgar sua atividade profissional e na tentativa de inseri-lo no cenário musical carioca.

Com isso, temos o ano de 1852, especificamente no primeiro dia do ano, em que Joanna Paula Manso de Noronha lançou no Rio de Janeiro *O Jornal das Senhoras*, tendo uma senhora à testa da redação de um periódico, escrito por e para as mulheres.

Publicado semanalmente aos domingos, o periódico manteve uma estrutura física parecida com a de outros impressos periódicos que circulavam pela corte. Com a média de oito páginas, ele possuía duas colunas de artigos sobre modas, crônicas da semana, de quinzena, teatrais e musicais. Também contou com folhetins, poesias, biografias, charadas e uma variedade de assuntos do âmbito público e privado, sobre o cotidiano no Rio de Janeiro, no Brasil e em outros países.

Joanna Paula Manso de Noronha permaneceu na redação chefe do periódico por seis meses, mas mesmo com sua saída, ela continuou colaborando com textos sobre a educação e a emancipação feminina, e o periódico permaneceu impresso, mantendo outra senhora à testa da redação: Violante Atabalipa Ximenes de Bivar e Vellasco (1817-1875), a segunda redatora chefe do *O Jornal das Senhoras*.

Violante, antes de assumir a direção do jornal já havia atuado como tradutora e escritora em outros periódicos. Além disso, ela era filha de Diogo Soares da Silva de Bivar (1785-1865), redator do periódico *Idade d'Ouro do Brazil*,[51] fundado em 1811 e impresso na tipografia de Manoel Antonio da Silva Serva (1760-1819). Ele também foi o fundador do primeiro jornal literário do Brasil, *As Variedades ou Ensaios de literatura*,[52] em 1812. Ambos os periódicos foram publicados em Salvador, Bahia.

Ser filha de um redator, crescer aprendendo francês, italiano, inglês, música e ter atuado na escrita e tradução de textos, provavelmente fizeram de Violante uma mulher das letras. Deste modo, a formação que ela recebeu e o contato com a imprensa, por intermédio paterno, foram alguns dos fatores que possibilitaram seu ingresso como membro do grêmio do Conservatório Dramático do Rio de Janeiro, onde seu pai foi presidente perpétuo, e, a partir do segundo semestre de 1852, assumir a direção de um periódico feminino.[53]

Violante permaneceu na direção do *O Jornal das Senhoras* por onze meses, saindo no final de maio de 1853 por causas não divulgadas, mas provavelmente "[...] por motivos pessoais e financeiros".[54]

Mais uma vez *O Jornal das Senhoras* correu o risco de deixar de ser publicado, se não fosse pela colaboradora Gervasia Nunezia Pires dos Santos Neves (1824-1872) ter aceitado o convite de Violante e corajosa-

---

51   BIVAR, Diogo Soares da Silva. *Idade d'Ouro do Brazil*. Salvador: Typographia de Manoel Antonio da Silva Serva, 1811-1823.

52   Cf. DOURADO, Tatiana Maria. "A revista 'As Variedades ou Ensaios de Literatura' e os primeiros indícios de jornalismo especializado". *Revista Brasileira de História da Mídia*, v. 2, p. 223-229, 2013.

53   SOARES, Ana Carolina Eiras Coelho. *Moça Educada, Mulher Civilizada, Esposa Feliz: Relações de gênero e História em José de Alencar*. Bauru, SP: Edusc, 2012. (Coleção História). 2012, p. 141.

54   LIMA, Joelma Varão. *O Jornal das senhoras, um projeto pedagógico: mulheres, maternidade, educação e corpo (Rio de Janeiro, segunda metade do século XIX)*. Tese de doutorado. São Paulo: PUC, 2012, p. 12.

mente assumir a direção chefe do periódico, mantendo uma senhora à testa da redação do impresso feminino.

Gervasia, que já colaborava no periódico com alguns textos, havia se casado a menos de um mês, conforme anunciado em *O Jornal das Senhoras*: "Casou-se Domingo 22 do corrente o Sr. Antonio José dos Santos Neves com a Sra. D. Gervasia Nunezia Pires, filha do já falecido Sr. Felicianno Nunes Pires".[55]

O casamento de Gervasia Neves pode ser considerado como um dos fatores contribuintes para torná-la redatora chefe do periódico, já que o matrimônio, ao mesmo tempo em que elevava a moça à categoria de mulher, também possibilitava a consolidação da contribuição financeira dada pelo marido, que era funcionário da corte, letrado, e envolvido com a imprensa, além de apoiador da causa feminina.

Sua atuação na direção do periódico foi a mais longa, totalizando dois anos e sete meses. Na 209ª edição, em 30 de dezembro de 1855, Gervasia anunciou uma pausa na publicação do impresso para o ano de 1856, a fim de reestruturar o periódico e reimprimi-lo a partir de 1857. Porém, esta empreitada não foi executada, finalizando a publicação do *O Jornal das Senhoras* no final de 1855.

Apesar de o periódico deixar de ser publicado, ele proporcionou um espaço de diálogo entre as mulheres que viviam insatisfeitas com sua condição social. Objetivando melhorias sociais femininas por meio da educação, ele se destacou diante dos demais impressos existentes no período e que publicavam apenas informações cotidianas.

Entre 1852 e 1855, circularam pelo Rio de Janeiro uma grande quantidade de periódicos publicados na corte, além de outros oriundos das demais províncias brasileiras e impressos internacionais. No caso dos periódicos brasileiros, até este momento nenhum deles imprimiu letras

---

55 *O Jornal das Senhoras. Op. cit.*, n° 74, 29 mai. 1853, p. 11. Antonio José dos Santos Neves (1837-1874) foi funcionário público do Rio de Janeiro, membro da Igreja Presbiteriana e colaborador do *Jornal Imprensa Evangélica* (1864-1892). Além disso, ele foi poeta e autor de hinos evangélicos.

redondas para uma mobilização em prol de melhorias femininas como fez Joanna, Violante e Gervasia no periódico *O Jornal das Senhoras*.

A variedade de impressos na corte provavelmente estimulou a concorrência entre os redatores, que se empenharam em utilizar todas as estratégias editoriais possíveis para estruturar seus jornais e disponibilizarem uma leitura agradável.

E apesar de as redatoras do *O Jornal das Senhoras* se diferenciarem dos demais redatores por lutarem pelo melhoramento social e pela emancipação moral feminina, elas também buscaram estruturar o periódico, a fim de manter e angariar novas leitoras e assinantes.

1.3 A estrutura física do *O Jornal das Senhoras*

O Jornal das Senhoras possuía uma dimensão de 27x19cm. Não se obteve informações sobre o tipo de papel usado na impressão, uma vez que essa fonte é caracterizada como um periódico raro pela Fundação Biblioteca Nacional do Rio de Janeiro, instituição que mantém seu exemplar original restrito ao acesso público.

Porém, ao obter acesso ao microfilme positivo e a fonte digitalizada, observamos outras questões que servem de base para uma reflexão acerca dos periódicos produzidos no período, bem como as intencionalidades das redatoras do *O Jornal das Senhoras*.[56] Uma dessas questões diz respeito ao valor e ao período de assinatura de alguns periódicos.

Enquanto *O Jornal das Senhoras* obteve apenas uma alteração em seu custo durante os quatro anos de publicação, outros periódicos, impressos no Rio de Janeiro no mesmo período, também receberam algum tipo de alteração nos valores cobrados avulsos ou nas assinaturas.

---

56 As reflexões acerca da materialidade do *O Jornal das Senhoras*, e das estratégias editoriais de suas redatoras foram inspiradas no texto de Tania Regina de Luca e de Maria do Rosário da Cunha Peixoto e Heloísa de Faria Cruz. Cf. LUCA, Tania Regina de. *Op. cit.*, 2012; CRUZ, Heloísa de Faria; PEIXOTO, Maria do Rosário da Cunha. *Op. cit.*, 2007.

Tabela 1
Valores de alguns periódicos impressos no Rio de Janeiro entre 1852 e 1855

PERIÓDICO:	1852		1853		1854		1855	
	CORTE	PROVÍNCIA	CORTE	PROVÍNCIA	CORTE	PROVÍNCIA	CORTE	PROVÍNCIA
O JORNAL DAS SENHORAS	3$000[2] / A partir de 04/07/1852/ 6$000[3]	4$000[2] / A partir de 04/07/1852/ 7$000[3]	6$000[3]	7$000[3]	6$000[3]	7$000[3]	6$000[3]	7$000[3]
CORREIO MERCANTIL	160 réis[0]/ 4$000[2]/ 8$000[3]/ 16$000[4]	160 réis[0]/ 5$000[2]/ 9$000[3]/ 18$000[4] Impressão de cada linha de 40 letras custa em geral 80 réis.	160 réis[0]/ 4$000[2]/ 8$000[3]/ 16$000[4]	160 réis[0]/ 5$000[2]/ 9$000[3]/ 18$000[1]/ A partir de 01/07/1853[2]/ 160 réis[0]/ 6$000[2]/ 11$000[3]/ 21$600[4]	160 réis[0]/ 4$000[2]/ 8$000[3]/ 16$000[4]	160 réis[0]/ 6$000[2]/ 11$000[3]/ 21$600[4]	160 réis[0]/ 4$000[2]/ 8$000[3]/ 16$000[4]	160 réis[0]/ 6$000[2]/ 11$000[3]/ 21$600[4]
MARMOTA FLUMINENSE	80 réis[0]/ 2$000[6]/ 4$000[8]	80 réis[0]/ 2$000[6]/ 4$000[8]	80 réis[0]/ 5$000[3]	80 réis[0]/ 5$000[3]	80 réis[0]/ 5$000[3]	80 réis[0]/ 5$000[3]	80 réis[0]/ 5$000[3] A partir de 15/07/1855/ 120 réis[0]/ 5$000[3]	80 réis[0]/ 5$000[3] A partir de 15/07/1855/ 120 réis[0]/ 5$000[3]

RIO MERCANTILE JOURNAL	PERIÓDICO DOS POBRES	O GRITO NACIONAL	NOVO CORREIO DAS MODAS	JORNAL DO COMMERCIO
24$000[4]	O anúncio custava 40 réis por linha. · 40 réis[0]/ 1$800[2]	120 réis[0]/ 2$000[5]	7$000[3]/ 12$000[4]	5$000[2]/ 10$000[3]/ 20$000[4]
24$000[4]	40 réis[0]/ 1$800[2]	120 réis[0]/ 5$500[7]	7$000[3]/ 12$000[4]	7$000[2]/ 13$000[3]/ 24$000[4]
24$000[4]	40 réis[0]/ 1$800[2]/ A partir de 05/07/1853 80 réis[0]/ 2$000[2]	120 réis[0]/ 2$000[5]	7$000[3]/ 12$000[4]	5$000[2]/ 10$000[3]/ 20$000[4]
24$000[4]	40 réis[0]/ 1$800[2] A partir de 05/07/1853 80 réis[0]/ 2$000[2]	120 réis[0]/ 6$000[7]	7$000[3]/ 12$000[4]	7$000[2]/ 13$000[3]/ 24$000[4]
24$000[4]	80 réis[0]/ 2$000[2]	120 réis[0]/ 2$000[5]	7$000[3]/ 12$000[4]	5$000[2]/ 10$000[3]/ 20$000[4]
24$000[4]	80 réis[0]/ 2$000[2]	120 réis[0]/ 6$000[7]	7$000[3]/ 12$000[4]	7$000[2]/ 13$000[3]/ 24$000[4]
24$000[4]	2$000[2]/ 4$000[3]/ 8$000[4]	120 réis[0]/ 2$000[5] A partir de 04/03/1855/ 5$000[7]	Parou de publicar	5$000[2]/ 10$000[3]/ 20$000[4]
24$000[4]	2$000[2]/ 4$000[3]/ 8$000[4]	120 réis[0]/ 6$000[7]	Parou de publicar	7$000[2]/ 13$000[3]/ 24$000[4]

DIÁRIO DO RIO DE JANEIRO	12$000[4]/ A partir de 02/12/1852 4$000[2]/ 8$000[3]/ 16$000[4]	16$000[4]/ A partir de 02/12/1852 6$000[2]/ 11$000[3]/ 20$000[4]	4$000[2]/ 8$000[3]/ 16$000[4]	6$000[2]/ 11$000[3]/ 20$000[4]	160 réis[0]/ 4$000[2]/ 8$000[3]/ 16$000[4]	160 réis[0]/ 6$000[2]/ 11$000[3]/ 20$000[4]	160 réis[0]/ 4$000[2]/ 8$000[3]/ 16$000[4]	160 réis[0]/ 6$000[2]/ 11$000[3]/ 20$000[4]

Valor da assinatura: [0]= avulso; [1]= mensal; [2]= trimestral; [3]= semestral; [4]=anual; [5]= 20 n⁰; [6]= 25 n⁰; [7]= 50 n⁰; [8]= 60 n⁰.

*= A justificativa para o aumento no preço das assinaturas provinciais deve-se ao aumento no valor do selo.

Fonte: Hemeroteca Digital, site da Fundação Biblioteca Nacional[57]

O primeiro número do *O jornal das Senhoras* foi lançado em 01 de janeiro de 1852, pelo valor de 3$000 réis por três meses para a assinatura na corte e 4$000 réis para a assinatura na província, sem anúncios sobre a venda avulsa de edições. E a partir da 27ª edição, em 04 de julho de 1852, ele passou a custar 6$000 réis para a corte e 7$000 réis para a província, ambos para uma assinatura semestral.

Ao realizarmos uma comparação entre os nove impressos periódicos destacados na tabela 1, três jornais – *Jornal do Commercio* (1827-2016);[58] *Novo Correio das Modas* (1852-1854);[59] *Rio Mercantile Journal* (1847-1856)-[60] mantiveram o mesmo valor entre os anos de 1852 e 1855;

---

57 Elencamos estes periódicos por estarem digitalizados e por terem sido publicados no mesmo período que *O Jornal das Senhoras* (1852-1855).

58 Periódico publicado diariamente com artigos sobre política, economia, folhetins, anúncios e variedades. Impresso na Typographia Imperial e Constitucional de J. Villeneuve E. Comp., Rua do Ouvidor, n. 64.

59 Periódico publicado semestralmente com receitas caseiras, anedotas, crônicas, folhetins, poesias, artigos de modas, assuntos diversos. Publicado em casa de Eduardo e Henrique Laemmert, Rua da Quitanda, n. 77 e impresso na Typographia Universal de Laemmert, Rua dos Inválidos, n. 61B.

60 Periódico publicado quinzenalmente em inglês com assuntos econômicos. Editado por Isey Levi e impresso por Soares & C., Rua da Alfândega, n. 6.

Páginas de sociabilidade feminina 45

seis deles – *O Jornal das Senhoras* (1852-1855); *Correio Mercantil* (1844-1868);[61] *Marmota Fluminense* (1852-1857);[62] *O Grito Nacional* (1848-1858);[63] *Periódico dos Pobres* (1850-1856/1870-1871);[64] *Diário do Rio de Janeiro* (1821-1858) –[65] receberam algum tipo de alteração no período de assinatura, no valor, ou na compra avulsa. Essa alteração geralmente estava relacionada com questões econômicas do período, ou com estratégias editoriais para angariar novas assinantes.

Como exemplo, o *Correio Mercantil* justificou a alteração no custo da assinatura para as províncias, a partir de julho de 1853, devido ao acréscimo no valor do selo. Essa mudança provavelmente influenciou o *Periódico dos Pobres* que também aumentou o preço na venda avulsa e por assinatura trimestral no mesmo mês.

No caso do *O Jornal das Senhoras*, percebemos que a alteração no valor e período de assinatura foi feita na mesma edição em que houve a transição de direção do impresso. Ao assumir o cargo de redatora chefe, a escritora Violante Atabalipa Ximenes de Bivar e Vellasco deu continuida-

---

61 O periódico era publicado diariamente com artigos oficiais, políticos, comerciais, nacionais e estrangeiros, assuntos diversos e anúncios. Entre 1852 e 1855 ele foi impresso na Typographia do Correio Mercantil, de Rodrigues e Comp., Rua da Quitanda, n. 55.

62 Periódico publicado duas vezes por semana com folhetins, poesias e assuntos diversos. Impresso na Typographia Dous de Dezembro, de Paula Brito, Praça da Constituição, n. 64.

63 Periódico publicado uma vez por semana com assuntos políticos. Impresso e vendido na loja do Sr. Passos, Rua do Ouvidor, n. 152, e na Typographia do Sr. Silva Lima, Rua de S. José, n. 8.

64 Periódico publicado três vezes por semana até março de 1855 e entre abril de 1855 a 1856 era publicado duas vezes por semana com notícias estrangeiras, folhetins, assuntos diversos, cartas e anúncios. Impresso e vendido na Typographia de Antonio Maximiano Morando, localizada na Rua dos Ourives, n. 21.

65 Periódico publicado todos os dias, exceto nos dias de guarda, com assuntos oficiais, folhetins, variedades e anúncios. Propriedade de Antonio Maria Navarro de Andrade e Luiz Antonio Navarro de Andrade, subscrito na Typographia da Rua da Ajuda, n. 79. A partir de outubro de 1855 tem como diretor gerente José de Alencar e foi impresso na Typographia do Diário, Rua do Rosário, n. 84.

de às edições do periódico feminino e, consequentemente, manteve uma senhora à testa da redação de um jornal.

Ainda que não possamos relacionar integralmente a mudança no período de assinatura e no valor do periódico com a transição de direção do O Jornal das Senhoras, não podemos considerar tal situação como uma mera coincidência.

Deste modo, entendemos que o aumento no período de assinatura de três para seis meses serviu como uma estratégia de fixação das assinantes do periódico por um tempo maior. Afinal, não houve um aumento no valor do impresso, mas uma diminuição em seu custo para as províncias.

Pela lógica matemática, o valor que era de 4$000 réis por três meses para as províncias deveria passar automaticamente para 8$000 réis por seis meses, mas como consta no periódico, as provincianas que assinassem O Jornal das Senhoras pagariam apenas 7$000 réis pelo semestre. Aqui percebemos a "[...] intenção de que o periódico fosse difundido para além das fronteiras da vila e da província",[66] ao baratear seu custo, diferente dos demais periódicos que padronizaram o valor de assinatura ou aumentaram seu preço para cobrir gastos e despesas com a impressão.

Além disso, dos trinta periódicos anunciados pelo Almanak Administrativo, Mercantil, e Industrial do Rio de Janeiro (1844-1889) no ano de 1854: três não indicaram o valor de assinatura;[67] a Revista Pharmaceutica era vendida em avulso por 320 réis; três foram vendidos por uma quantidade específica de edições;[68] quatorze possuíam um preço semestral abaixo de 6$000 réis;[69] sete possuíam um preço semestral

---

66 JINZENJI, Mônica Yumi. Cultura impressa e educação da mulher no século XIX. Belo Horizonte: Editora UFMG, 2010, p. 89.

67 Os três periódicos sem identificação de valores são: A Época; Ilustração Brasileira (1854-1855); e Revista do Instituto Histórico e Geographico Brasileiro.

68 O Grito Nacional (1848-1858) custou 2$000 réis por 20 números; Guanabara (1849-1856) custou 15$000 réis por 18 números; e O Guarany custou 5$000 por 60 números.

69 Agricultor Brasileiro (3$000 réis); Annaes de Medicina Brasiliense (3$000 réis); Auxiliador da Industria Nacional (3$000 réis); O Guerreiro (5$000 réis); O

Páginas de sociabilidade feminina   47

acima de 6$000 réis;[70] e apenas o periódico *O Brado do Amazonas* (1852-1858)[71] era assinado semestralmente por 6$000 réis, o mesmo valor cobrado pelo *O Jornal das Senhoras*.[72]

Não podemos desconsiderar os fatores que influenciaram o custo de um impresso: o tipo de papel; a quantidade de páginas; a periodicidade; e demais meios de produção. Porém, ao compararmos os periódicos publicados na corte, podemos considerar que *O Jornal das Senhoras* permaneceu com sua assinatura estável e manteve seu valor na média entre os demais impressos vendidos no Rio de Janeiro.

Além de manter o valor do periódico durante o período em que foi diretora, Violante Vellasco anunciou na 42ª edição algumas melhorias:

> E sem aumentar de preço, aumentando de despesa; ele principia de hoje em diante a ser publicado com doze páginas, e neste formato continuará para o ano que vem, e por muitos outros, se Deus não mandar o contrário.

> Estas páginas, pois, serão sempre reservadas para a tabela dos dias de baile das diversas sociedades

---

Liberal (1848-1855, 4$000 réis); *Marmota Fluminense* (1852-1857, 4$000 réis); *O Monarchista* (4$000 réis); *A Nação* (5$000 réis); *Nova Gazeta dos Tribunaes* (4$000 réis); *Periódico dos Pobres* (3$600 réis); *O Provinciano* (5$000 réis); *Restaurador* (5$000 réis); *Revista Marítima Brasileira* (2$500 réis); e *Rosa Brasileira* (4$000 réis).

70 *O Brasil Musical* (8$000 réis); *Correio Mercantil* (1844-1868, 8$000 réis); *Diário do Rio de Janeiro* (1821-1878, 8$000 réis); *A Gazeta Judiciária* (9$000 réis); *Jornal do Commercio* (1827-2016, 10$000 réis); *Novo Correio das Modas* (1852-1854, 7$000 réis); e *Rio Mercantile Journal* (1847-1856, 12$000 réis).

71 Periódico político e constitucional redigido por Ignacio José Ferreira Maranhense e impresso inicialmente na Typographia Franceza, Rua de S. José, n. 64.

72 LAEMMERT, Eduardo; LAEMMERT, Henrique. *Almanak Administrativo, Mercantil e Industrial do Rio de Janeiro*. Rio de Janeiro: Typographia Universal de Laemmert, 1854, p. 569-571. Também conhecido como *Almanak Laemmert*, por pertencer aos irmãos Eduardo e Henrique Laemmert.

desta corte; para indicar as modistas de primeira ordem; para os anúncios dos primeiros armazéns de fazendas, modas, perfumarias, jóias, obras de cabelo, decoração, objetos de *toilette*, de desenho, de bordar, etc.; para os primeiros estabelecimentos de pianos, música e copistaria; para as casas que se incubem particularmente de arranjar flores especiais e vamos para bailes e mais funções; finalmente para todos os anúncios que satisfizerem as exigências do bom-tom e servirem de pronto recurso a todas as famílias em geral.[73]

Porém, ao longo das edições seguintes, estes acréscimos não foram efetivados mantendo sua estrutura com duas colunas e oito páginas, com poucas exceções. Os acréscimos nas edições se davam quando eram inseridas partituras musicais, peças de modas com estampas de figurinos, ou padrões de bordados.

Algumas mudanças tipográficas também foram identificadas no periódico *Marmota Fluminense*, quando o redator Francisco de Paula Brito, na 348ª edição, 15 de março de 1853, agradeceu o aumento no número de assinantes e a necessidade de aumentar o formato de seu impresso, passando de duas para três colunas, além de outros melhoramentos, sem aumentar o valor das assinaturas.

Neste sentido, as possíveis alterações tipográficas, tanto na *Marmota Fluminense* quanto em *O Jornal das Senhoras,* provavelmente estavam relacionadas ao aumento no número de assinantes na corte e nas províncias.

Um indício que possibilita identificar o aumento no número de assinantes do *O Jornal das Senhoras* pode ser visualizado na 3ª edição, quando a redatora Joanna publicou que "Está, portanto, esgotada a edi-

---

73   VELLASCO, Violante Atabalipa Ximenes de Bivar e. *O Jornal das Senhoras*. Rio de Janeiro: Typographia de Santos e Silva Junior, nº 42, 17 out. 1852, p. 02. [grifo da autora].

ção toda dos nossos Figurinos, cujo número tínhamos calculado que seria mais que suficiente, e não chegou!".[74] Por este motivo "Ainda temos um considerável número de Assinantes, que por sua mínima bondade esperarão até o trimestre de Abril, que é quando poderemos receber de Paris um dobrado número de estampas para satisfazer a todos quantos nos quiserem honrar".[75]

Poderíamos até supor que esta informação fosse falsa, no intuito de chamar a atenção das mulheres, angariando novas assinantes e leitoras, se não fosse os esforços feitos pela redatora e pelas colaboradoras para melhorar o atendimento às suas assinantes, e disponibilizar os figurinos antes do prazo estipulado.

Tais esforços foram divulgados na 5ª edição, 01 de fevereiro de 1852, quando a redatora Joanna informou que já havia figurinos copiados para oferecer às senhoras que quisessem assinar o periódico. Assim, o fim da espera por figurinos que viriam de Paris também demonstrou a autonomia que se buscava em torno da moda francesa.

Ainda que a moda francesa prevalecesse nos figurinos publicados pelo O Jornal das Senhoras, a estratégia editorial de copiá-los e disponibilizá-los, antes de serem publicados em outros periódicos, provavelmente agradou suas leitoras, além de atrair a atenção de novas assinantes para o periódico.

Dentre outras estratégias editoriais

> [...] que muito contribuíram para a ampliação do público leitor foi a publicação da tradução de folhetins franceses no Brasil, principalmente porque, apesar do grande número de analfabetos, muitos destes

---

74 NORONHA, Joanna Paula Manso de. *Op. cit.*, nº 03, 18 jan. 1852, p. 01.

75 *Ibidem.*

textos eram narrados em voz alta e tiveram nas leitoras femininas um novo e potencial público.[76]

Caindo no gosto feminino, os folhetins também foram publicados em *O Jornal das Senhoras*. E mesmo considerado literatura fútil pelos "grandes" nomes da literatura mundial, esta impressão "[...] ampliou-se e ajudou a alavancar a venda dos jornais que os publicavam".[77]

Misterios del Plata foi o primeiro folhetim publicado no periódico. Escrito por Joanna Paula Manso de Noronha e publicado durante os seis meses em que ela foi redatora chefe, o romance serviu para dar visibilidade ao contexto político argentino, em seu país de origem. Tal publicação indicou o olhar atento da redatora à conjuntura política, tanto nacional quanto internacional.

Ainda que os assuntos políticos não fossem o foco dos periódicos femininos, eles poderiam aparecer nos folhetins, o que amenizaria a leitura feminina, ao mesmo tempo em que manteria suas leitoras atualizadas sobre os desdobramentos políticos. Assim, o romance histórico escrito por Joanna foi o exemplo mais claro desta estratégia textual.

Muito comum no período, vários foram os folhetins com títulos parecidos, imitando *Os Misterios de Paris*, de Eugène Sue, que chegou ao rodapé do *Jornal do Commercio* em 1º de setembro de 1844:

> Tal foi o impacto causado por esse folhetim que não lhe faltaram imitações, das quais alguns títulos são testemunho. Em 1847, sairia o primeiro volume de *Os mistérios do Brasil*; em 1861, aparecia *Os mistérios da roça*, de Vicente Félix de Castro; em 1855, *Los mistérios del Plata*, de Juana de Noronha; nos

---

76 FERREIRA, Tania Maria Tavares Bessone da Cruz. "Reverenciando as letras: Espaços de consagração e construção da cidadania". In: RIBEIRO, Gladys Sabina; FERREIRA, Tania Maria Tavares Bessone da Cruz (Orgs.). *Linguagens e práticas da cidadania no século XIX*. São Paulo: Alameda, 2010b, p. 325.

77 *Ibidem*.

Páginas de sociabilidade feminina 51

anos 1870, chegou a vez de *Os mistérios da rua da Aurora* e de *Os mistérios do Recife* (dos quais não se conhece a autoria); e, nos anos 1880, *Os mistérios da Tijuca*, de Aluizio de Azevedo.[78]

Porém, logo na introdução de seu romance, Joanna explicou que

> Não foi por servil imitação aos mysterios de Paris, e aos de Londres, que chamei a este romance Mysterios del Plata.
>
> Chamei-o assim, porque considero que as atrocidades de Rosas, e os sofrimentos de suas vítimas serão um mistério para as gerações vindouras, apesar de tudo quanto contra ele se tem escrito.[79]

Este fato demonstrou que Joanna foi uma mulher ciente e atenta aos folhetins que circulavam pelo Brasil e pelo mundo, buscando com esta justificativa se diferenciar dos demais impressos e ganhar o gosto das leitoras e assinantes no Rio de Janeiro e nas províncias, além de inserir elementos da conjuntura política de seu país.

Assim, *Misterios del Plata* foi publicado durante os seis meses em que Joanna atuou como redatora chefe em *O Jornal das Senhoras*. E com o fim deste romance, outros textos ganharam espaço no periódico, durante a direção de Violante e Gervasia.

Sob a direção de Violante Atabalipa Ximenes de Bivar e Vellasco foram impressos os folhetins: *Karolina: novela polaca do XIX século*, de Olympio Chodzko; *O livro de Júlia*, de J. M. M.; e outros de menor duração, que foram publicados em duas ou três edições.

---

78 SOUZA, Silvia Cristina Martins de. "Dos folhetins nos jornais ao palco: romances folhetins e textos teatrais no Rio de Janeiro da segunda metade do século XIX". *Tempo*, Rio de Janeiro, vol. 16, n° 32, p. 193-221, jan/jun, 2012, p. 198. [grifos da autora].

79 NORONHA, Joanna Paula Manso de. *Op. cit.*, n° 01, 01 jan. 1852, p. 06.

Já Gervasia Nunezia Pires dos Santos Neves publicou inicialmente *A Dama das Camélias*, de Alexandre Dumas (1824-1895), porém um incidente deixou inutilizado os originais do segundo volume deste romance, fazendo com que a redatora publicasse no lugar o folhetim *Um amor de mulher*, assinado pelo pseudônimo X. Y.[80] E mesmo com o fim deste romance, o segundo volume do romance de Alexandre Dumas não foi impresso por Gervasia.

Para suprir esta falta, outros folhetins foram publicados: *A desditosa*, de Demetrio Acacio Fernandes da Cruz; *Miranda de Aragão: História da Inquisição*, extraído do periódico *Monthly-Magazine*; *Amor, Ciúme e vingança: novela brasileira*, de Pereira Silva; *A Rosa do Sepulcro*, por D. M. de O. Quintana; *O último amor*, de Lopes de Mendonça; *Jarilla*, da Sra. D. Carolina Coronado; *O condescendente*, de J. J. L. P.; *Os pupilos da guarda*, de Emilio Marco Saint-Hilaire; *A promessa cumprida ou o sonho realizado*, de Joséfon; *O pobre Matheus*, de A. de Bernard; e outros de menor duração e/ou sem identificação de autoria.

A constante presença de folhetins em *O Jornal das Senhoras* demonstrou como este tipo de publicação atraia a atenção do público feminino. Tal atenção para alguns romances foi tamanha a ponto de ganharem cinco a seis páginas na edição do impresso, ou seja, mais da metade do periódico.

Além disso, a falta de legislação específica no Brasil foi um dos fatores que possibilitou a publicação destes textos. "Uma das primeiras leis específicas que tratava sobre direitos autorais era inglesa e datava de 1710",[81] e na França,

> Pela lei Chapelier de 1791, a propriedade do autor
> sobre sua obra era considerada como a mais sagra-

---

80 NEVES, Gervasia Nunezia Pires dos Santos. *O Jornal das Senhoras*. Rio de Janeiro: Typographia do Jornal das Senhoras, n° 86, 21 ago. 1853, p. 02.

81 FERREIRA, Tania Maria Tavares Bessone da Cruz. "A imprensa no Brasil e os debates sobre propriedade literária no Oitocentos". In: FERREIRA, Tania Maria Tavares Bessone da Cruz *et. al.* (Orgs.). *D. João e o Oitocentismo*. Rio de Janeiro: Contra Capa/Faperj, 2011, p. 81.

Páginas de sociabilidade feminina   53

da e a mais legítima das propriedades, mas também poderia ser vista como um gênero totalmente diferente das outras propriedades.[82]

Enquanto alguns países já haviam estabelecido leis referentes à propriedade intelectual desde o século XVIII, no Brasil "A legislação não contemplava nenhuma cláusula a favor de autores e nenhuma restrição aos editores, livreiros e tipógrafos",[83] o que aconteceu somente no final do império, em 09 de setembro de 1889, com "*a assinatura do Acordo para a proteção das obras literárias e artísticas, entre Brasil e Portugal*".[84]

Devida a falta de legislação específica para proteger a propriedade intelectual de obras nacionais e internacionais, muitos textos foram apropriados por editores e redatores que traduziram, adaptaram, imprimiram e publicaram a fim de aumentar a venda de seus periódicos, como foi o caso do romance do pai de Alexandre Dumas, o francês Dumas Davy de la Pailleterie (1802-1870).

Este autor chegou a escrever uma carta destinada ao *Jornal do Commercio do Rio de Janeiro*, que publicou um romance caracterizado como a continuação de *O Conde de Monte Cristo*.

Na carta, o autor alegou que alguém estava se fazendo passar por ele, pois a continuação do romance nunca foi feita e nem haveria continuação. Porém, a carta foi ignorada, pois este romance continuou publicado pelo periódico e por outros impressos até meados da década de 1950, sobrevivendo mais de um século por causa das várias versões criadas.[85]

---

82 FERREIRA, Tania Maria Tavares Bessone da Cruz; NEVES, Lúcia Maria Bastos Pereira das. "Privilégios ou direitos? A questão autoral entre intelectuais e homens de Estado no Brasil do século XIX". In: BRAGANÇA, Aníbal; ABREU, Marcia (Orgs.). *Imprensa no Brasil*: dois séculos de livros brasileiros. São Paulo: Editora Unesp, 2010a, p. 505.

83 FERREIRA, Tania Maria Tavares Bessone da Cruz. *Op. cit.*, 2011, p. 80.

84 *Ibid*em, p. 84 [grifo da autora].

85 OLIVEIRA, Paulo Motta. "E a imprensa chegou ao Brasil: Reflexões sobre livros, invasões e mercados". In: FERREIRA, Tania Maria Tavares Bessone da Cruz *et*.

O *Jornal das Senhoras* não imprimiu romances falsos, porém foram publicados os plágios de umas quadrinhas e de uma poesia, compostas por uma senhora que remeteu à redação do periódico uma carta solicitando a correção das mesmas:

Correspondência.

Sra. Redatora.- Deparando em seu jornal n.º 29, de 22 de julho, com umas quadrinhas de minha composição, dedicadas a uma de minhas amigas que se achava ausente, e notando que a pessoa, que as *copiou* do meu álbum, *teve alguns equívocos*, inclusa lhe remeto a cópia fiel das que nele se acham escritas, rogando-lhe o obséquio de a fazer publicar no próximo número. Em outro número do seu jornal, apareceu também o plagiário de uma pequena poesia minha, da qual não quero fazer menção para não chocar o melindre de quem a assinou. Com esta publicação muito obrigará à sua, etc.

A. E. de Menezes.[86]

Nesta correspondência é possível perceber o plágio realizado por alguém que obteve acesso ao álbum desta senhora, se apropriando de suas composições e enviando-as à redação do *O Jornal das Senhoras* para realizar a publicação.

Coube à verdadeira dona destes textos identificar o plagiador, uma vez que o periódico feminino geralmente recebia textos anônimos ou com pseudônimos, o que dificultava a identificação de quem os produziu.

---

al. (Orgs.) *D. João e o Oitocentismo.* Rio de Janeiro: Contra Capa/Faperj, p. 55-64, 2011, p. 58-59.

86 *O Jornal das Senhoras. Op. cit.*, nº 188, 05 ago. 1855, p. 06. [grifos da autora].

Páginas de sociabilidade feminina 55

Se já era difícil um autor nacional realizar a identificação de plágios em periódicos nacionais, mais complexo era quando estes autores eram internacionais. Neste sentido, foi comum a tradução de poesias e romances traduzidos por colaboradores do periódico. Após a tradução, o texto era enviado à redação para adequação de tamanho nas páginas e publicação.

Assim, *O Jornal das Senhoras* não deixou de publicar folhetins de autores internacionais para suas leitoras, traduzidos pelas redatoras ou colaboradoras. Uns maiores e outros menores, os romances inseridos em *O Jornal das Senhoras* eram divididos por partes e disponibilizados dominicalmente.

Este fato causava a expectativa das assíduas leitoras que, após uma leitura atenta de uma edição, aguardavam a próxima semana para dar continuidade aquela história.

Neste sentido percebemos que "[...] o editor é um interprete das ideias de seu tempo: Ele joga o papel do leitor, extrapola a partir de sua própria reação de leitores, antecipa sobre este que será aquele do público".[87]

A atenção de Joanna, Violante e Gervasia na publicação folhetinesca demonstrou um trabalho feito com responsabilidade, escolhas, adaptações, concessões e sensibilidade ao perceber a recepção de suas leitoras. Estas habilidades fazem parte da mediação editorial obtida pelas redatoras no trabalho com o periódico.

Dividida em três categorias – escrita, enunciação e gesto editorial – a mediação ou autoridade editorial é a ação desenvolvida pelas redatoras, a fim de adaptar o periódico ao gosto de seu público leitor.

A escrita editorial envolve o discurso textual, adaptado pelo editor para atender às normas tipográficas e ser bem recebido pelo leitor, como exemplo os folhetins publicados no periódico.

---

87 Versão original: "[...] l'editeur est un interprète des idées de son temps: Il joue le rôle du lecteur, etrapole à partir de sa propre réaction de lecteur, antecipe sur ce que sera celle du public". OUVRY-VIAL, Brigitte. "L'acte editorial: vers une théorie du gest". *Communication et langages*, vol. 154, n. 1, p. 67-82, 2007, p. 73.

A enunciação editorial busca enfatizar a realidade polifônica e plural do texto. As estratégias editoriais - como a adaptação do texto às normas ortográficas e tipográficas, sua disposição na página do periódico, além de elementos paratextuais inseridos -, ao entrar em consenso entre o autor e editor para publicação e acesso ao público legitimam a prática da mediação editorial, assim como seu controle.

Deste modo, o gesto editorial é definido pelos cuidados com a escrita, com a enunciação, e os demais elementos mediados pelas redatoras. Tais medidas permitem que o periódico alcance seu público com os devidos assuntos escolhidos, entendidos pelas redatoras como aqueles que atenderão e satisfarão suas leitoras.

Atentas a certos detalhes, como a estrutura visual da primeira página do impresso, Violante e Gervasia buscaram adequar o perfil do *O Jornal das Senhoras* ao público leitor realizando algumas alterações no *layout* do título e subtítulo do periódico.

Sobre as mudanças no *layout*, Violante fez uma pequena alteração na 53ª edição, 01 de janeiro de 1853. A partir desta data, foi retirada a palavra "*Critica*", localizada no final do subtítulo "*Modas, Litteratura, Bellas-Artes, Theatros e Critica*".[88] Porém, na 62ª edição, 06 de março de 1853, a palavra "*Crítica*" retornou ao subtítulo, sendo extraído desta vez o artigo "*O*" do título do periódico: "*O Jornal das Senhoras*".

Ao que se nota, não houve uma justificativa específica sobre o uso da palavra "*Crítica*" no subtítulo, já que ela foi retirada novamente, e definitivamente, a partir da 92ª edição, 02 de outubro de 1853, sob a direção de Gervasia.

E logo na 105ª edição, 01 de janeiro de 1854, foi acrescentada entre o título e o subtítulo do periódico a frase "*Jornal da Boa companhia*", que permaneceu até a 209ª edição, 30 de dezembro de 1855. Nesta mesma edição, o trecho "*das senhoras*" - parte do título do periódico - deixou

---

88   O subtítulo foi alterado para: *Modas, Litteratura, Bellas-Artes e Theatros.*

de vir sob o formato de meia lua, e passou a seguir a ordem horizontal, assim como a palavra "*Jornal*":

Figura 1
Páginas iniciais do periódico *O Jornal das Senhoras* (1853-1854)

Fonte: NEVES, G. N. P. S. *O Jornal das Senhoras*. Rio de Janeiro: Typographia do Jornal das Senhoras, n° 104, 25 dez. 1853, p. 01

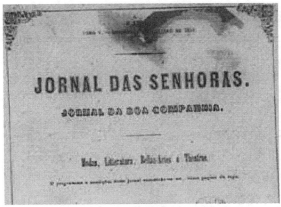

Fonte: NEVES. G. N. P. S. *O Jornal das Senhoras*. Rio de Janeiro: Typographia do Jornal das Senhoras, n° 105, 01 jan. 1854, p. 01.

De todas as alterações feitas - na estrutura; no *layout*; em edições especiais com acréscimo de páginas; na inserção de peças de estampa de figurinos, padrões de bordados ou partituras musicais - nenhuma delas estava relacionada com valores, ou em mudanças nos endereços tipográficos e/ou de tipografias, pois elas aconteceram em momentos distintos. A respeito das mudanças de endereços tipográficos, *O Jornal das Senhoras* passou por cinco ruas diferentes durante os quatro anos de duração:

Tabela 2
Endereços tipográficos do *O Jornal das Senhoras* (1852-1855)

EDIÇÃO	DATA	TYPOGRAPHIA	ENDEREÇO
1ª	01/01/1852	Parisiense	Rua Nova do Ouvidor, n° 20
10ª	07/03/1852	De Santos e Silva Junior	Rua da Carioca, n° 32
62ª	06/03/1853	Do Jornal das Senhoras de George Leuzinger	Rua do Ouvidor, n° 36
63ª	13/03/1853	Do Jornal das Senhoras	Rua do Ouvidor, n° 36
79ª	03/07/1853	Do Jornal das Senhoras	Rua da Alfândega, n° 54
86ª	21/08/1853	Do Jornal das Senhoras	Rua do Cano, n° 165

Fonte: *O Jornal das Senhoras* (1852-1855)

A primeira casa tipográfica que imprimiu o periódico foi a *Typographia Parisiense*. Inaugurada em 1850, esta tipografia estava localizada inicialmente na Rua da Quitanda, n° 68, e só em 1852 ela passou para a Rua Nova do Ouvidor, n° 20. Neste endereço *O Jornal das Senhoras* foi impresso por dois meses.

Enquanto no ano de 1852 a *Typographia Parisiense* foi anunciada pelo periódico *Almanak Laemmert* sem a identificação de proprietário(a), para o ano de 1853 e 1854, ela apareceu pertencendo a Frederico Alfredson, que provavelmente assumiu a direção deste estabelecimento, ainda no início de 1852.

Devida a mudança de direção na *Typographia Parisiense*, *O Jornal das Senhoras* começou a ser impresso em março de 1852, na *Typographia de Santos e Silva Junior* localizada na Rua da Carioca, n° 32.

Esta tipografia permaneceu sob a direção de *Santos e Silva Junior* de 1851 a 1854, e a partir de 1855 ela passou a ser chamada de *Typographia*

Páginas de sociabilidade feminina 59

Imparcial,[89] tendo como diretor Manoel José Pereira da *Silva Junior*, indicando o fim de sociedade com o outro proprietário, de sobrenome *Santos*.

E apesar de esta tipografia ter permanecido no mesmo endereço e com os mesmos diretores por quatro anos seguidos, *O Jornal das Senhoras* foi impresso neste estabelecimento por apenas um ano, de março de 1852 a fevereiro de 1853. Durante este período, houve a mudança na direção do periódico, quando Joanna Paula Manso de Noronha passou o cargo para Violante, entre junho e julho de 1852.

Portanto, a alteração no endereço de publicação do periódico de Violante não foi causada pela mudança na direção do *O Jornal das Senhoras*, mas pelo objetivo da nova redatora chefe em obter uma tipografia própria para o seu periódico.

Deste modo, a partir da 62ª edição, 06 de março de 1853, o novo endereço de impressão do jornal foi a Rua do Ouvidor, n° 36, intitulado como *Typographia do Jornal das Senhoras de G. Leuzinger*,[90] e a partir da 63ª edição, 13 de março de 1853, apareceu apenas como *Typographia do Jornal das Senhoras*.

O período de impressão nesta casa tipográfica foi de apenas quatro meses, e neste meio tempo – entre maio e junho de 1853 – Gervasia Nunezia Pires dos Santos Neves assumiu a direção do impresso, confirmando a ideia de que a alteração no endereço tipográfico não estava relacionada com a mudança de redatora chefe do periódico.

Assim, com o objetivo de adquirir uma tipografia e endereço próprio para *O Jornal das Senhoras*, a partir da 79ª edição, 03 de julho de

---

89 A *Typographia Imparcial* foi propriedade de Francisco de Paula Brito até o ano de 1850, localizada na Praça da Constituição, n° 64. A partir de dois de dezembro de 1850, Paula Brito modificou o nome de seu estabelecimento para *Typographia Dous de Dezembro*, em homenagem a data de seu aniversário e, em especial, ao mesmo dia natalício de D. Pedro II.

90 George – ou Jorge – Leuzinger (1813-1892), veio da Suíça para o Brasil em 1832. Em 1845 ele apareceu no *Almanak Laemmert* como proprietário de uma loja de papel e objetos de escritório, e entre os anos de 1853 e 1857 ele dirigiu a *Typographia Franceza*, também na Rua do Ouvidor, n° 36.

1853, o impresso – sob a direção de Gervasia - começou a ser publicado na Rua da Alfândega, n° 54.

Antes de Gervasia transferir o periódico de endereço, entre 1851 e 1853 já funcionava neste logradouro a *Typographia Litteraria* de João do Espírito Santo Cabral.[91] Conforme constatamos no periódico *Correio Paulistano* (1854-1930), Cabral se mudou para São Paulo em 1853, na busca por "[...] estabelecer um jornal em qualquer cidade desta província ou na de Minas Gerais, até a distância de 60 léguas",[92] deixando o espaço livre para a impressão de outro periódico.

Porém, a permanência do *O Jornal das Senhoras* na Rua da Alfândega, n° 54, durou menos de dois meses, deixando de servir como endereço tipográfico. Algum tempo depois

> [...] a Emile Kahn e Torres era importadora de vinhos e Arthur Aron, comerciante de artigos de armarinho, chapéus, meias, bijuterias, fazendas e perfumes, encontrava-se na Rua da Alfândega, 54-56, também endereço da sede de Heymann e Aron Cia.[93]

Este fato e as constantes alterações de endereços tipográficos e de proprietários nestes estabelecimentos permitiram demonstrar a efemeridade temporal de duração e de circulação de alguns periódicos e outros impressos no período.

---

91 Este tipógrafo também foi impressor do Instituto Histórico Geográfico Brasileiro, desde 1839. Cf. CABRAL, J. M. Rocha. *Jornal do Instituto Histórico e Geographico Brasileiro*. Rio de Janeiro: Typographia da Ass. do Despertador, 1° de Abril de 1839 [tomo primeiro], p. 353; E também foi proprietário de uma tipografia com seu nome até o ano de 1846, localizada na Rua do Hospício, n° 66. Cf. LAEMMERT, E; LAEMMERT, H. *Op. cit.*, 1846, p. 339.

92 MARQUES, J. R. de Azevedo *et. al. Correio Paulistano*. São Paulo: Typographia Imparcial de Marques & Irmão, n° 1063, 27 out. 1859, p. 03.

93 FRIDMAN, Fania. "Judeus-franceses no Rio de Janeiro do século XIX". In: VIDAL, Laurent; LUCA, Tania Regina de (Orgs.). *Franceses no Brasil: século XIX-XX*. São Paulo: Editora Unesp, 2009, p. 183.

Na busca por manter a publicação de seu periódico, Gervasia transferiu a *Typographia do Jornal das Senhoras* para a Rua do Cano, nº 165, a partir da 86ª edição, 21 de agosto de 1853, permanecendo neste endereço por dois anos e quatro meses, até a última edição do impresso, em dezembro de 1855. Neste logradouro, a partir de 1857, começou a funcionar a *Typographia de João Xavier de Souza Menezes*, mantendo no local um estabelecimento tipográfico.[94]

Figura 2
Mapa com os endereços tipográficos na cidade do Rio de Janeiro em 1854

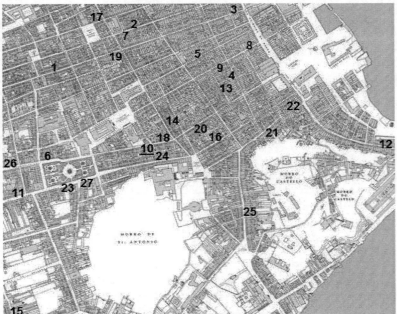

Fonte: CANO, J. et. al. (Orgs.). *Mapas Temáticos Santana e Bexiga* 09, 10, 11, 14, 15, 16, 19 e 20 (Mapas da Coleção Gotto – Rio de Janeiro, 1866). Projeto Temático FAPESP Proc. 01/05017-1;
Almanak Administrativo Mercantil e Industrial do Rio de Janeiro para o ano de 1854 – Hemeroteca Digital.

---

94 LAEMMERT, E; LAEMMERT, H. *Op. cit.*, 1857, p. 677.

Além da *Typographia do Jornal das Senhoras*, outros estabelecimentos tipográficos coexistiram no Rio de Janeiro no mesmo período.

No *Almanak Laemmert*, por exemplo, foram anunciados: Em 1852, 22 periódicos e 23 tipografias; Em 1853, 30 periódicos e 25 tipografias; Em 1854, 30 periódicos e 27 tipografias; E em 1855, 24 periódicos e 24 tipografias. Com estas informações e utilizando um mapa da cidade do Rio de Janeiro,[95] é possível visualizarmos o endereço onde estas tipografias estavam localizadas. Na figura 2 foi inserida uma numeração em ordem crescente, indicando os estabelecimentos tipográficos divulgados pelo *Almanak Laemmert* para o ano de 1854, por ser um período com o maior número de tipografias anunciadas pelo periódico.

Complementando estas informações, foi elaborada uma legenda separada do mapa – Tabela 3 -, contendo a mesma numeração em ordem crescente que determina cada tipografia, seguida pelo nome do estabelecimento, pelo nome do(a) proprietário, e o logradouro de funcionamento para o ano de 1854.

Tabela 3
Legenda indicando as tipografias na cidade do Rio de Janeiro em 1854

N°	TYPOGRAPHIA:	PROPRIETÁRIO(A)	ENDEREÇO
1	Americana	*	Rua d'Alfandega, 210
2	Brasiliense	Maximiano Gomes Ribeiro	Rua do Sabão, 114
3	Commercial	Soares & C.	Rua d'Alfandega, 6
4	Do Correio Mercantil	J. F. A. B. Muniz Barreto	Rua da Quitanda, 55

95 Com o uso dos *softwares* OneNote 2007 e Paint, utilizamos os mapas temáticos Santana e Bexiga 09, 10, 11, 14, 15, 16, 19 e 20 (Mapas da Coleção Gotto, Rio de Janeiro, 1886) referente ao Projeto Temático FAPESP Proc. 01/05017-1, organizado pelo professor Dr. Jefferson Cano (Professor da Universidade de Campinas, UNICAMP), para criar um mapa e identificar em ordem numérica, os endereços tipográficos em 1854. As plantas foram publicadas originalmente por Edward Gotto, em *Plan of the City of Rio de Janeiro*, de 1866. Disponíveis em <http://www.ifch.uni­camp.br/cecult/mapas/mapasgotto/introgotto.html>. Acesso em: 01 mar. 2017.

Páginas de sociabilidade feminina

5	Do Diário do Rio	Luiz Antonio Navarro de Andrade & Antonio Maria Navarro de Andrade	Rua do Rosário, 84
6	Dous de Dezembro	Francisco de Paula Brito	Praça da Constituição, 64, 66 e 68
7	Episcopal	Agostinho de Freitas Guimarães & C.	Rua do Sabão, 135
8	Franceza	Jorge Leuzinger	Rua do Ouvidor, 36
9	Do Jornal do Commercio	J. Villeneuve & C.	Rua do Ouvidor, 65
10	Do Jornal das Senhoras	Gervasia Nunezia Pires dos Santos Neves	Rua do Cano, 165
11	Da Nação	Domingos Luiz dos Santos	Rua do Conde, 10
12	Nacional	Braz Antonio Castriolo	Rua da Misericórdia, 91
13	Parisiense	Frederico Afredson	Travessa d'Ouvidor, 20
14	Do Republico	Antonio dos Santos Cordeiro da Cruz	Rua dos Latoeiros, 53
15	Universal	Eduardo e Henrique Laemmert	Rua dos Inválidos, 61 B
16	De Antonio Maximiano Morando	Antonio Maximiano Morando	Rua d'Assembléa, 82
17	De Fortunato Antonio de Almeida	Fortunato Antonio de Almeida	Rua da Valla, 141
18	De Innocencio Francisco Torres	Innocencio Francisco Torres	Rua do Cano, 94
19	De Joaquim Antonio Piacentini	Joaquim Antonio Piacentini	Rua d'Alfandega, 135
20	De Joaquim José Ferreira Coelho	Joaquim José Ferreira Coelho	Rua do Cano, 77
21	De L. A. F. de Menezes	L. A. F. de Menezes	Rua de São José, 47
22	De Manoel Affonso da Silva Lima	Manoel Affonso da Silva Lima	Rua de São José, 8
23	De Manoel Gaspar de Siqueira Rego	Manoel Gaspar de Siqueira Rego	Praça da Constituição, 39

24	De Santos & Silva, junior	Santos & Silva, junior	Rua da Carioca, 32
25	De Vianna	Vianna	Rua d'Ajuda, 79
26	De Vianna, & C.	Vianna, & C.	Rua dos Ciganos, 29
27	Imprensa do Typographo Luiz de Souza Teixeira	Luiz de Souza Teixeira	Praça da Constituição, 21
* A partir de 1855, José Soares de Pinho apareceu como proprietário da *Typographia Americana*.			

Fonte: *Almanak Administrativo Mercantil e Industrial do Rio de Janeiro para o ano de 1854* – Hemeroteca Digital

Ao observar o mapa e a legenda com o endereço dos estabelecimentos no Rio de Janeiro no ano de 1854 é possível perceber que eles não estavam totalmente agrupados em uma mesma rua ou espaço, porém a maioria, assim como a *Typographia do O Jornal das Senhoras*, se localizava próxima à região comercial da cidade, facilitando a divulgação e a venda dos impressos publicados.

Além disso, é válido lembrar que as tipografias podiam imprimir mais de um periódico e outros impressos em sua empresa, ampliando ainda mais a circulação de notícias e demais informações pela cidade.

A circulação de impressos possibilitou um maior acesso cultural no ambiente público, por meio da leitura compartilhada em voz alta, imagens anexas nos periódicos ou códigos e símbolos representados.

Deste modo, a circularidade cultural existente na cidade do Rio de Janeiro não ficou restrita aos grupos sociais de posses materiais e econômicas, mas como demonstrou Carlo Ginzburg, ela se inseriu nas diversas camadas, proporcionando novas estratégias de vida e sobrevivência diante das relações de poder.[96]

---

96 Cf. GINZBURG, Carlo. *O queijo e os vermes: o cotidiano e as ideias de um moleiro perseguido pela Inquisição* (tradução Maria Betânia Amoroso; tradução dos poemas: José Paulo Paes; revisão técnica: Hilário Franco Jr.). São Paulo: Companhia das Letras, 2006.

A grande quantidade de tipografias e de impressos circulando pela cidade exigiu das redatoras estratégias editoriais e geográficas para inserir o periódico na rede de sociabilidade dos impressos, bem como ganhar a aceitação das leitoras por meio das assinaturas. Assim, os endereços em que *O Jornal das Senhoras* foi impresso possuíam uma localização central, próximo às lojas comerciais. A grande circulação de pessoas que se deslocavam pelas ruas da cidade para trocas de experiências, informações, trabalhos, vendas e compras de produtos, possibilitou a visibilidade deste impresso, sua aceitação por meio da assinatura e da leitura, e sua legitimação no espaço público.

Dentre os cinco endereços tipográficos em que *O Jornal das Senhoras* foi publicado, damos destaque ao estabelecimento de George Leuzinger (1813-1892), localizado na Rua do Ouvidor, n° 36. Sua casa tipográfica, assim como muitas outras, não se restringiu somente ao trabalho dos impressos. Atuando também com encadernação, estamparia de chapas de cobre e aço, e abertura de metais, selos, chapas, emblemas, tipos e cunhos, este estabelecimento foi uma espécie de "parque gráfico", assim como a empresa de Paula Brito.[97] Deste modo, sua empresa não serviu apenas para imprimir um periódico, mas para iniciar e finalizar a produção de um impresso, saindo de lá pronto para a venda e leitura.

Além disso, a Casa Leuzinger estava estrategicamente bem localizada. Dentre seus vizinhos, identificamos: uma confeitaria, n° 30; uma loja de modista, n° 31; uma casa de encadernação, n° 31; uma fábrica de chapéu de sol, n° 33; e duas lojas de fazendas com roupas feitas de todas as qualidades, n° 37 e n° 39.

Tais estabelecimentos, provavelmente recebiam várias mulheres, que se deslocavam na busca por um café da tarde na confeitaria, ou por tecidos, chapéus, e demais acessórios para completar a vestimenta feminina utilizada em eventos que aconteciam pela cidade.

---

97 LEME, Monica Neves. *Op. cit.*, 2006, p. 184.

Não apenas o quarteirão, mas toda a Rua do Ouvidor era famosa por seus estabelecimentos voltados ao belo sexo, e "tornou-se a grande rua do luxo e das modas francesas".[98]

Diante das transformações sociais e culturais ao longo da primeira metade no século XIX, "[...] a rua do Ouvidor transformava-se no símbolo dileto dessa nova forma de vida em que se pretendia, nos trópicos, imitar a mesma sociabilidade das cortes ou dos mais recentes bulevares europeus".[99]

Afinal, das vinte e seis modistas anunciadas no *Almanak Laemmert* no ano de 1852, oito estavam localizadas na Rua do Ouvidor. Neste mesmo ano, das doze perfumarias anunciadas, onze estavam na mesma rua. E dos quatorze cabeleireiros anunciados, sete estavam lá.[100]

Em um artigo publicado no *O Jornal das Senhoras* sobre o baile que seria realizado no Cassino Médico, o burburinho que circulou pela cidade sobre as indagações de quem iria ao evento destacaram a Rua do Ouvidor como o espaço das modas:

> Eis o assunto de todos os cavalheiros e damas; e foi o tema de todas as conversações da melhor sociedade do Rio de Janeiro. Estas palavras magnéticas correram das Laranjeiras ao Catete, a S. Cristóvão, cruzaram toda a cidade, e vieram exercer toda a sua influência na rua das diletantes e janotas, das floristas e das modas, queremos dizer a rua do Ouvidor; aí é que vigoram as modas em todo seu poder, po-

---

98 FREYRE, Gilberto. Sobrados e Mucambos: decadência do patriarcado e desenvolvimento urbano. Apresentação de Roberto DaMatta; Biografia de Edson Nery da Fonseca; notas bibliográficas e índices atualizados por Gustavo Henrique Tuna. – 16ª ed. São Paulo: Global, 2008a, p. 155.

99 SCHWARCZ, Lilian Moritz. *As barbas do imperador: D. Pedro II, um monarca nos trópicos.* 2ª ed. 12ª reimp. São Paulo: Companhia das Letras, 1998, p. 109.

100 LAEMMERT, E; LAEMMERT, H. *Op. cit.*, 1852, p. 456-481-516-517.

der, pondo tudo em movimento, em esperanças, em excitação e desejo.[101]

E apesar de os demais endereços tipográficos do *O Jornal das Senhoras* não se localizarem na Rua do Ouvidor, eles estavam situados na região central da cidade, mantendo sua visibilidade, aceitação, e legitimando seu espaço entre as leitoras da cidade e das províncias.

Ainda que *O Jornal das Senhoras* não tenha permanecido impresso por muito tempo em uma tipografia na Rua do Ouvidor, ele permaneceu nesta rua por meio dos locais de distribuição, venda e assinatura do periódico.

Dentre os colaboradores que subscreveram para o periódico na Rua do Ouvidor, têm-se: a casa dos senhores Walerstein e C. nº 70; a casa de Alexandre e Francisco Desmarais, nº 86; e a casa de Louis Mongie, nº 87.

A casa de Bernard Wallerstein foi um espaço de múltiplas atividades. Além de perfumaria e loja de arreios, também foi uma loja de fazendas secas de todas as qualidades de seda, lã, algodão e linho da França, Inglaterra e Alemanha, fornecendo seus serviços também para a Casa Imperial. A casa de Alexandre e Francisco Desmarais atendeu como perfumaria e salão de cabelo, enquanto que a casa de Louis Mongie serviu como um mercado de livros.

Nesse sentido, *O Jornal das Senhoras* não ficou localizado na Rua do Ouvidor por acaso. As redatoras conseguiram estabelecer o periódico em um espaço feminino, por meio das casas de modas, tecidos, perfumaria e salão de cabelos, bem como no espaço dos impressos, junto aos livros e demais papéis vendidos no Rio de Janeiro.

Tais estratégias utilizadas pelas redatoras do periódico surtiram efeito ao tornar este impresso visível, aceito e legitimado no espaço público das casas que o vendiam, e no espaço privado, reservado à leitura feminina. "A leitura, portanto não é uma questão de tudo ou nada, é uma

---

101 *O Jornal das Senhoras. Op. cit.*, nº 40, 03 out. 1852, p. 03.

questão de natureza, de condições, de modos de relação de trabalho, de produção de sentidos, em uma palavra: de historicidade".[102] Esta historicidade refere-se à interação do leitor com outros sujeitos, portanto são relações sociais, "[...] históricas, ainda que (ou porque) mediadas por objetos (como o texto)".[103] A ação da leitura desencadeia "[...] o processo de significação do texto",[104] em que o sujeito leitor e os sentidos produzidos por este ato se constituem conjuntamente, porém os significados atribuídos variam conforme os modos de leitura.

Desta maneira, "A imprensa escrita não se impõe ao leitor, como o rádio ou a televisão: o comprador escolhe o lugar, o momento, o ritmo de sua leitura que será inevitavelmente seletiva, e além do mais, sempre projetiva".[105]

Ao escolher o que será lido em um jornal, o leitor determina e projeta as informações que acredita ser conveniente. "Uma leitura rápida das manchetes (da primeira página), algumas olhadas seletivas às outras páginas (do meio), e o leitor faz um inventário rápido dos textos que vão responder aos seus 'projetos de leitura'".[106]

Provavelmente os folhetins e os contos inseridos em *O Jornal das Senhoras* fizeram parte dos projetos de leitura das senhoras, que aguardavam cada sessão para dar continuidade aquela história.

Também não podemos esquecer que os projetos de leitura não estão condicionados apenas ao leitor, mas também às condições em que este se insere.

As pinturas artísticas entre fins do século XIX e início do século XX servem de exemplo para ilustrar que o ato de ler relacionado à postura corporal,

---

102 ORLANDI, Eni Pulcinelli. *Discurso e leitura*. 5ª ed. São Paulo: Cortez; Campinas, SP: Editora da universidade de Campinas, 2000. (Coleção passando a limpo), p. 09.

103 *Ibidem*.

104 *Ibidem*.

105 MOIRAND, Sophie. "Situação da escrita, imprensa escrita e pedagogia". In: GALVES, Charlotte; ORLANDI, Eni Puccinelli; OTONI, Paulo (Orgs.). *O texto leitura e escrita*. 3ª ed., revisada (Organização e revisão técnica da tradução: GALVES, C.; ORLANDI, E. P.; OTONI, P.). Campinas, SP: Fontes, 2002, p. 93.

106 *Ibidem*, p. 100.

[...] se modifica de acordo com os suportes, com os lugares e com as expectativas de leitura. Além disso, essas imagens demonstram que as práticas de leitura do período analisado estão atravessadas por questão de idade, de gênero, de etnia e de classe social.[107]

Ao identificarmos *O Jornal das Senhoras* como um suporte, as expectativas de leitura de suas assinantes podiam variar conforme os assuntos inseridos, bem como os espaços atribuídos à leitura. Ainda com base nas pinturas femininas, elas

> Indicam a produção de diversos espaços para a leitura e mostram os diferentes lugares que acolheram o corpo leitor: os escritórios, as salas, os quartos de dormir, os jardins, os bosques, os ambientes externos das residências, os ateliês de arte, os camarins das casas de espetáculos, as igrejas, os tribunais, os ambientes comerciais.[108]

O Jornal das Senhoras possivelmente foi lido em alguns dos espaços mencionados, e mesmo que ele não tenha circulado por todos eles, suas informações, assimiladas de diversas formas, podiam ser reproduzidas nas conversas domésticas, ou nos encontros públicos permitindo o acesso de suas notícias pela oralidade.

Outro tipo de leitura que era feita pelas mulheres e que ganhou a atenção e o gosto feminino foi a leitura de partituras musicais. Disponibilizada em determinadas edições do periódico de Joanna, Violante e Gervasia, este recurso impresso, além de servir como uma es-

---

107 SATURNINO, Edison Luiz. *Representações do corpo leitor na pintura artística brasileira do século XIX e início do século XX: contribuições para a história das práticas de leitura.* Tese de Doutorado. Porto Alegre: UFRGS, 2011, p. 09.

108 *Ibidem*, p. 200.

tratégia editorial, também demonstrou o gosto musical das redatoras e leitoras do *O Jornal das Senhoras*.

Mais que uma estratégia editorial e um gosto musical, a inserção de partituras musicais no periódico, e demais comentários sobre as músicas executadas, contribuíram com os objetivos de emancipação moral e melhoramento social feminino por meio da educação, e serviram para moldar um cenário musical carioca ouvido, praticado, sentido e impresso por estas mulheres nas páginas de sociabilidade do *O Jornal das Senhoras*.

1.4 O uso de partituras musicais em *O Jornal das Senhoras*

As diversas estratégias editoriais e geográficas utilizadas pelas redatoras Joanna, Violante e Gervasia buscaram legitimar o periódico feminino na rede de impressos e ganhar o gosto das leitoras cariocas e provincianas. Porém, além destes objetivos, outra estratégia possuiu uma finalidade especial para a primeira redatora, Joanna Paula Manso de Noronha.

Como já mencionamos, antes de lançar o periódico no Rio de Janeiro, Manso de Noronha visitou os Estados Unidos e Cuba com seu esposo Francisco de Sá Noronha, músico português, a fim de divulgar a carreira musical.

Como o desempenho musical de seu marido não chamou atenção dos norte-americanos e nem dos cubanos da forma como esperava, Manso de Noronha juntou o útil ao agradável: ao inserir algumas partituras musicais em *O Jornal das Senhoras*, ela ajudaria na divulgação da carreira musical de seu esposo, bem como proporcionaria às suas leitoras o conhecimento musical que serviria como um dos meios de melhoramento social e de emancipação moral da mulher.

Ao destacar a quantidade de trinta e cinco partituras que acompanharam *O Jornal das Senhoras* - as edições em que as mesmas foram impressas; as datas de publicação; o nome dos letristas ou compositores; os gêneros musicais; e os títulos das partituras -, conseguimos identificar um determinado gosto musical das redatoras, e consequentemente, as escolhas dos gêneros sonoros, letras, composições e demais elementos musicais que acompanharam o periódico, com o intuito de alavancar o conhecimento cultural e musical feminino.

Tabela 4
Informações sobre as partituras musicais inseridas em
O Jornal das Senhoras

N°	ED.	PÁG.	DATA	LETRISTA/ COMPOSITOR	GÊNERO MUSICAL	TÍTULO
1	3	2	18/01/ 1852	Brito e Braga/ A. Pinto S. Fez	Modinha	Hei de existir só por Ti
2	4	2	25/01/ 1852	Francisco de Sá Noronha	Romance	-
3	7	2	15/02/ 1852	Francisco de Sá Noronha	Romance francês	Souvenir
4	8	2	22/02/ 1852	A. Pinto S. Fez	Lundu	-
5	11	4	14/03/ 1852	Francisco de Sá Noronha	Marcha	Hymno dedicado a Imperatriz
6	13	2	27/03/ 1852	Francisco de Sá Noronha	Lyra – Romance	-
7	15	2	11/04/ 1852	Francisco de Sá Noronha	Romance	Romance sem palavras
8	16	2	18/04/ 1852	Francisco de Sá Noronha	Schottische	-
9	19	2	09/05/ 1852	Silvio Pilico / Música Lacourt/ Composição de Sr. Delcourt	Canzonnetta italiana	Il Sospiro
10	20	2	16/05/ 1852	Musica de Lacourt	-	Barqueiro / Barcorolla
11	22	1	30/05/ 1852	Exma. Sñra D. Emilia/Dulce Moncorvo de Figueredo	Valsa	As lagrimas de amizade
12	24	2	13/06/ 1852	Francisco de Sá Noronha	Lundu	Lundum das moças para cantar no dia de Sto. Antonio

13	25	2	20/06/ 1852	Salomon / J. da Sª Ramos	Lundu	Lundum das beatas
14	30	4	25/07/ 1852	H. C. Stokmeyer Jr./ João Paulo F. Dias	Lyra	Lyra do Jornal das Senhoras
15	35	2	29/08/ 1852	Joseph Fachinetti	Nova Valsa	As lagrimas da saudade
16	39	2	26/09/ 1852	H. C. Stokmeyer Jr.	Schottisch	As Duas irmãs
16	41	1	10/10/ 1852	H. C. Stokmeyer Jr.	Schottisch	As Duas irmãs
17	48	2	28/11/ 1852	Paulista	Modinha	A Estrela da minha vida
18	55	2	16/01/ 1853	Francisco de Sá Noronha	Valsa	Candinha
19	63	3	13/03/ 1853	Joseph Fachinetti	-	Flor mimosa do Brasil
20	74	3	29/05/ 1853	J. Massenet	Valsa	Thereza
21	78	Não	26/06/ 1853	Senhora Provinciana	Romance	Saudade da minha Terra
22	83	Não	31/07/ 1853	N. Louis	Valsa	-
23	87	4	28/08/ 1853	Alphonse Leduc	-	Naples – étude pour piano
24	96	4	30/10/ 1853	Alphonse Leduc	Schottisch	La dame aux Camélias
25	109	Não	29/01/ 1854	-	Polca Mazurca	La Vogue
26	117	Não	26/03/ 1854	-	-	Matilda
27	123	2/ Não	07/05/ 1854	Geraldo A. Horta	Quadrilha de Contradanças	Sonho das Fadas

Páginas de sociabilidade feminina

27	124	3/ Não	14/05/ 1854	Geraldo A. Horta	Quadrilha de Contradanças	Sonho das Fadas
28	130	Não	25/06/ 1854	-	Modinha	-
29	131	Não	02/07/ 1854	-	Schottisch	Emília
30	160	2	21/01/ 1855	Joseph Fachinetti	-	Aos Felizes Annos
31	165	2	25/02/ 1855	Sñr. L. Veiga / Joseph Fachinetti	Modinha nova brazileira	Amei huma virgem de faces de neve
32	172	Não	15/04/ 1855	-	Valsa	-
33	173	2	22/04/ 1855	Litografia de J. I. Ferreira Coelho	Ópera	Stride La vampa
34	174	Não	29/04/ 1855	-	-	Melodia para piano
35	175	Não	06/05/ 1855	-	-	Melodia para piano

Fonte: *O Jornal das Senhoras* (1852-1855)

Vale destacar que das trinta e cinco partituras inseridas junto ao periódico, dez não foram identificadas nesta pesquisa, pois suas páginas originais não estão anexadas à fonte original, e, consequentemente, não foram digitalizadas ou micro-filmadas. Desta forma, as poucas informações a respeito destas partituras desconhecidas foram encontradas nas últimas páginas do periódico, que geralmente possuía alguma nota a respeito do elemento musical que acompanhou aquela edição.

Por meio destas notas, foi possível identificar algumas informações – a edição e a data de publicação; o letrista ou compositor daquela obra; o gênero musical e o título da mesma –, permitindo um melhor detalhamento acerca desse conteúdo e a observação dos gostos e das escolhas musicais publicadas no periódico, destinadas às suas leitoras.

Assim, ao observarmos na Tabela 4 as partituras que acompanharam *O Jornal das Senhoras* é possível perceber algumas questões a respeito de suas escolhas. Como exemplo, as partituras impressas no primeiro semestre de 1852, período de direção da redatora Joanna Paula Manso de Noronha.

Dentre as treze partituras impressas de janeiro a junho de 1852, sete foram compostas por Francisco de Sá Noronha, ou seja, mais da metade das peças musicais inseridas no periódico neste período. Tal constatação corrobora com a ideia de que Joanna agregou as partituras de seu esposo em *O Jornal das Senhoras* a fim de divulgar sua carreira musical.

A grande quantidade de partituras publicadas ao longo da direção chefe de Manso de Noronha pode ser observada quando comparamos com as demais peças musicais publicadas durante a direção das outras duas diretoras de *O Jornal das Senhoras*, Violante e Gervasia.

Ao longo dos onze meses de direção de Violante Atabalipa Ximenes de Bivar e Vellasco – de julho de 1852 a maio de 1853 – foram inseridas sete partituras, e durante os dois anos e sete meses de direção de Gervasia Nunesia Pires Santos Neves – de junho de 1853 a dezembro de 1855 – foram inseridas quinze partituras.

Além disso, percebemos o zelo que Manso de Noronha teve ao publicar todas as páginas de partituras musicais na mesma edição, diferente das outras duas redatoras que obtiveram pequenos problemas em determinadas publicações.

Na 39ª edição, Violante publicou duas, das três páginas que pertenciam à décima sexta partitura. A falta da terceira página foi explicada em uma nota final do jornal pela redatora: "Sentimos que a litografia só nos pudesse dar pronta a metade desta música para hoje: brevemente, porém, daremos a última parte",[109] que só foi impressa na 41ª edição, com a seguinte nota explicativa: "Com este n.º 41 publicou-se a última página da Schottisch composta pelo Sr. Stokmeyer Junior".[110]

---

109 *O Jornal das Senhoras. Op. cit.*, n° 39, 26 set. 1852, p. 10.
110 *Ibidem*, n° 41, 10 out. 1852, p. 09.

Páginas de sociabilidade feminina 75

Já a terceira redatora, Gervasia Neves, cometeu o mesmo erro que Violante, e precisou publicar na 123ª edição uma nota explicativa sobre a falta das páginas da partitura que acompanharia *O Jornal das Senhoras*:

> Oferecemos hoje aos nossos assinantes a linda quadrilha de contradanças, intitulada – O LAGO DAS FADAS -, composição do jovem fluminense Geraldo Antonio Horta, hábil professor de piano, e já bem conhecido pelas composição de bom gosto que tem dado a público. Sentimos, por falta da litografia, não podermos dar toda a quadrilha desta vez: para domingo que vem serão satisfeitos os nossos assinantes.[111]

E conforme explicado na nota acima, as três folhas restantes da partitura musical apareceram na 124ª edição. Porém, desta vez foi inserida uma nota final no periódico corrigindo o erro no título da composição:

> Hoje damos aos nossos assinantes a 2.ª, 3.ª e 4.ª contradanças de quadrilha que lhes oferecemos domingo passado, intitulada SONHO DAS FADAS, somente com a 1.ª e 5.ª contradanças. Agora está a quadrilha completa. Mas resta-nos pedis desculpa do engano que houve na publicação intitulando-a LAGO DAS FADAS, no artigo que fizemos.[112]

Deste modo, os erros feitos ao publicarem páginas de partituras em edições diferentes do período denotam duas hipóteses: A falta de zelo com este tipo de publicação, assim como no erro do título da partitura, por parte de Gervasia Neves; ou a publicação de páginas de partituras em edições diferentes serviu como uma estratégia editorial, a fim de instigar

---

111 *Ibidem*, n° 123, 07 mai. 1854, p. 08.
112 *Ibid.*, n° 124, 14 mai. 1854, p. 11.

suas leitoras na compra pela próxima edição do periódico e receber o restante de páginas da partitura para completar a sua prática musical.

Porém, ao percebermos que o periódico não era vendido avulso, mas sim por meio de assinaturas, e que tais situações aconteceram em meados do semestre e não em sua transição, podemos descartar a segunda hipótese, restando a ideia de descuido para com as partituras impressas no periódico pelas redatoras Violante e Gervasia.

E apesar de ter sido diminuta a publicação de partituras durante a direção de Violante e Gervasia, ambas as redatoras mantiveram essas peças musicais acompanhando *O Jornal das Senhoras*. Além disso, entre os anos de 1854 e 1855, foram impressos artigos sobre a música sagrada e sua influência, a harpa, sobre Mozart e Rossini, sobre o Fandango, e uma sessão intitulada *Boletim Musical*, informando as partituras e composições musicais que foram/seriam publicadas na semana, e quais execuções foram/seriam realizadas nos teatros, bailes, jantares e demais festividades, demonstrando que a música continuou a ser contemplada no periódico feminino.

É válido destacar que dentre as trinta e cinco partituras inseridas no periódico, localizamos o endereço da litografia/tipografia de seis peças musicais, ou informações que nos levassem a identificar o seu local de impressão, conforme indicado na Tabela 5.

Tabela 5
Endereço de impressão de algumas partituras inseridas em
O Jornal das Senhoras

ED.	DATA DA ED.	GÊNERO MUSICAL	TYPOGRAPHIA OU LYTOGRAPHIA	ENDEREÇO
3ª	18/01/ 1852	Modinha	Lytographia de Brito e Braga	R. Nova do Ouvidor, n° 17
8ª	22/02/ 1852	Lundu	Lytographia de F. J. Lopes	R. d'Ajuda, n° 213*
30ª	25/07/ 1852	Lyra	Typ. Episcopal de Agostinho de Freitas Guimarães & C.º	R. do Sabão, n° 135

69ª	24/04/ 1853	Modinha	Sr. Raphael & C.ª armazém de música	R. dos Ourives, nº 41
74ª	29/05/ 1853	Valsa	De Janet et Cotelle	R. Richelieu, nº 92
173ª	22/04/ 1855	Ópera	Lytographia de Manoel José Cardoso	R. d'Ouvidor, nº 91

* = Não foi possível confirmar se esta casa de impressão realmente existiu.

Fonte: *O Jornal das Senhoras* (1852-1855); *Almanak Administrativo Mercantil e Industrial do Rio de Janeiro* (1852-1855); *Catalogue des fonds musicaux conservés em Haute-Normandie.* Tome I - Bibliothèque municipale de Rouen. Volume 1 – Fond du Théâtre des Arts (XVIIIe et XIXe siècles), p. 100.

Ao identificarmos os endereços de impressão de partituras, podemos perceber que todas se situavam próximas ao centro comercial da cidade do Rio de Janeiro, assim como as tipografias que imprimiram *O Jornal das Senhoras*. Além disso, como constatada na tabela 5, foi publicada uma partitura musical editada pelos comerciantes de música Janet e Cotelle, localizados na Rua Richelieu, nº 92, na cidade de Paris, França, demonstrando a interação musical internacional existente entre comerciantes parisienses e as redatoras do periódico.[113]

Pierre Bourdieu também deu atenção aos endereços tipográficos e casas que vendiam periódicos, ao avaliar o capital simbólico de algumas editoras, entre os anos de 1995 e 1996. Nessa pesquisa, ele mencionou que "[...] podemos avaliar com a ajuda de diferentes índices: a antiguidade, a *localização*, o prestígio dos fundos editoriais (capital simbólico acumulado) e o Prêmio Nobel de Literatura" e estabeleceu que "a sede da empresa pode estar situada: no 5º, 6º ou 7º bairro de Paris (29); outros

---

113 ÉLART, Joann. *Catalogue des fonds musicaux conservés em Haute-Normandie.* Tome I - Bibliothèque municipale de Rouen. Volume 1 – Fond du Théâtre des Arts (XVIIIe et XIXe siècles). Rouen: Publications de l'Université de Rouen, 2004, p. 100.

bairros da margem esquerda (4); margem direita (9); na província (9) ou no exterior (5)".[114] Tal constatação permite confirmar a importância dada à localização geográfica das editoras e, em nosso caso, das tipografias que imprimiram os periódicos no século XIX. A localização da tipografia do *O Jornal das Senhoras* e a distribuição estratégica do periódico em estabelecimentos comerciais na Rua do Ouvidor tornou o impresso visível e acessível às consumidoras das casas de roupas, de beleza, e de impressos. Como foi constatada, a estratégia de inserção de partituras no periódico serviu para divulgar a carreira musical de Francisco de Sá Noronha, e também como recurso pedagógico para o melhoramento social feminino por meio do ensino e da prática musical do piano.

Quanto a Francisco de Sá Noronha, acredita-se que a divulgação de suas partituras em *O Jornal das Senhoras* e seu desempenho como músico pela cidade, lhe rendeu o cargo de mestre de canto em 1852, no Teatro São Januário, e mestre de canto e regente da orquestra do Teatro de São Pedro de Alcântara, em 1853.[115]

E sobre o melhoramento social das leitoras do jornal por meio das partituras musicais, têm-se a ciência do grande consumo de música entre as famílias elitistas do Rio de Janeiro. Sua frequência em espaços de sociabilidade, consumos de instrumentos musicais como o piano, e a prática musical das mulheres no entretenimento de convidados no espaço doméstico eram costumeiros para a época e simbolizava o status social daquelas pessoas que possuíam tais conhecimentos e gostos culturais.

Por isso, as redatoras do *O Jornal das Senhoras* também se encarregaram de ampliar o conhecimento musical de suas leitoras inserindo artigos voltados à música. As explicações, notações e métodos de ensino contribuíram para reforçar a prática musical feminina, bem como esta-

---

114 BOURDIEU, Pierre. "Une révolution conservatrice dans l'édition". *Acte de la recherche em Science Sociale*, vol. 126, nº 1, p. 03-28, 1999, p. 10. [grifo nosso].

115 LAEMMERT, E; LAEMMERT, H. *Op. cit.*, 1852, p. 287; 1853, p. 303.

Páginas de sociabilidade feminina 79

belecer um cenário musical por elas praticado, ouvido e sentido nos diversos espaços em que a música esteve presente.

Portanto, as estratégias de acoplar partituras musicais em O Jornal das Senhoras e os artigos sobre música reforçaram o ensino musical feminino entre as famílias da elite, uma vez que seu uso pedagógico contribuiu para animar os convivas e atribuir um status social por meio da noção musical demonstrada por estas mulheres.

Ainda que a inserção inicial de partituras musicais tivesse como finalidade alavancar a carreira musical do músico Noronha, a continuidade desta prática pelas redatoras Violante e Gervasia, somada a inserção de artigos e informações sobre música, serviram como meio de divulgarem seus gostos musicais, tornarem o jornal um espaço de enriquecimento cultural e musical por meio da educação, estabelecerem o melhoramento social feminino, e assim, formarem um cenário musical carioca sob a ótica da imprensa feminina.

Neste capítulo foi possível traçarmos um breve panorama da imprensa no Brasil, em especial no Rio de Janeiro na primeira metade do século XIX. Além disso, observamos os desdobramentos que possibilitaram a criação do O Jornal das Senhoras, suas estratégias editoriais para adequá-lo economicamente, geograficamente e culturalmente ao gosto de suas assinantes, e, por fim, percebemos como a música apareceu impressa no periódico. Sua utilização, em forma de partitura, artigos sobre notação e ensino, e demais informações musicais foram impressas tanto para instruir suas assinantes quanto objeto de gosto e de consumo.

Já o próximo capítulo buscará se aproximar da trajetória de vida das redatoras Joanna, Violante e Gervasia, a fim de observarmos suas relações sociais e culturais além da atuação no periódico, e nos espaços de sociabilidade por elas frequentados.

Neste sentido, se notará a posição social destas mulheres no período, bem como o papel feminino reivindicado nas páginas do periódico ao imprimirem seus anseios pela emancipação moral e melhoramento social.

Com isso, veremos que *O Jornal das Senhoras* cumpriu uma função social e política ao instruir suas leitoras, ao mediar o diálogo entre estas mulheres e ao estabelecer um poder simbólico.

Neste contexto, as informações e partituras musicais inseridas no periódico serviram como recurso pedagógico, meio de escuta, de práticas e de sensibilidade feminina, e contribuiu no estabelecimento de redes de sociabilidade nos espaços musicais frequentados.

Por fim, os gostos, as escolhas e os costumes impressos no periódico, ao mesmo tempo em que possibilitaram as múltiplas relações sociais entre estas mulheres, também moldaram nas páginas do *O Jornal das Senhoras* um cenário musical carioca.

2
Entre elas: sensações, sentimentos e impressões

Não entendo que uma mulher por saber música, tocar piano, coser, bordar, marcar e escrever, tenha completado a sua educação, não; a meu ver, quando ela se acha neste estado é que, literalmente falando, principia os seus verdadeiros trabalhos, isto é, cultivo e expansão de suas ideias por meio de um apurado estudo de filosofia, uma grande leitura primeiramente dos clássicos, e depois da história universal e particular das nações, e muita paciência no enfadonho estudo das línguas, e penetração no seu fraseado; alguma aplicação à poesia e às ciências físicas e químicas. Ora, quando uma mulher, à forma de paciência e de resignação, tem introduzido em seu espírito a base essencial de tudo quanto a leva a ter consciência de si, já se vê que não pode haver entre o esposo e a esposa diferença alguma nos seus pensamentos; portanto, estabelecida a liberdade de ideias entre dois entes que se entendem e se prezam, igualmente fica conhecido que se dá a emancipação intelectual desta mulher.[1]

O artigo acima, publicado na 35ª edição do *O Jornal das Senhoras*, foi escrito por Maria Clementina da Cruz, uma jovem pernambucana de quinze anos, que expôs conscientemente a ideia de emancipação intelectual feminina.

Residindo na província de Pernambuco, a jovem autora contou com a ajuda e o intermédio de seu irmão, para enviar à redatora chefe Violante Atabalipa Ximenes de Bivar e Vellasco este texto, contribuindo com a conscientização feminina em prol de uma educação igualitária.

Sua tenra idade não foi um empecilho na escrita deste artigo, consciente e latente às questões que permearam *O Jornal das Senhoras*, como a busca pela emancipação moral e o melhoramento social feminino, defendidos desde a primeira edição do periódico. Seu texto refletiu os anseios existentes por uma específica camada social feminina que angariou, por meio da educação, o respeito dos homens para com as mulheres.

Este artigo, bem como outros publicados no jornal, denota as reivindicações destas mulheres no período e a importância do *O Jornal das Senhoras* como mensageiro de informações e opiniões femininas.

Ainda que existissem outros periódicos voltados ao belo sexo, como a *Marmota Fluminense* (1852-1857) de Francisco de Paula Brito, ou o *Novo Correio de Modas* (1852-1854), publicado na Tipografia Universal dos irmãos Eduardo Laemmert e Henrique Laemmert, a colaboração de mulheres nestes impressos foi restrita ou nula, mantendo uma visão masculinizada sobre os assuntos direcionados às suas leitoras.

Assim, o diálogo "de mulher para mulher" feito pelo *O Jornal das Senhoras* trouxe à tona questões de insatisfação feminina, como a busca por uma educação equiparada entre homens e mulheres. Tamanha foram as discussões sobre o ensino feminino que as três redatoras chefe do *O*

---

1   CRUZ, Maria Clementina da. "Artigo II". *O Jornal das Senhoras. Op. cit.*, nº 35, 29 ago. 1852, p. 03-04.

Páginas de sociabilidade feminina 83

Jornal das Senhoras – Joanna, Violante e Gervasia – publicaram artigos, cartas e informações sobre o assunto.

Neste sentido, como eixo norteador deste capítulo, utilizaremos o papel desempenhado pelas redatoras e colaboradoras em *O Jornal das Senhoras* na busca pela propagação da ilustração, pelo melhoramento social e pela emancipação moral feminina, por meio da educação. Servindo como um mensageiro de informações e de instrução, este periódico contribuiu na conscientização feminina e na formação cultural.

Enquanto eram impressos no periódico alguns textos para conscientizá-la de seus direitos e de seu papel – sobre a educação moral; a mulher perante Deus e a sociedade; e outros assuntos cotidianos –, a publicação de artigos sobre a noção e notação musical, espaços de prática e apreciação da música, e o acompanhamento de partituras em determinadas edições serviram para instruir culturalmente o belo sexo, bem como moldar um cenário musical carioca, lido, ouvido, praticado e sentido pelas escritoras e leitoras do periódico.

Ainda que os conhecimentos sobre música, canto, e piano fossem considerados "básicos" para as distintas senhoras, como foi mencionado pela jovem pernambucana Maria Clementina da Cruz em seu artigo sobre a emancipação intelectual feminina, este ensino e as informações presentes no periódico visavam equiparar moralmente e intelectualmente as mulheres, além de demonstrar os espaços musicais frequentados e o gosto musical feminino escolhido para tecer as páginas do *O Jornal das Senhoras*.

Deste modo, ao longo deste capítulo observaremos os métodos e os discursos utilizados pelas redatoras do jornal para instruir suas leitoras culturalmente, em especial no ensino e no conhecimento musical, bem como conscientizá-las de seu papel em sociedade.

2.1 O papel da mulher em uma sociedade patriarcal

Na 1ª edição do *O Jornal das Senhoras* foi publicado um artigo que tentava definir o que vem a ser a mulher. Apesar de a redatora chefe Joanna não conseguir descrever tal definição, ela entendia ser necessária a reforma da educação moral para que os homens deixassem de considerá-la como sua propriedade. Por fim, ela esclareceu que o "[...] Jornal dedicado exclusivamente às Senhoras tratará desses direitos e dessa educação, cuja principal tendência é a emancipação da Mulher".[2]

Já na 2ª edição do periódico, a redatora Joanna publicou a definição de emancipação moral da mulher como "[...] o conhecimento verdadeiro da missão da mulher na sociedade; é o justo gozo dos seus direitos [...]". Em sua continuação, Manso de Noronha destacou que "[...] a mulher conhece a injustiça com que é tratada, e reconhece perfeitamente a tirania do homem", portanto "não é a elas a quem temos de convencer da necessidade de sua emancipação moral", "Mas enquanto a educação do homem se não reformar, enquanto ele considerar a mulher como a sua propriedade, nada teremos feito".[3]

Com tais convicções, Manso de Noronha entendia que as mães deveriam instruir seus filhos desde pequenos, para crescerem respeitando as mulheres, e que o amor era uma chave para despertar nos homens, e em especial nos maridos, os sentimentos que possibilitariam tratar a mulher com mais respeito e igualdade.

Ainda que em alguns momentos o discurso de Joanna mantivesse uma postura conservadora, como exemplo, quando ela afirmou "[...] que toda a família necessita de um chefe, e que o chefe natural da família,

---

2   NORONHA, J. P. M. de. "A mulher". *O Jornal das Senhoras, Op. cit.*, n° 1, 01 jan. 1852, p. 06.

3   NORONHA, J. P. M. de. "Emancipação moral da Mulher". *Op. cit.*, n° 02, 11 jan. 1852, p. 04.

Páginas de sociabilidade feminina 85

é o homem",[4] não podemos deixar de considerar que no contexto em que ela vivia, era "normal" ter o patriarca como o líder da família.

> Na ordem patriarcal, a mulher deveria obedecer ao pai e marido, passando da autoridade de um para a do outro através de um casamento monogâmico e indissolúvel. O domínio masculino era indiscutível. Os projetos individuais e as manifestações de desejos e sentimentos particulares tinham pouco ou nenhum espaço quando o que importava era o grupo familiar e, dentro dele, a vontade do seu chefe, o patriarca, era soberana.[5]

E se a autoridade e a vontade masculina eram soberanas, devendo ser obedecida pelas mulheres, qualquer tentativa de subversão poderia ser reprimida, e tal repressão seria legitimada pela sociedade que vivia legalmente sob a égide do patriarcado. Legalmente, pois "O Código Filipino, compilado em 1603 em Portugal e que se manteve efetivo no Brasil até a promulgação do Código Civil de 1916, especificamente designava o marido como 'cabeça do casal'; e somente com sua morte a mulher ocuparia a posição de 'chefe da casa'".[6]

Neste sentido, *O Jornal das Senhoras* foi alvo de repressão por ser considerado como uma ameaça à autoridade e à dominação masculina sobre as mulheres. Em uma carta intitulada *O Homem* e endereçada à redatora chefe Joanna, alguns homens atacavam as ideias que ainda nem tinham sido expostas pela escritora, chamando suas doutrinas de sub-

---

4   *Ibidem*, p. 06.

5   SCOLT, Ana Silvia. "O caleidoscópio dos arranjos familiares". In: PINSK, Carla Bassanezi; PEDRO, Joana Maria (Orgs.). *Nova História das Mulheres no Brasil*. São Paulo: Contexto, 2012, p. 16.

6   HAHNER, June E. "Honra e distinção das famílias". In: PINSKY, Carla Bassanezi; PEDRO, Joana Maria (Orgs.). *Nova história das mulheres no Brasil*. São Paulo: Contexto, 2012, p. 50.

versivas. Porém, sem recuar a este ataque, a redatora combateu o escritor da correspondência, afirmando que ela estava em seu direito de expor tais ideias, e que manteria a publicação do periódico e de suas doutrinas.

Além desta carta, em outubro de 1852 foi publicado no periódico *Novo Correio das Modas* (1852-1855) um artigo intitulado *A Emancipação das mulheres*, contrapondo as doutrinas da escritora Joanna Paula Manso de Noronha.

O artigo, sem identificação, mantinha a ideia de distinção das funções entre homens e mulheres, causadas pela própria natureza: "[...] a aquele todos os cuidados da vida exterior, todos os trabalhos que demandam força física; a esta todos os cuidados da vida doméstica, todos aqueles em que podem vencer paciência, brandura e doçura".[7]

Deste modo, o texto reforçava a ideia de diferença entre os sexos pela natureza biológica, e também sob um viés religioso, ao afirmar que a mulher foi criada por "Deus para a vida interior da família",[8] limitando o acesso feminino à vida pública, e às atividades profissionais.

No domingo seguinte ao texto publicado no *Novo Correio das Modas*, Manso de Noronha escreveu para *O Jornal das Senhoras* um artigo rebatendo tais ideias. Ao indicar outros países como Estados Unidos, Inglaterra, Itália, Suíça, Alemanha e França, Joanna afirmou que a emancipação moral da mulher era uma questão local do Brasil, Portugal e Turquia, herdeiros do domínio árabe na península Ibérica e na região turca. No caso da Espanha, localizada na península ibérica assim como Portugal, Joanna destacou que a rainha Maria Cristina de Bourbon "[...] soube quebrar os ferros de escravidão da nação espanhola e iniciar a Emancipação intelectual da Mulher".[9]

---

7   "A Emancipação das mulheres". *Novo Correio das Modas*. Rio de Janeiro: Typographia Universal de Eduardo e Henrique Laemmert, nº 16, 17 out. 1852, p. 129.

8   *Ibidem.*

9   NORONHA, Joanna Paula Manso de. "Emancipação Moral da Mulher". *O Jornal das Senhoras. Op. cit.*, nº 43, 24 out. 1852, p. 03.

Páginas de sociabilidade feminina 87

Portanto, nos Estados Unidos e nos países europeus, citados por Joanna, a atividade profissional feminina era comum e justificada pela necessidade de colaborar financeiramente com seu marido para o sustento familiar. Para ela, esta realidade deveria fazer parte da sociedade brasileira, o que levaria o país ao progresso, ao desenvolvimento e ao melhoramento social feminino.

Porém, neste período também havia alguns periódicos que comungavam dos mesmos ideais de emancipação feminina impressos em *O Jornal das Senhoras*. Um deles foi o *Correio Mercantil*:

> Recomendamos a todas as nossas Assinantes a leitura do artigo, que publicou o [*Correio*] *Mercantil* de quarta-feira, 9 do corrente, de baixo do título – Variedades – *A propósito da história moral das mulheres*. Este artigo é escrito por E. Legouvé, publicado na Presse de Paris, e transcrito naquela primeira folha, depois de mui bem traduzido.
>
> Louvemos a Redação do [*Correio*] *Mercantil*, congratulamo-nos com ela; e lhe pedimos que, se nenhum dos seus numerosos amigos, altas inteligências, jovens ilustrados e espirituosos, não se resolver a escrever artigos originais sobre a *Educação Moral da mulher*, vá a Redação, corajosa e ilustrada que é, continuando a tradução do que tem escrito nesse sentido.
>
> E. Legouvé.[10]

Ernestine Legouvé era o pseudônimo feminino de Ernest Legouvé (1807-1903), autor do romance francês *Le lâche* (Um Covarde), traduzi-

---

10 VELLASCO, Violante Atabalipa Ximenes de Bivar e. *Op. cit.*, n° 63, 13 mar. 1853, p. 11 [Grifos da autora] e [acréscimo nosso].

do para o português por C. M., e publicado em *O Jornal das Senhoras* em três edições sucessivas no ano de 1853.[11]

Este autor, ao utilizar um pseudônimo feminino e escrever textos voltados a este público, buscou se aproximar e colaborar com as reivindicações sociais das mulheres na França.

Costume comum em outros países e adotado no Brasil, o uso do pseudônimo[12] podia servir para caracterizar um(a) escritor(a), mas também possibilitava o sigilo textual, dificultando a identificação de seus/ suas autores(as), como o caso de C. M. que traduziu o texto de Ernest Legouvé para *O Jornal das Senhoras*, além de ter escrito algumas poesias para o periódico feminino.[13]

Muitos artigos foram escritos por colaboradoras que, geralmente, não assinavam seus textos. Enquanto algumas utilizavam pseudônimas, outras inseriam letras que poderiam ou não ser as iniciais do nome. Como destacou Norma Telles, citada por Maria da Conceição Pinheiro, "[...] foi comum escritoras adotarem um pseudônimo para encobrirem a identidade, para serem aceitas pelo público".[14] Esta estratégia também

---

11 O romance foi publicado na edição de n.º 60, 20 fev. 1853, p. 02-04; n.º 61, 27 fev. 1853, p. 03-04; e n.º 62, 03 mar. 1853, p. 03-04.

12 Fabiana Lopes da Cunha, Leonardo Dallacqua de Carvalho e Sheila do Nascimento Garcia destacam as dificuldades em identificar as pessoas que utilizavam pseudônimos em seus textos. Até D. Pedro I utilizou pseudônimo em seus textos para contestar jornais opositores. Cf. CUNHA, Fabiana Lopes da. *Op. cit.*, 2008, p. 60; CARVALHO, Leonardo Dallacqua de. *A eugenia no humor da Revista Ilustrada Careta: raça e cor no Governo provisório (1930-1934)*. Dissertação de mestrado. Assis: UNESP, 2014, p. 178; GARCIA, Sheila do Nascimento. *Revista Careta: um estudo sobre humor visual no Estado Novo (1837-1945)*. Dissertação de Mestrado. Assis: UNESP, 2005, p. 46.

13 Cf. *O Jornal das Senhoras. Op. cit.*, n° 115, 12 mar. 1854, pp. 7-8; N° 117, 26 mar. 1854, p. 06.

14 TELLES, Norma apud ARAÚJO, Maria da Conceição Pinheiro. *Tramas femininas na imprensa do século XIX: tessituras de Ignez Sabino e Délia*. Tese de doutorado. Rio Grande do Sul: PUC-RS, 2008, p. 154.

Páginas de sociabilidade feminina 89

contribuiu para impedir ameaças de pessoas que não aceitavam a participação de mulheres em periódicos.

Ao mesmo tempo em que este recurso ocultou a verdadeira identidade de quem escrevia, ele criava a identidade de autor(a). Assim, dentre os pseudônimos utilizados em *O Jornal das Senhoras*, destacamos Salomon, autor do *Lundum das Beatas*, que foi musicada por José da Silva Ramos e acompanhou o periódico em forma de partitura,[15] além de outras poesias impressas no periódico. *Paulista* era o pseudônimo do compositor da modinha *A Estrella da Minha Vida*, também inserida no periódico em forma de partitura.[16]

Já entre as mulheres, *Alina* era o pseudônimo da escritora da *Crônica dos Salões;*[17] *Corina* escreveu o *Boletim Musical;*[18] e a *Viscondessa de...* escreveu textos de *Variedades*, além de traduzir artigos internacionais para *O Jornal das Senhoras*.

Além dos(as) colaboradores(as), as três redatoras do periódico também utilizaram esta técnica. Nas *Crônicas de quinzena* Joanna Paula Manso de Noronha assinou como *Bellona*; Violante Atabalipa Ximenes de Bivar e Vellasco assinou como *Délia*; e Gervasia Nunezia Pires dos Santos Neves assinou como *Estrella*.[19] Em outros artigos também apareceu as iniciais de *J. P.* atribuído à Joanna, e *Gervina P.* atribuído à Gervasia. Enquanto isso, June E. Hahner considerou que Violante pos-

---

15 SALOMON. "Lundum das Beatas". *O Jornal das Senhoras. Op. cit.*, nº 25, 20 jun., 1852, p. 05-06.

16 PAULISTA. "A estrella da minha vida". *O Jornal das Senhoras. Op. cit.*, nº 48, 28 nov. 1852, p. 09-10.

17 Escreveu para esta sessão a partir da 144ª edição (01 out. 1854) até a 209ª edição (30 dez. 1855).

18 Escreveu para esta sessão a partir da 158ª edição (07 jan. 1855) até a 185ª edição (15 jul. 1855).

19 Cf. GIRON, Luís Antônio. *Minoridade Crítica: A Ópera e o Teatro nos Folhetins da Corte: 1826-1861*. São Paulo: Editora da Universidade de São Paulo. – Rio de Janeiro: Ediouro, 2004, p. 163-170.

sivelmente assinava como *Christina*, "a hesitante e anônima responsável pela seção de moda do jornal".[20]

Na 27ª edição, ao fazer sua apresentação como nova redatora do *O Jornal das Senhoras*, Violante anunciou que "No semestre corrente, melhoras consideráveis apresentará o *Jornal das Senhoras* no que diz respeito a – figurinos – porque na parte literária a ausência da Illm. Sra. Joanna dificilmente poderá ser substituída".[21] Isso nos leva a confirmar que Violante assinava como *Christina*, colaboradora da sessão de modas do periódico.

Mas com ou sem pseudônimos, percebemos que havia uma discussão nestes periódicos e entre os agentes históricos envolvidos, centrada na categoria gênero, que "[...] é um elemento constitutivo de relações sociais baseadas nas diferenças percebidas entre os sexos". E em uma segunda definição, "[...] o gênero é uma forma primária de dar significado às relações de poder".[22]

As diferenças sociais entre os sexos são percebidas historicamente e construídas culturalmente.[23] Elas podem ser observadas ao longo de todo *O Jornal das Senhoras*, escrito por e para mulheres, como também em seu título, especificando a quem o jornal era destinado, ou seja, estabelecendo um poder simbólico entre homens e mulheres.

Ao observar as diferenças sociais e culturais de gênero, Gilberto Freyre destacou que

---

20 HAHNER, June E. *Emancipação do sexo feminino: a luta pelos direitos da mulher no Brasil. 1850-1940*. Tradução de Eliane Lisboa; apresentação de Joana Maria Pedro. Florianópolis: Ed. Mulheres; Santa Cruz do Sul: EDUNISC, 2003, p. 89.

21 VELLASCO, Violante Atabalipa Ximenes de Bivar e. *O Jornal das Senhoras. Op. cit.*, nº 27, 04 jul. 1852, p. 01 [grifo da autora].

22 SCOTT, Joan Wallach. "Gênero: uma categoria útil de análise histórica". *Educação & Realidade*. Porto Alegre, vol. 20, nº 2, jul./dez. 1995, p. 86.

23 PINSKY, Carla Bassanezi. Gênero. In: PINSKY, Carla Bassanezi. (Orgs.). *Novos temas nas aulas de história*. 2ª ed., 2ª reimpr. São Paulo: Contexto, 2013, p. 30.

Já nas sociedades particularistas, quando burguesas, embora ainda patriarcais, a tendência da mulher para *dissolver-se* – no sentido que Goldenweiser dá à palavra – tem de limitar-se às atividades domésticas. Quanto muito estender-se às expressões graciosamente artísticas – o teatro, o piano, o canto, a dança. O Homem, por outro lado, ganha, nas sociedades particularistas, novas oportunidades para *cristalizar-se*. Para concentrar-se em esforços isolados, tão essenciais, segundo parece, às formas mais subjetivas de criação.[24]

Dos estudos biológicos sobre a diferença cranial aos estudos da sociologia e antropologia, entendia-se que o homem era superior à mulher. No caso do professor antropólogo Alexander Goldenweiser (1880-1940), citado por Freyre, seus trabalhos estavam centrados em "[...] um dos aspectos mais expressivos da diferença entre os sexos – o da criatividade". Para ele, a mulher se destacava em criações mais concretas, "[...] porém revelando-se sempre mais fraca que o homem na criatividade abstrata".[25]

E ao longo de todo o século XIX

Só muito aos poucos é que foi saindo da pura intimidade doméstica um tipo de mulher mais instruída – um pouco de literatura, de piano, de canto, de francês, uns salpicos de ciência – para substituir a mãe ignorante e quase sem outra repercussão sobre os filhos que a sentimental, da época de patriarcalismo ortodoxo.[26]

---

24 FREYRE, G. *Op. cit.*, 2008a, p. 223-224 [grifo do autor].
25 *Ibidem*, p. 222-223.
26 *Ibidem*, p. 225.

Ciente desta condição, desde a primeira edição e página do *O Jornal das Senhoras* a redatora Joanna Paula Manso de Noronha destacou a busca pela emancipação e pelo melhoramento moral feminino. Estes objetivos demonstraram as disputas de poder diante das relações sociais e culturais estabelecidas entre os sexos.

Esta disputa pôde ser visualizada e assimilada na carta intitulada *O Homem*, endereçada à redatora chefe do jornal, e no artigo *A Emancipação das mulheres*, publicado no *Novo Correio das Modas*. Tanto a carta quando o artigo demonstrou a luta simbólica entre os sexos, fortalecendo a ideia de binaridade, comum neste período, bem como na tentativa de manter um poder representativo sexual sobre o gênero oposto.

Para Zahidé Lupinacci Muzart

> [...] o número de mulheres no século XIX que escreveram, tanto em periódicos como em livros, é enorme e seu campo de atuação, também muito amplo: habitaram diversas regiões no Brasil, pertenceram a mais de uma classe social, da mais alta à bem pobre, foram brancas arianas ou negras africanas.[27]

Esta informação permite constatarmos a atuação feminina nos impressos. Como no período o exercício de mulheres jornalistas no Brasil estava se expandindo, podemos pensar na ameaça que a atividade jornalística feminina representou à ordem pré-estabelecida. Esta ameaça possibilita pensarmos a mudança na "noção de fixidez", terceiro elemento das relações sociais, estabelecidas por Joan Scott.[28]

---

27 MUZART, Zahidé Lupinacci. "Uma espiada na imprensa das mulheres no século XIX". *Revista Estudos Feministas*, vol. 11, n°. 01, p. 225-233, jan-jun/2003, p. 225.

28 Como um elemento constitutivo das relações sociais baseadas nas diferenças percebidas, o gênero implica quatro elementos interrelacionados: 1° os símbolos culturalmente disponíveis que evocam representações simbólicas; 2°, conceitos normativos que expressam interpretações dos significados dos símbolos, que tentam limitar e conter suas possibilidades metafóricas; 3° o desafio de explodir

Páginas de sociabilidade feminina   93

Além disso, a sessão destinada à educação feminina foi outro elemento que estabeleceu a luta simbólica do sexo feminino para alcançar uma melhor posição social comparada ao homem.

Na 10ª edição, o jornal publicou uma carta com o título *Um dialogo domestico*, em que expôs a discussão de uma filha, clamando ao pai para deixá-la estudar francês e geografia. Porém, o pedido foi rejeitado pelo pai, que achava desnecessário tal conhecimento, uma vez que a menina já havia aprendido a coser, fazer crivos, rendas, e as primeiras letras.[29]

Mesmo não havendo um ensino consolidado no Brasil em meados do século XIX, vemos nesta fala que o conhecimento de francês e geografia para as mulheres, assim como qualquer ensino que fosse além das necessidades domésticas, era considerado desnecessário para alguns homens. Afinal, o mais importante era aprender a cozinhar e costurar e saber se portar educadamente para tornar-se uma "ótima" mãe, esposa e dona de casa.

> A imagem da mulher presente nas obras dos viajantes que visitaram o Brasil na primeira metade do século XIX era de uma mulher quase criança, vivendo seus primeiros anos sob a tutela de um pai despótico e, mais tarde, sob o controle estrito do marido, ao qual, de acordo com o costume, a lei e a religião, ela devia total obediência.[30]

Além dos viajantes, a "[...] imagem da mulher frágil e indefesa, ignorante, submetida ao poder patriarcal" também era vista por "[...] romancistas, juristas, religiosos, moralistas e até médicos",[31] legitimando

---

com a noção de fixidez; e 4° a identidade coletiva. Cf. SCOTT, Joan Wallach. *Op. cit.*, 1995, p. 86-87.

29 NORONHA, Joanna Paula Manso de. *O Jornal das Senhoras. Op. cit.*, n° 10, 07 mar. 1852, p. 06.

30 COSTA, Emília Viotti da. *Da Monarquia à República: momentos decisivos.* 9ª ed. São Paulo: Editora UNESP, 2010, p. 493.

31 *Ibidem*, p. 495.

uma noção coletiva de submissão e binaridade em relação ao homem "forte", "protetor" e "instruído".

A ideia de mãe, esposa e dona de casa[32] faz parte do segundo elemento mencionado por Joan Scott, sendo "[...] conceitos normativos que expressam interpretações dos significados simbólicos, que tentam limitar e conter suas possibilidades metafóricas".[33]

Os conceitos normativos para as redatoras do jornal permaneceram como funções fundamentais para qualquer mulher, porém o que estava no centro do questionamento era o valor destes conceitos, já que em muitas edições, as mulheres eram comparadas a objetos por sentirem-se usadas por seus maridos. Além disso, destacaram sua importância no papel materno com o intuito de instruir melhor seus filhos para não agirem da mesma forma que seus pais.[34]

A permanência das funções de mãe, esposa e dona de casa é identificada no discurso religioso que aparece sutilmente no jornal,[35]

---

32 Esta ideia também pode ser constatada nas três primeiras décadas do século XX, "[...] uma época intranquila e por isso ágil na construção e difusão das representações do comportamento feminino ideal, que limitaram seu horizonte ao "recôndito do lar" e reduziram ao máximo suas atividades e aspirações, até encaixá-la no papel de "rainha do lar", sustentada pelo tripé mãe-esposa-dona-de-casa". Com isso, percebemos a permanência do papel feminino ligado ao dever doméstico e à submissão patriarcal. Cf. MALUF, Marina; MOTT, Maria Lúcia. "Recônditos do mundo feminino". In: NOVAIS, Fernando A. (Org.) *História da vida privada no Brasil*, vol. 3 [Organizador do volume Nicolau Sevcenko]. São Paulo: Companhia das Letras, 1998, p. 373.

33 SCOTT, Joan Wallach. *Op. cit.*, 1995, p. 86.

34 NORONHA, Joanna Paula Manso de. *O Jornal das Senhoras. Op. cit.*, n° 02, 11 jan. 1852, p. 04-06. Atenta às questões de caráter biológico, religioso e social, Sandra Careli Moreira demonstrou nos discursos impressos feitos pela imprensa gaúcha como a idealização da maternidade foi constituída na segunda metade do século XIX. Cf. MOREIRA, Sandra Careli. "A maternidade na segunda metade do século XIX: sua idealização na imprensa escrita e suas possibilidades de concretude social." In: *MÉTIS: história & cultura*. v. 2, n. 2, p. 285-306, jul./dez. 2002.

35 VELLASCO, Violante Atabalipa Ximenes de Bivar e. *O Jornal das Senhoras. Op. cit.*, n° 32, 08 ago. 1852, p. 03-05. Raquel dos Santos Sousa Lima e Igor Salomão

quando Maria, a mãe de Jesus,[36] foi exposta como modelo materno e de esposa, além de outros exemplos caracterizados como "[...] os símbolos culturalmente disponíveis que evocam representações simbólicas",[37] primeiro elemento das relações sociais para Scott.

Porém, ainda que tais discursos engessem normas e condutas, seu uso no impresso periódico não tinha este objetivo, mas sim o de expor a essência feminina, sua importância e sua identidade subjetiva, ou seja, refletir e identificar o papel da mulher em uma sociedade patriarcal.

Com isso, a reflexão acerca da identidade e do papel feminino em torno do O Jornal das Senhoras estava restrita a uma seleta camada de mulheres:

> As mulheres da elite faziam parte de um pequeno segmento da população brasileira do século XIX diferenciado da grande maioria das pessoas por conta de sua condição econômica privilegiada e por sua "raça" (a chamada "raça branca", considerada superior às demais).[38]

Ainda que submetidas a uma estrutura patriarcal, legitimada via códigos, normas e condutas sociais, estas mulheres utilizaram os privilégios que tinham disponíveis, em especial a educação e o acesso a bens culturais, em prol de melhorias e diminuição das distinções sociais causada pelos sexos.

Teixeira pesquisam o discurso da Igreja Católica sobre a maternidade durante o século XIX. Cf. LIMA, Raquel dos Santos Sousa; TEIXEIRA, Igor Salomão. "Ser mãe: o amor materno no discurso católico do século XIX". *Horizonte*, Belo Horizonte, v. 06, n. 12, p. 113-126, jun. 2008.

36 VELLASCO, Violante Atabalipa Ximenes de Bivar e. *Op. cit.*, n° 39, 26 set. 1852, p. 02-03.

37 SCOTT, Joan Wallach. *Op. cit.*, 1995, p. 86.

38 HAHNER, June. E. *Op. cit.*, 2012, p. 43.

Sem deixar de considerar o papel de mãe, esposa e dona de casa, o que estava em jogo para estas mulheres, em especial para as redatoras, colaboradoras e leitoras do *O Jornal das Senhoras,* ia além deste tripé. A busca pela equiparação intelectual e moral e o melhoramento social feminino, portanto, eram os principais objetivos destas mulheres que, conhecendo sua condição de submissão em uma sociedade patriarcal, visavam, por meio deste impresso periódico, dar visibilidade a estas questões, bem como superar esta estrutura social rígida, via acesso igualitário à educação e inserção no mundo do trabalho.

Neste sentido, se para os homens o perfil do sexo feminino era o de uma mulher submissa, frágil, reclusa e privada de funções, para elas, o seu perfil era o de uma mulher ilustrada, instruída, trabalhadora, equiparada moralmente e emancipada intelectualmente.

2.2 O Jornal das Senhoras como um espaço de instrução, diálogo e poder

Conscientes de seu papel social, as redatoras do *O Jornal das Senhoras* – Joanna, Violante e Gervasia – empreenderam neste periódico um espaço de instrução, de diálogo e, consequentemente, de poder.

O espaço de instrução estabelecido no periódico visava melhorar socialmente e emancipar moralmente e intelectualmente o belo sexo. Para isso, as redatoras publicavam textos que visavam trazer a luz o verdadeiro papel feminino em sociedade, possibilitando a melhoria na formação da educação feminina.

As origens da alfabetização feminina no Brasil remontam aos modelos europeus, em especial a Portugal. "A instrução das meninas valorizava as habilidades manuais e os dotes sociais". Para os estrangeiros em viagem no país, "[...] a uma moça de boa formação exigia-se saber um pouco de música, inglês e de francês, 'saber dançar um solo inglês, fazer crochê, tocar perfeitamente o piano, ter habilidade no desenho, além de bordar e tricotar".[39] Neste sentido, tanto para os estrangeiros no Brasil quanto para as mulheres pertencentes às famílias abastadas economicamente, a prática do piano, do canto, da leitura de partituras, enfim, o saber musical fazia parte deste universo social e cultural feminino. Conforme

> [...] escrevia o correspondente de Viena da *Leipziger Musikzeitung* em 1808, "toda moça culta, seja ela talentosa ou não, tem que aprender a tocar piano ou a cantar; em primeiro lugar, porque é moda, e em segundo, por ser o meio mais conveniente de exibir-se em sociedade, de modo a, se a fortuna lhe sorrir, fazer um casamento notável".[40]

Até metade do século XIX, o aprendizado musical feminino foi se consolidando como um conhecimento necessário para tornar a mulher sociável na recepção de convidados, nas sociedades privadas que surgiram no Rio de Janeiro, bem como instruí-la culturalmente na busca por um bom casamento.

Com isso, alguns colégios inseriram o ensino musical em seu conjunto de disciplinas complementando as habilidades consideradas viáveis para uma moça da elite. No *Almanak Laemmert* foram anunciados o ensino de música e canto, mas também de dança e do desenho, assim como os valores destas matérias:

---

39 STAMATTO, Maria Inês Sucupira. "Um olhar na História: a mulher na escola (Brasil: 1549-1910)". *História e Memória da educação brasileira*. Natal. II Congresso Brasileiro de História da Educação, 2002, p. 04.

40 *Leipziger Musikzeitung* era uma Revista musical de Leipsig. Cf. GAY, Peter. *A experiência burguesa: da Rainha Vitória a Freud: A educação dos sentidos*. Tradução: Per Salter. 2ª reimp. São Paulo: Companhia das Letras, 2000, p. 31 [grifo do autor].

Figura 3
Anúncio do Colégio de Santa Cecília - 1852

COLLEGIO DE SANTA CECILIA—RUA D'OUVIDOR, 31, 2.° ANDAR,
Dirigido por D. Theresa de Jesus Araujo Sampaio.

Neste collegio se ensina a lêr e escrever grammaticalmente, a contar e a executar todas as qualidades de bordados, branco, matizes, estufo de sombra de ouro, emfim todas as habilidades de agulha.

O preço mensal da educação é o seguinte: pensionistas 20$000, meias pensionistas 12$000, externas 4$000.

Ensinão-se mais neste collegio as seguintes materias, que são pagas separadamente, a saber:

Desenho	6$000 mensaes
Dansa.	6$000 »
Piano.	6$000 »
Canto.	4$000 »

Os professores são da mais reconhecida habilidade para o bom desempenho da sua arte, e as alumnas são tratadas com toda a limpeza e asseio, e com o maior carinho possivel.

Fonte: *Almanak Administrativo, Mercantil e Industrial do Rio de Janeiro*. Rio de Janeiro: Typographia Universal de Laemmert, 1852, p. 342.

Figura 4
Anúncio do Colégio de instrução e educação de meninas - 1852

COLLEGIO DE INSTRUCÇÃO E EDUCAÇÃO
DE MENINAS
EM BOTAFOGO, 40,
Dirigido por Mme. Lima e Mrs. Hitchings.

Neste estabelecimento se ensinão todas as materias tendentes á completa instrucção das meninas, e bem assim todos os ramos da mais perfeita educação. As materias dos estudos são as seguintes:

Linguas.	Bellas-Artes.	Sciencias.	
Ingleza.	Desenho.	Astronomia.	Historia natural.
Franceza.	Musica.	Botanica.	Geograph. phys.
Portugueza.	Dansa.	Historia antiga e	e elementar.
Allemãa.	Canto.	moderna.	Uso dos globos.

Obras de costura de diversas qualidades, bordar em lãa, branco, matiz e ouro, e obras de fantasia.

Sendo a educação a base principal da felicidade humana, occupa os primeiros cuidados dos directores deste collegio, que, incansaveis pelos progressos de suas alumnas, não descansão em instrui-las em todos os objectos uteis ao seu desenvolvimento physico e moral. Além das materias acima mencionadas, as discipulas serão instruidas na doutrina christãa e preceitos de sua religião.

Condições.

Por mez	30$000	Dansa	6$000
Musica.	8$000	Canto	6$000
Desenho	6$000	Lingua Italiana.	6$000

Os pagamentos serão por trimestres adiantados sem que se faça desconto algum por ausencia ou ferias.

Fonte: *Almanak Administrativo, Mercantil e Industrial do Rio de Janeiro*. Rio de Janeiro: Typographia Universal de Laemmert, 1852, p. 342.

Nestes anúncios – Figuras 3 e 4 – podemos observar que, enquanto as matérias de leitura, escrita, língua estrangeira e nacional, operações matemáticas básicas, e atividades manuais como o bordado e habilidades com a agulha faziam parte do valor mensal fixo nos colégios, o ensino de música, canto, desenho e dança, eram oferecidos com valores avulsos, ou seja, de forma optativa pagando separadamente por cada matéria escolhida. Deste modo, caberia ao pai decidir pela necessidade daquele ensino à sua filha. Tal decisão também era determinada pela condição financeira disponível para pagar pelo valor cobrado. Assim, quanto maior o conhecimento de uma jovem nas matérias de música e nas demais disciplinas extracurriculares, como o canto, a dança e o desenho, provavelmente maior era o prestígio social e econômico de sua família.

Deste modo, a inserção de partituras musicais em determinadas edições, somadas às publicações de assuntos sobre o conhecimento e notação musical em *O Jornal das Senhoras* buscavam atingir este público, formado por famílias da elite carioca que tinham condições de instruir suas filhas nas melhores escolas da corte, a fim de prepará-las para bons casamentos com os filhos de famílias do mesmo nível social e econômico.

Porém, ciente da distinção educacional entre os gêneros, as redatoras Joanna, Violante e Gervasia, aproveitavam as páginas do periódico para publicarem questionamentos sobre a necessidade de acesso igualitário ao ensino no país, instruindo suas leitoras acerca de sua condição de submissão feminina, e estimulando-as na busca pela emancipação moral e melhoramento social e intelectual.

Na tentativa de compreender o que se entendia por educação, a redatora Joanna Paula Manso de Noronha definiu em seu artigo que "A educação não é uma palavra. É um princípio que não entende só com o espírito. O seu pedestal é o coração: a educação é o aperfeiçoamento moral e intelectual do indivíduo", portanto "[...] é o verdadeiro conhecimento dos nossos deveres para com os nossos semelhantes e para conosco".[41]

---

41 NORONHA, Joanna Paula Manso de. *O Jornal das Senhoras. Op. cit.*, n° 7, 15 fev. 1852, p. 03.

O artigo que iniciou este capítulo, da jovem pernambucana de quinze anos, Maria Clementina da Cruz, demonstrou o conhecimento feminino a respeito das diferenças no ensino entre homens e mulheres no país.

Mesmo com a padronização das escolas de letras no país através da primeira legislação específica, em 1827, conhecida como Lei Geral, as meninas não podiam aprender todas as matérias ensinadas aos meninos, como exemplo a geometria, a constituição e a retórica, porém "[...] deveriam aprender as 'artes do lar', as prendas domésticas",[42] e os demais afazeres do universo feminino.

Tais ensinamentos tinham a finalidade de prepará-las para um bom casamento, cuidar bem da casa, do marido, dos filhos, e de entreter os convivas sociais, por meio da execução do piano, do canto, do diálogo em outros idiomas, da dança, do desenho, ou da leitura compartilhada de poesias e contos apropriados ao belo sexo.[43]

Ainda que determinadas matérias fossem destinadas somente às meninas, e outras fossem ofertadas somente aos meninos, as disciplinas de música, dança e pintura também eram oferecidas como matéria extra-curricular nos colégios de meninos.

---

42 STAMATTO, M. I. S. *Op. cit.*, p. 5.

43 Também entendemos que "[...] a imprensa periódica, no seu veio mais propriamente cultural do que noticioso, assumiu explicitamente as funções de agente de cultura, de mobilizadora de opiniões e de propagadora de ideias [...]", portanto, como uma "empresa educativa". PALLARES-BURKE, Maria Lúcia Garcia. "A imprensa periódica como uma empresa educativa no século XIX". *Cadernos de Pesquisa.* São Paulo, n. 104, p. 144-161, jul. 1998, p. 145-146.

Figura 5
Anúncio do Colégio de instrução primária - 1852

COLLEGIO DE INSTRUCÇÃO PRIMARIA

RUA MUNICIPAL, 3.

Neste collegio, erecto e dirigido pelo Padre Miguel Antonio de Barros Pinto Saraiva, trata-se tão sómente do ensino primario, a saber : Doutrina Christãa, ler, escrever, contar até as quatro operações e grammatica portugueza.

A pensão mensal que se paga para este collègio, incluida a despeza de papel, pennas, tinta, lapis e pedra de contas é

De pensionistas.	20$000
De meios pensionistas.	12$000
De externos	4$000

Ensina-se tambem musica, desenho e dansa, e de cada uma destas classes se paga 5$000 mensaes.

Estas pensões são pagas em trimestres adiantados, sem que se faça desconto algum.

Neste collegio não se admittem alumnos de mais de 10 annos de idade nem de menos de 5.

Fonte: *Almanak Administrativo, Mercantil e Industrial do Rio de Janeiro*. Rio de Janeiro: Typographia Universal de Laemmert, 1852, p. 339.

Conforme destacou Gilberto Freyre "Não poucos homens desse tempo tocavam violino ou flauta",[44] demonstrando as habilidades musicais adquiridas nestes colégios. Deste modo, assim como no caso das meninas, o conhecimento que um menino possuía sobre estas matérias geralmente indicaria o nível social e econômico de sua família.

Enquanto os colégios masculinos preparavam o menino para as atividades ligadas à política, economia, relações comerciais e demais atividades ligadas ao âmbito público, o ensino feminino, feito em conventos, colégios particulares, escolas normais e primárias, ou por preceptoras em residências, objetivou manter a prática feminina do bordar, coser, cuidar e entreter, cantar e dançar, restrita ao âmbito privado, limitando o acesso das mulheres no espaço público.

---

44   FREYRE, Gilberto. *Vida social no Brasil nos meados do século XIX*. Tradução do original em inglês por Waldemar Valente em convênio com o Instituto Joaquim Nabuco de Pesquisas Sociais. 4ª ed, revista, São Paulo: Global, 2008b, p. 91.

Neste sentido, *O Jornal das Senhoras* serviu como uma "empresa educativa" ao perpassar os espaços públicos e privados, levando informação e instrução às leitoras do periódico, possibilitando um diálogo "de mulher para mulher".

O espaço de diálogo entre leitoras e colaboradoras do *O Jornal das Senhoras* foi realizado por meio do envio de textos à redação do periódico ou à residência das redatoras do jornal. As leitoras, geralmente assinantes, enviavam poesias, cartas, receitas, artigos instrutivos, traduções de outros periódicos, charadas, e demais informações que permeavam o universo feminino, como assuntos religiosos, os devidos cuidados com os filhos, a vida matrimonial e os afazeres domésticos.

Os textos enviados e publicados no periódico sinalizavam o que e quem estas mulheres liam no período.[45] Neste universo da leitura, apareceram em *O Jornal das Senhoras* textos ou comentários de outros impressos periódicos, tanto nacionais quanto internacionais.

Dentre os periódicos nacionais mencionados pelo *O Jornal das Senhoras*, podemos elencar: *O Liberal* (1848-1855);[46] *Correio Mercantil* (1844-1868);[47] *Tamoyo* (1851);[48] *Diário do Rio de Janeiro* (1821-1878);[49] *Novo Correio das Modas* (1852-1854);[50] *Illustração Brasileira* (1854-

---

45 Cf. CHARTIER, Roger. *A História Cultural: entre práticas e representações.* Tradução: Maria Manuela Galhardo, 2ª ed. Rio de Janeiro: Bertrand Brasil; Lisboa: Difel, 2002; CHARTIER, Roger. *Leitura e leitores na França do Antigo Regime.* Tradução: Álvaro Lorencini. São Paulo: Ed. Unesp, 2004; DARNTON, Robert. *O beijo de Lamourette: mídia, cultura e revolução.* Tradução Denise Bottmann. São Paulo: Companhia das Letras, 2010.

46 *O Jornal das Senhoras*, *Op. cit.*, n° 102, 11 dez. 1853, p. 06; N° 103, 18 dez.1853, p. 07.

47 *Ibidem*, n° 18, 02 mai. 1852, p. 3; N° 23, 06 jun. 1852, p. 08; N° 62, 06 mar. 1853, p. 7; N° 63, 13 mar. 1853 p.11.

48 *Ibidem*, n° 101, 04 dez. 1853, p. 09.

49 *Ibidem*, n° 38, 19 set. 1852, p. 04; N° 41, 10 out. 1852, p. 08; N° 62, 06 mar. 1853, p. 07; N° 67, 10 abr. 1853, p. 03.

50 *Ibidem*, n° 43, 24 out. 1852, p. 02.

1855);[51] *Jardim Poético;*[52] *Guanabara* (1849-1855);[53] *Jornal do Commercio* (1827-2016);[54] *Jornal Curupira;*[55] e *Marmota Fluminense* (1852-1857).[56] Também identificamos os periódicos musicais nacionais: *Brasil Musical;*[57] *Bouquet das Pianistas;*[58] *Saudades de Botafogo;*[59] e *Progresso Musical.*[60]

E além destes impressos, também apareceram transcrições de textos da *Imprensa do Rio Grande do Sul,*[61] *O Jardim das Damas* de Pernambuco[62] e *Acayaba* (1852-1853) de São Paulo.[63]

Já entre os impressos periódicos internacionais, geralmente traduzidos por colaboradores(as) e posteriormente enviados à redação para publicação, identificamos: *L'Illustration* (1842-1944);[64] *Almanack Prophetique;*[65] *Panorama* (1837-1868);[66] *Artiste;*[67] *Presse;*[68] *Moniteur*

---

51 *Ibidem,* n° 149, 05 nov. 1854, p. 02.

52 *Ibidem,* n° 47, 21 nov. 1852, p. 08.

53 *Ibidem,* n° 30, 25 jul. 1852, p. 09.

54 *Ibidem,* n°46, 14 nov. 1852, p. 07; N° 163, 11 fev. 1855, p. 09; N° 164, 18 fev. 1855, p. 08; N° 180, 10 jun. 1855, p. 08.

55 *Ibidem,* n° 48, 28 nov. 1852, p. 07.

56 *Ibidem,* n° 125, 21 mai. 1854, p. 08.

57 *Ibidem,* n° 125, 21 mai. 1854, p. 08

58 *Ibidem,* n° 127, 04 jun. 1854, p. 07; N° 132, 09 jul. 1854, p. 07; N° 137, 13 ago. 1854, p. 08.

59 *Ibidem,* n° 127, 04 jun. 1854, p. 07.

60 *Ibidem,* n° 137, 13 jul. 1854, p. 08.

61 *Ibidem,* n° 04, 25 jan. 1852, p. 07.

62 *Ibidem,* n° 06, 08 fev. 1852, p. 06.

63 *Ibidem,* n° 99, 20 nov. 1853, p. 04.

64 *Ibidem,* n° 18, 02 mai. 1852, p. 07.

65 *Ibidem,* n° 57, 30 jan. 1853, p. 09.

66 *Ibidem,* n° 22, 30 mai. 1852, p. 02-04; N° 23, 06 jun. 1852, p. 03-04; N° 83, 31 jul. 1853, p. 06.

67 *Ibidem,* n° 69, 24 abr. 1853, p. 02.

68 *Ibidem,* n° 63, 13 mar. 1853, p. 11.

de la Mode (1843-1913);[69] Petit Courrier de Dames (1821-1868);[70] Les Modes Parisiennes (1844-1885);[71] Journal de Connaisances Utiles;[72] Constitucionnel;[73] Le Figaro (1826- atual);[74] Revista Lisbonense;[75] Le Follet;[76] Diário de Lisboa;[77] Revue de Deux Mondes (1829-atual);[78] Gazette Médicale;[79] Les femmes;[80] Instructor;[81] Reveu Contemporaine (1852-1870/1885-1886)[82] e Monthly-Magazine.[83] Também foi constatado o periódico de música francês Biblioteca Musical.[84]

No caso da imprensa musical internacional, Rosa Zamith destacou que "De 1827 a 1836, o Brasil importa da França 5.297 Kg de edições musicais francesas; de 1837 a 1846, 6.506 kg; de 1847 a 1856, 7.888 kg", demonstrando a crescente demanda por este tipo de publicação.[85]

---

69 Ibidem, n° 47, 21 nov. 1852, p. 01; N° 65, 27 mar. 1853, p. 02; N° 66, 03 abr. 1853, p. 01; N° 67, 10 abr. 1853, p. 02.

70 Ibidem, n° 47, 21 nov. 1852, p. 02.

71 Ibidem.

72 Ibidem, n° 41, 10 out. 1852, p. 08.

73 Ibidem, n° 66, 03 abr. 1853, p. 03.

74 Ibidem, n° 192, 02 set. 1855, p. 07-08; N° 193, 09 set. 1855, p. 07-08.

75 Ibidem, n° 183, 01 jul. 1855, p. 07.

76 Ibidem, n° 47, 21 nov. 1852, p. 02.

77 Ibidem, n° 67, 10 abr. 1853, p. 03-04.

78 Ibidem, n° 95, 23 out. 1853, p. 08.

79 Ibidem, n° 62, 06 mar. 1853, p. 07.

80 Ibidem, n° 106, 08 jan. 1854, p. 02-04.

81 Ibidem, n° 172, 15 abr. 1855, p. 06-08; N° 173, 22 abr. 1855, p. 09-10; N° 174, 29 abr. 1855, p. 06-08; N° 175, 06 mai. 1855, p. 06-08; N°176, 13 mai. 1855, p. 09.

82 Ibidem, n° 209, 30 dez. 1855, p. 05-09.

83 Ibidem, n° 123, 07 mai. 1854, p. 03-05; N° 124, 14 mai. 1854, p. 03-05; N° 125, 21 mai. 1854, p. 06-07; N° 126, 28 mai. 1854, p. 04-06; N°128, 11 jun. 1854, p. 02-05.

84 Ibidem, n° 180, 10 jun. 1855, p. 08

85 ZAMITH, Rosa Maria Barbosa. A dança da quadrilha: da partitura aos espaços festivos: música, dança e sociabilidade no Rio de Janeiro Oitocentista. Rio de Janeiro: E-papers, 2011, p. 24.

Páginas de sociabilidade feminina   105

A referência feita a impressos periódicos nacionais e internacionais demonstrou a dinâmica de leitura das redatoras, a circulação nacional e internacional de impressos, bem como a tradução e a leitura de textos provindos da França, Inglaterra, Itália, Portugal e de outros países.

Todo este emaranhado de textos traduzidos e disponíveis em um mesmo periódico visava enriquecer culturalmente suas assinantes e manter suas leitoras "atualizadas" com os diversos assuntos escolhidos e de importância para o universo feminino.

No caso das informações internacionais, tal "atualização" demandava alguns meses para atravessar o oceano Atlântico e compor as páginas do *O Jornal das Senhoras*, uma vez que o transporte de periódicos internacionais, vestimentas e figurinos de roupas, moldes e bordados eram feitos via transporte marítimo.

Assim, o navio de vela *Levaillant*,[86] o vapor *Lusitania*,[87] o paquete *Southampton*,[88] o vapor *Tay*,[89] o paquete inglês,[90] a embarcação *Seven*,[91] o paquete inglês *Teviot*[92] e a fragata *Constituição*[93] foram algumas das embarcações que tiveram seus nomes publicados pelas páginas do *O Jornal das Senhoras* e sua importância enquanto meio de transporte de pessoas, de objetos e de cultura.

Diante da dependência da chegada destas embarcações e do desembarque dos periódicos internacionais, figurinos e demais objetos, qualquer atraso influenciava a publicação e a distribuição dos figurinos inseridos em *O Jornal das Senhoras*.

---

86   *O Jornal das Senhoras. Op. cit.*, n° 174, 29 abr. 1855, p. 08.
87   *Ibidem*, n° 131, 02 jul. 1854, p. 01.
88   *Ibidem*, n° 125, 21 mai. 1854, p. 01.
89   *Ibidem*, n° 11, 14 mar. 1852, p. 12; N° 50, 12 dez. 1852, p. 01.
90   *Ibidem*, n° 67, 10 abr. 1853, p. 02.
91   *Ibidem*, n° 15, 11 abr. 1852, p. 07; N° 55, 16 jan. 1853, p. 01.
92   *Ibidem*, n° 47, 21 nov. 1852, p. 01-02.
93   *Ibidem*, n° 38, 19 set. 1852, p. 04.

Na 50ª edição, a redação publicou em primeira página um texto sob o título *Uma Desculpa*, justificando a falta de descrição de figurino, que seria realizada pela colaboradora Christina/Violante. A redatora explicou que "[...] o vapor *Tay* ancorou a boa hora para muitos, e infelizmente tarde para nós, porque não pôde efetuar a sua descarga tão a tempo que pudéssemos haver os nossos figurinos para serem distribuídos".[94]

Devido aos recorrentes atrasos das embarcações ou no desembarque de periódicos utilizados na descrição da moda internacional e de figurinos que acompanhavam as edições do *O Jornal das Senhoras*, a redação do periódico recorreu a outros meios para suprir a falta de informações e manter a adesão de suas assinantes.

Para suprir a falta dos figurinos no mês de maio de 1854, que não chegaram no tempo estipulado, a redatora Gervasia anunciou no periódico que "[...] resolvemos ir dando, em todos os números que se forem publicando, algumas importantes e lindas gravuras, cujas chapas são de grande valor, e só por especialíssimo favor do seu proprietário, a quem estamos sumamente agradecidas, podemo-las obter".[95]

A estratégia de substituir temporariamente os figurinos de modas por gravuras permite observarmos as habilidades necessárias na atividade com os impressos periódicos e também nas relações sociais estabelecidas entre as redatoras com outros profissionais que contribuíram direta ou indiretamente com o jornal.

O pintor de litografias Jean-Baptiste David (1808-1892), conhecido como Jules David, foi um destes profissionais que contribuiu indiretamente em *O Jornal das Senhoras*:

> Hei de apresentar-vos sempre os nossos figurinos tais quais eles são, interpretados tal qual foi a intenção de *Jules David* ao desenhá-los guiado pelas amestradas explicações das primeiras e mais notá-

---

94 *Ibidem*, nº 50, 12 dez. 1852, p. 01 [grifo da autora].
95 *Ibidem*, nº 125, 21 mai. 1854, p. 01.

veis artistas da grande capital do mundo elegante. E também francamente vos direi minha opinião quando o excesso de qualquer moda não me agradar[96]

Seus figurinos, impressos no periódico francês *Moniteur de la Mode*, chegavam às mãos das redatoras e colaboradoras por meio das embarcações que transitavam pelo Atlântico. Após tradução e leitura das informações recebidas, as colaboradoras enviavam à redação do jornal suas transcrições e opiniões para impressão e leitura das assinantes.

Assim, as relações entre as redatoras e colaboradoras com outros profissionais teciam as redes de sociabilidade e lhes garantiam a atualização das notícias provindas do universo europeu feminino.

O acompanhamento de figurinos, partituras musicais e os fragmentos de textos de outros periódicos, livros e demais impressos nacionais e internacionais, além de manter as assinantes do jornal atualizadas culturalmente, objetivou emancipá-las moralmente e torná-las equiparadas socialmente e intelectualmente em relação aos homens.

A importância dada à leitura neste contexto pode ser constatada no artigo *Vantagens do lêr* extraído do periódico português *Panorama* e publicado em *O Jornal das Senhoras* pela redatora Gervasia:

A leitura, meus amigos!... sabeis vós bem o que é a leitura?! É de todas as artes a que menos custa e a que mais rende. Há livros, que, semelhantes a barquinhas milagrosas, incorruptíveis e inaufragáveis, nos levam pelo oceano das idades a descobrir, visitar e conhecer todo o mundo que lá vai: os povos antigos revivem para nós com todos os seus usos, costumes, trajes, feições, crenças, ideias, vícios, virtudes, interesses e relações: a história é a mestra da

---

96 *Ibidem*, n° 54, 09 jan. 1853, p. 02 [grifo da autora].

vida, e as suas lições ampliação e complemento ao nosso juízo natural.[97]

Os fragmentos de livros e de outros impressos periódicos publicados em *O Jornal das Senhoras* foi uma constante ao longo dos quatro anos de duração do jornal, com a finalidade de instruir culturalmente o belo sexo e manter suas assinantes atualizadas com assuntos nacionais e internacionais.

As informações impressas no periódico estavam relacionadas em uma articulada rede de sociabilidade que interligou a redatora chefe, as colaboradoras, as leitoras e demais agentes históricos nacionais e internacionais.

Conforme anunciado na 3ª edição, "A correspondência deste Jornal, em carta fechada, deve ser dirigida à casa da Redatora em chefe, Beco do Cotovelo, n.º 18, a qualquer hora",[98] para leitura e seleção das informações que comporiam as sessões e edições do periódico. Esta dinâmica permitiu que homens, mulheres, assinantes, não-assinantes, membros da corte ou da província encaminhassem seus artigos, poesias, traduções e demais textos à redação do jornal, estabelecendo uma via de comunicação paralela ao periódico.

A sessão *Chronica da semana* foi um dos espaços utilizados para divulgar as cartas recebidas por assinantes, leitoras, e demais colaboradores do periódico. Joanna, utilizando o pseudônimo de *Bellona*, descreveu que "Na segunda-feira (31 do mês que acabou) recebi por mão de um criado – agaloado – uma carta escrita em papel cetim – e com brasões de armas", que informou sobre a tradução da tragédia de Lord Biron – SARDANAPALO – pelo Sr. Dr. Pinheiro Guimarães.[99]

O envio de cartas também aconteceu em outras sessões, variando conforme o conteúdo dos textos. As redatoras do jornal realizavam a leitura, a seleção e a adaptação textual, inserindo cada assunto em determinados espaços do periódico. Esta prática estava relacionada ao ato editorial.

---

97 *Ibidem*, n° 83, 31 jul. 1853, p. 06.
98 *Ibidem*, n° 03, 18 jan. 1852, p. 10.
99 *Ibidem*, n° 23, 06 jun. 1852, p. 05.

Assim, todo o jornal foi constituído por uma teia de informações oriundas dos diversos agentes históricos envolvidos nesta rede de sociabilidade.

É importante salientarmos que a inserção de informações em *O Jornal das Senhoras* não ficou restrita ao envio de cartas e/ou outros textos à redação, mas também contou com o recurso da oralidade, realizado por alguns agentes históricos.

Durante o período de colaboração de Joanna/Bellona na *Chronica da quinzena*, além das cartas recebidas, ela também contou com o auxílio do guarda-portão Santos na transmissão de informações orais:

> De hoje em diante deves passear por essas ruas da cidade quando e como quiseres; para, conversa, escuta, dá fé de tudo, mas, que ninguém te suspeite, sentido Santos! Depois volta quando entenderes que assim o deves fazer, e dá-me conta do que viste e ouviste durante o dia.[100]

Atendendo aos pedidos de Joanna/Bellona, Santos percorreu as ruas, os teatros, os cafés, os estabelecimentos, as casas, penetrando os diversos espaços públicos e privados. Este intermediador cultural teve a função de ouvir, memorizar e, posteriormente, relatar todos os assuntos que tivessem a importância de impressão para a redatora do periódico.

Além dele, outras mulheres serviram de intermediadoras culturais ao relatarem as festividades, os eventos e demais divertimentos que ocorreram pela cidade. Tais acontecimentos culturais vistos, ouvidos, experimentados e impressos no periódico fizeram parte da paisagem sonora do *O Jornal das Senhoras*.

Quando mencionamos paisagem sonora, não estamos nos referindo a todo espaço geográfico e sons existentes neste período, mas às sonoridades ouvidas, executadas, vivenciadas e sentidas, que fizeram parte

---

100 *Ibidem*, n° 16, 18 abr. 1852, p. 09.

do universo geográfico frequentado, e que compuseram as páginas do periódico de Joanna, Violante e Gervasia.

Empregada por Murray Schafer, "[...] a noção de paisagem é fortemente territorializada por ela se aplicar a um espaço delimitado [...]"[101] pela percepção auditiva. No campo histórico, esta noção ganhou novas dimensões. Assim, "A história dos espaços e das paisagens sonoras contribui muito para a das emoções, a das representações do meio e a dos usos quotidianos".[102] Não foi por acaso que as sonoridades relatadas em *O Jornal das Senhoras* estavam relacionadas às vivências e experiências das redatoras, colaboradoras e demais pessoas que escreviam para o periódico:

> Os sinos todos a repicarem, o povo apinhado nas ruas, a cruzar os largos, a lua clara e argentina, como é a lua da nossa terra, um instante mais, os batalhões que se aproximam para acompanharem as Procissões com sua música alegre e influente, daí a pouco foguetes do ar, cânticos solenes...[103]

A sensibilidade ao escutar os sinos, a emoção em acompanhar a procissão regida por música e cânticos solenes, e o ato de ver e ouvir os foguetes no ar foram alguns dos elementos ligados ao cotidiano destas mulheres.

---

101 Versão original: "[...] la notion de paysage est fortement territorialisée car elle s'applique à un espace delimite [...]". CHARLES-DOMINIQUE, Luc. "Les paysages sonores» en question : l'ethnomusicologie à l'épreuve des théories aréologiques". In: CANDAU, Joël; LE GONIDEC, Marie-Barbara. *Paysages sensoriels: Essai d'anthropologie de la construction et de la perception de l'environnement sonore.* Paris: Éditions du Comité des travaux historiques et scientifiques, 2013, p. 125.

102 CORBIN, Alain. "Do limousin às culturas sensíveis". In: RIOUX, Jean-Pierre; SIRINELLI, Jean-François (Orgs.). *Para uma história cultural.* Lisboa: Editorial Estampa, 1998, p. 104.

103 *O Jornal das Senhoras. Op. cit.*, nº 16, 18 abr. 1852, p. 09.

Páginas de sociabilidade feminina

Sua percepção auditiva e visual, bem como suas experiências e vivências nestes eventos são fenômenos culturais por estarem investidos de valores, e são históricos, "[...] porque suas associações mudam com o tempo".[104] Ao registrarem estes acontecimentos nas páginas do *O Jornal das Senhoras*, estas mulheres imprimiram uma paisagem sonora, lida e também vivenciada por suas assinantes.

Atento à paisagem sonora rural do século XIX, Alain Corbin demonstrou como os sons dos sinos presidiram e regeram o ritmo da vida rural, como definiu identidades individuais e coletivas, e como ordenou tempos e espaços. Para ele

> A leitura do ambiente sonoro entrava então nos procedimentos de construção de identidades, individuais e comunitárias. A sonoridade dos sinos constituía uma linguagem, fundava um sistema de comunicação que está pouco a pouco desorganizada. Ela ritmava os modos esquecidos de relações entre os indivíduos, entre os vivos e os mortos. Ela autorizava as formas, hoje apagadas, de expressão da alegria e do prazer de estar junto.[105]

E ainda que os sinos não tivessem a mesma representatividade e significado para as redatoras, colaboradoras e leitoras do *O Jornal das*

---

104 Peter Burke cita um estudioso que se refere ao cheiro como algo cultural e histórico. Cf. BURKE, Peter. *O que é história cultural?* Tradução: Sergio Goes de Paula. 2ª ed. revista e ampliada. Rio de Janeiro: Zahar, 2008, p. 145.

105 Versão original: "La lecture de l'environnement sonore entrait alors dans les procédures de construction des identités, individuelles et communautaires. La sonnerie des cloches constituait un langage, fondait un système de communication qui s'est peu à peu désorganisé. Elle rytmait des modes oubliés de relations entre les individus, entre les vivants et les morts. Elle autorisait des formes, aujourd'hui effacées, d'expression de la liesse et du plaisir d'être ensemble". CORBIN, Alain. *Les cloches de la terre: paysage sonore et culture sensible dans les campagnes au XIXe siècle.* Paris : Flammarion, Champs, 2000, p. 13-14.

Senhoras, eles também foram vistos, ouvidos e percebidos durante as cerimônias religiosas, ordenando e regendo estes eventos litúrgicos, e compondo a paisagem sonora impressa no periódico.

A importância do sino pelas comunidades rurais ao longo do século XVIII e XIX pode ser identificada no artigo *O Sino*, publicado na 33ª edição, 15 de agosto de 1852, e na 34ª edição, 22 de agosto de 1852, do *O Jornal das Senhoras*. Neste texto, o sino é amado assim como a voz de uma mãe: "Nós amamos este sino, nós o amamos muito como a nossa mãe; quando nos separamos da pátria, duas coisas se vibram aos ouvidos docemente; é a suave voz da nossa querida mãe e o toque do sino de nossa aldeia; todas as outras recordações são secundárias".[106]

Neste sentido, podemos compreender a extrema importância que as comunidades rurais davam aos sinos, por eles ordenarem e regerem os tempos, os espaços e o modo de vida de seus ouvintes.

O ato de ouvir - os sinos, as músicas, as pessoas, e os sons de modo geral – foi considerado uma arte, e também ganhou a atenção da redatora e as páginas do *O Jornal das Senhoras*:

> Possuímos muitos tratados sobre a arte de falar; mas ainda não temos nem um sobre a arte de escutar. Nem sempre há precisão de falar; porém prestar ouvidos é quase sempre um dever: a própria natureza parece prescrever-nos esta regra dando-nos dois ouvidos e uma só boca.[107]

A atenção dada à arte de ouvir durante o século XIX estava ligada aos estudos científicos realizados no mesmo período na Europa. "A esta época, a audição torna-se um objeto de saber um tanto quanto tal; um

---

106 *O Jornal das Senhoras. Op. cit.*, n° 33, 15 ago. 1852, p. 08.

107 *Ibidem*, n° 143, 24 set. 1854, p. 09.

Páginas de sociabilidade feminina 113

problema científico de pleno direito. Emerge então um novo ramo da ciência médica: a otologia (ou medicina da orelha)".[108]

Com isso, atentas ao discurso e ao estudo médico europeu, em especial o francês, foram impressos na sessão de *Variedades* alguns artigos contendo informações sobre o sentido da audição,[109] da visão,[110] do olfato[111] e do tato.[112]

Curiosamente, o artigo sobre o paladar não foi publicado em *O Jornal das Senhoras*. Porém, este sentido não passou despercebido pelas redatoras e colaboradoras que relatavam em seus textos os diversos alimentos, doces e salgados, e as variadas bebidas que compuseram as mesas dos almoços, dos jantares, dos bailes e demais festividades que elas participavam.[113]

A percepção gustativa, bem como os demais sentidos, demonstrava a sensibilidade que estas mulheres possuíam, não somente ao descrever as experiências por elas vividas nos espaços em que frequentaram, mas também pela apropriação do discurso médico ao publicar no periódico o conteúdo deste conhecimento.

É válido destacarmos que além do saber médico, informações sobre receitas caseiras também foram publicadas em *O Jornal das Senhoras*. Assim, medidas para eliminar dores de cabeça, pomada para fazer crescer o cabelo e impedir queimaduras, e meios para evitar a tosse, a queda de cabelo e soluços fizeram parte de um conhecimento transmitido de geração a geração.

Tanto o discurso médico quanto o conhecimento da medicina doméstica foram impressos no periódico com o intuito de instruir as leito-

---

108 STERNE, Jonathan. *Une histoire de la modernité sonore*. Paris: Éditions La Découverte / Philharmonie de Paris – Cité de la musique, 2015, p. 78.

109 *O Jornal das Senhoras*. *Op. cit.*, n° 183, 01 jul. 1855, p. 07-08; N° 184, 08 jul. 1855, p. 08-09; N° 186, 22 jul. 1855, p. 08-09.

110 *Ibidem*, n° 180, 10 jun. 1855, p. 08-09; N° 181, 17 jun. 1855, p. 08-09.

111 *Ibidem*, n° 188, 05 ago. 1855, p. 06/08; N° 190, 19 ago. 1855, p. 08-09.

112 *Ibidem*, n° 191, 26 ago. 1855, p. 07-08; N° 193, 09 set. 1855, p. 08-09.

113 *Ibidem*, n° 83, 31 jul. 1853, p. 08.

ras do jornal. Este conhecimento, ao mesmo tempo em que possibilitou um maior cuidado com os filhos e com o marido, também buscou o melhoramento social e a emancipação moral e intelectual feminina.

E se *O Jornal das Senhoras* serviu como um meio de instrução, de leitura, de conhecimento e de diálogo feminino, ele também foi utilizado como um suporte para as relações sociais de poder.

Tais relações, estabelecidas entre as agentes do jornal, se desenvolveram em suas escolhas, experiências e vivências, consideradas como efeito da tomada de consciência, e entendidas por Pierre Bourdieu como o princípio unificador e gerador de todas as práticas cotidianas, ou seja,

> [...] o habitus, sistema de disposições inconscientes que constitui o produto da interiorização das estruturas objetivas e que, enquanto lugar geométrico dos determinados objetivos e de uma determinação, do futuro objetivo e das esperanças subjetivas, tende a produzir práticas e, por esta via, carreiras objetivamente ajustadas às estruturas objetivas.[114]

Deste modo, foi no *habitus*, nas práticas cotidianas, que houve o desenvolvimento das relações de gênero, assim como as relações de poder, perpassadas pelas páginas do *O Jornal das Senhoras*. A impressão de suas vivências, experiências e sentimentos, os olhares e audições que constituíram a paisagem sonora registrada no periódico, e a sensibilidade feminina relatada em crônicas, poesias e demais textos deram suporte às dinâmicas sociais e à busca pela ampliação e legitimação do papel feminino em sociedade.

Neste contexto, a categoria gênero se constituiu como uma das características das relações históricas entre estes personagens. Ao revisitar esta categoria, Joan Scott destacou sua utilidade para a análise crítica:

---

114 BOURDIEU, Pierre. *A economia das trocas simbólicas* (Introdução, organização e seleção Sergio Miceli). São Paulo : Perspectiva, 2007, p. 201-202.

Gênero como uma categoria analítica pode parecer estar diretamente ligado à arena que chamamos de social, mas o objeto de análise (as construções históricas das relações entre os sexos) é, irrevogavelmente, conectado à esfera psico-sexual. É por esta razão que gênero não pode estar livre de sua associação com sexo, isto é, com a diferença sexual. Desde que diferença sexual é referente de gênero, e desde que diferença sexual não tem nenhum significado inerente e fixo, gênero permanece uma questão aberta, um lugar de conflito sobre as definições que nós atribuímos (e outros) a ele.[115]

Ao conectar as relações entre os sexos como psico-sexual, Scott seguiu as sugestões de Freud e Lacan, que definiram a diferença sexual como "[...] uma questão psiquicamente enigmática, ambígua, intrigante, nunca finalmente ou satisfatoriamente entendida, impossível de simbolizar [...]",[116] demonstrando que seu uso, feito por diversos segmentos em diversas sociedades, manteve seu caráter político ordenado na diferença sexual.

E "Ainda que as colaboradoras de *O Jornal das Senhoras* tivessem agido com timidez, sem dúvida deram um grande passo para dominar seus medos e tornaram-se muito mais conscientes dos problemas a enfrentar".[117]

Portanto, *O Jornal das Senhoras*, escrito por mulheres, destinado às mulheres, com o objetivo de emancipar moralmente e melhorar socialmente e intelectualmente o público feminino, trazendo em suas páginas textos que contemplavam as experiências, vivências e locais de frequência destas senhoras foi o objeto político, utilizado como instru-

---

115 SCOTT, Joan, Wallach. Os usos e abusos do gênero. Tradução: Ana Carolina E. C. Soares. *Projeto História*, São Paulo, n. 45, p. 327-351, dez. 2012, p. 346.

116 *Ibidem*, p. 345.

117 HAHNER, J. E. *Op. cit.*, 2003, p. 90 [grifo da autora].

mento de instrução, de diálogo e de poder para dar voz, visibilidade e legitimidade ao discurso feminino.

2.3 Nos bastidores do *O Jornal das Senhoras*

Se os bastidores fazem parte de "Tudo o que acontece por traz das câmeras, palco, cenário", e refere-se ao "[...] trabalho feito antes e depois de alguma apresentação", então é este espaço que propomos desvendar.[118] Para isso, é válido conhecer as redatoras chefes que deram vida, voz e visibilidade ao *O Jornal das Senhoras*.

Ainda que estas mulheres estivessem expostas e fossem conhecidas por terem participado ativamente na direção chefe do periódico, conhecer parte de sua trajetória nos auxilia a entender o cenário musical carioca sob o ponto de vista feminino.

Como já mencionamos no primeiro capítulo, Joanna Paula Manso de Noronha saiu da Argentina por causa da ditadura de Juan Manuel de Rosas (1793-1877) e passou inicialmente pelo Uruguai antes de chegar ao Brasil.

O Uruguai serviu inicialmente de exílio, devido ao grande número de opositores argentinos do governo de Juan Rosas que se estabeleceram na cidade de Montevidéu. Dentre os opositores estava Mariquita Sánchez de Mendeville (1786-1868), amiga de Joanna Manso e que também chegou a circular pelo Brasil por pouco tempo:

> A exceção de uma curta estadia no Rio de Janeiro (1846-1847) e de efêmeros regressos à Buenos Aires, o mais prolongado dos quais se estendeu de 1847 a 1851, viveu sempre em Montevidéu. Nesta cidade também uma nutrida colônia de opositores ao regi-

---

118 Dicionário inFormal. Disponível em <http://www.dicionarioinformal.com.br/bastidores/>. Acesso em 01 mar. 2017.

me de Rosas, e também aqui María Sanchez levou adiante uma intensa vida social.[119]

Por não se estabelecer no Uruguai com seus amigos, supomos que a vinda de Joanna ao Brasil foi motivada por ambições profissionais e educacionais: "Em 1852 Juana naturalizou-se brasileira com o objetivo de estudar Medicina, sonho nunca realizado, pois foi recusada na Escola de Medicina, por ser mulher".[120]

Como foi impedida de cursar medicina, ela buscou outra maneira para obter acesso à educação, que veio na criação do O Jornal das Senhoras. Mas antes de criar o jornal, Joanna havia se casado com o músico português Francisco de Sá Noronha no ano de 1844. Ao apoiar a carreira do marido,

> O casal então viajou aos Estados Unidos, para ele tentar o sucesso na carreira artística. Tiveram duas filhas, a primeira nos Estados Unidos e a segunda em Cuba, na viagem de retorno ao Brasil, de passagem pela ilha, em 1852. Nos Estados Unidos viveram em Washington e Filadélfia, e foi nesta última cidade, em 1846, que Juana esboçou seu romance político *Misterios del Plata*, o qual terminou na fortaleza de Gragoatá, em Niterói, onde viveu cinco meses.[121]

Parte de seu diário de viagem também foi impresso em O Jornal das Senhoras. Durante sua visita aos Estados Unidos, no estado da Pensilvânia Joanna conheceu a Casa de Refúgio para crianças pobres de

---

119 SÁNCHEZ, Santiago Javier. "Mariquita Sánchez: ¿Madre de la Patria o feminista patriótica?". *Procesos Históricos*, nº 25, enero-julio. Mérida, Venezuela, p. 18-37, 2014, p. 21-22.

120 LOBO, Luiza. "Juana Manso: Uma exilada em três pátrias". *Gênero*, v. 9, n. 2, p. 47-74, set. 2009, p. 47-48.

121 *Ibidem*, [grifo da autora].

ambos os sexos, onde identificou o ensino de música e desenho destinado às meninas.[122] E na cidade da Filadélfia ela visitou uma penitenciária.[123] Já em Cuba,[124] ao visitar várias cidades, Joanna relatou os espaços que frequentou, os lugares que ela viu, as músicas e os sons que ouviu, e os sentimentos e sensações que vivenciou, demonstrando sua sensibilidade e sua ligação com a música, ao ajudar na carreira de seu esposo.

Além de buscar alavancar a atividade musical do marido, estas viagens estimularam Joanna na criação do romance histórico e político *Misterios del Plata*, impresso em *O Jornal das Senhoras* em 1852. "Os *Mistérios do Prata* é uma novela romântica argentina que encara perfeitamente a estética e a visão de mundo próprias da geração de 37".[125] Deste modo, o romance de Joanna e os textos escritos pelos membros da *Geração de 1837* "estiveram vinculados ao acontecimento social e político da época" na Argentina.[126]

Assim como Fabio Wasserman, entendemos que

> Uma geração acontece, mais bem, quando seus membros experimentam uma conjuntura e a representam como um problema compartilhado de índole política e/ou intelectual. Neste caso o fundo que animava as representações e as práticas da Geração de 1837 – e que, cremos a constituiu como tal – era a criação de uma nação, entendendo a esta como o nome do pro-

---

122 *O Jornal das Senhoras. Op. cit.*, nº 14, 04 abr. 1852, p. 04/06.

123 *Ibidem*, nº 18, 02 mai. 1852, p. 02-03.

124 *Ibidem*, nº 09, 29 fev. 1852, p. 05-07.

125 GRAU-LLEVERÍA, Elena. "La ficción política romántica en Los misterios del Plata. Episodios de la época de Rosas, escritos en 1846 de Juana Paula Manso". *Decimonónica*. Vol. 7 nº 01, p. 01-20, Winter/Invierno 2010, p. 06 [grifo da autora].

126 FEITOZA, Tatiana Mariano. *Los Misterois del Plata: literatura feminina e rosismo na Argentina no século XIX*. Dissertação de mestrado. Rio de Janeiro: UFRJ, 2009, p. 56.

jeto com o qual buscavam desenvolver laços sociais e políticos modernos no território rioplatense.[127]

Deste modo a *Geração de 1837* foi um grupo "[...] formado por jovens entusiasmados com a ideia de criação da nação argentina e, com isso, pensaram em uma sociedade literária".[128] Sua importância estava ligada à organização e transmissão de uma identidade e ideia de nação, recorrendo à literatura para alcançarem seus objetivos.

Diante da condição de exílio vivida por muitos membros da *Geração de 1837*, eles aproveitaram esta experiência para relatar as atrocidades cometidas pela ditadura argentina nos países em que visitaram, viveram e se exilaram.

Assim que criou *O Jornal das Senhoras*, Joanna publicou seu romance político e histórico, a fim de denunciar os fatos ocorridos na Argentina, contribuindo para a visibilidade deste contexto e buscando findar com este conflito, o que permitiria regressar ao seu país de origem.

Durante a direção do jornal, Joanna ajudou na carreira de seu marido, publicando algumas composições em forma de partitura e anunciando as atividades que ele desenvolveu pelos diversos teatros da cidade.

Além de atuar como mestre de canto e regente da orquestra no Teatro São Pedro de Alcântara, Francisco de Sá Noronha executou a abertura intitulada *Regeneração* no Teatro São Pedro,[129] coadjuvou a pianista Sra. condessa Rozwadowska no salão do Provisório,[130] e executou

---

127 WASSERMAN, Fabio. "La Generación de 1837 y El proceso de construcción de la identidad nacional argentina". *Boletín del Instituto de Historia Argentina y Americana Dr. Emilio Ravignani*. Tercera Serie, n° 15, p, 7-34, 1er semestre de 1997, p. 13.

128 MANTOVANI, Rafael. "A moda contra a tirania: elucubrações dos costumbristas argentinos do XIX". *Temas y debates* (Rosario), v. 23, p. 39-54, 2012, p. 41.

129 *O Jornal das Senhoras, Op. cit.*, n° 38, 19 fev. 1852, p. 06.

130 *Ibidem*, n° 58, 06 fev. 1853, p. 08.

no Teatro São Januário a música que fez parte do drama *Saloia*, peça composta por sua esposa, Joanna Paula Manso de Noronha.[131] O drama *Saloia* indicou que a atuação de Joanna não se limitou apenas à redação chefe em *O Jornal das Senhoras*, mas também demonstrou sua aproximação com o universo teatral e musical. A confirmação de sua atuação como dramaturga pode ser conferida no *Periódico dos Pobres*, que publicou uma longa nota sobre os dramas de sua autoria e aqueles que seriam representados no Teatro São Pedro de Alcântara:

TEATROS

DE S. PEDRO DE ALCANTARA

Hoje 8 de outubro de 1853.

EM BENEFICIO DE

D. Joanna Paula Manso de Noronha.

Digníssima Autora dos dramas – Esmeralda, - Família Morel, - Saloia, - Ditador Rosas, - e vaudeville, - Manias do Século. Finda a execução da abertura *Regeneração*, terá lugar a primeira representação da comédia-vaudeville, original:

AS MANIAS DO SÉCULO

Finda a qual, repetir-se-á a muito aplaudida sinfonia *A Partida do Marinheiro*. Seguir-se-á a quarta representação do drama histórico original, em 5 atos e 7 quadros:

O DICTADOR ROSAS E A MASHORCA

---

131 *Ibidem*, nº 20, 16 mai. 1852, p. 10.

Páginas de sociabilidade feminina   121

No intervalo do 1.º ao 2.º quadro, F. de Sá Noronha
executará na sua rabeca as brilhantes variações do
– Dominó-Noir – e entre o 3.º e o 4.º, a sua fantasia
sobre motivos do Sul da América. No intervalo do
5.º ao 6.º tocará a orquestra a linda valsa *Saudades
de Nápoles*, respeitosamente dedicada à S. M. a
Imperatriz, por Noronha.

Os bilhetes podem ser procurados em casa da beneficiada, rua do Regente, loja do n.º 35, e por obséquio, na
loja do Sr. Paula Brito, praça da Constituição, n.º 64.[132]

Diante deste acontecimento, a redatora Gervasia Nunezia Pires dos
Santos Neves também ovacionou a atuação teatral de sua amiga Joanna:

O dia 8 de Outubro de 1853 foi o aprazado para o
teatro de S. Pedro ter lugar o benefício da Sra. D.
Joanna Paula Manso de Noronha, primeira redatora
em chefe do *Jornal das Senhoras* [...].

Orgulho-me, pois, em ter ocasião de noticiar-vos
esse fato de tão grande saliência nos anais de nossa
contemporânea emancipação literária [...].

A Sra. D. Joanna Paula Manso de Noronha está in-
contestavelmente no caso de faze jus à minha ad-
miração e aos meus encômios; e mais alto que tudo
isto falarão em prol do mérito dessa senhora os
frenéticos aplausos, a extraordinária concorrência,
a ovação completa que tornaram imorredoura a re-
cordação grata e saudosa dessa noite de triunfo ao

---

132 MORANDO, Antonio Maximiano. *Periódico dos Pobres*. Rio de Janeiro:
Typographia de A. M. Morando, nº 111, 08 out. 1853, p. 04 [grifo do autor].

gênio, de emulação e estímulo à literatura pátria, de glória e de entusiasmo ao nosso sexo![133]

Neste sentido o casamento de Joanna Paula Manso de Noronha e Francisco de Sá Noronha não se limitou às páginas do jornal, mas foi além dos bastidores do periódico, demonstrando que esta parceria ganhou espaço nos palcos cariocas e o gosto de suas leitoras e demais ouvintes que puderam conferir os dramas da redatora e as execuções musicais de seu marido, realizadas nos intervalos de cada ato.

Ainda que Joanna tenha atuado como redatora chefe em *O Jornal das Senhoras* apenas por seis meses, de janeiro a junho de 1852, sua iniciativa de encabeçar um periódico e publicar explicitamente seus objetivos de emancipação moral e melhoramento social feminino foi seguida por Violante Atabalipa Ximenes de Bivar e Vellasco, Gervasia Nunezia Pires dos Santos Neves e demais senhoras que encabeçaram a direção de outros periódicos no país.

A mudança na direção de *O Jornal das Senhoras* trouxe algumas alterações bem significativas, como: os textos defendendo a emancipação feminina diminuíram, os folhetins ganharam espaço e surgiram matérias relacionadas à saúde, como "Receituários caseiros", "Pastilhas para desinfetar a respiração" e "Dores de cabeça".[134]

Violante Vellasco que já havia trabalhado na tradução de outros textos e recebera uma ótima educação para a época, deu continuidade ao trabalho iniciado por Joanna entre julho de 1852 e maio de 1853.

---

133 NEVES, Gervasia Nunezia Pires dos Santos. *O Jornal das Senhoras. Op. cit.*, nº 93, 09 out. 1853, p. 09 [grifo da autora].

134 DUARTE, Constância Lima. *Imprensa feminina e feminista no Brasil: Século XIX: dicionário ilustrado.* 1ª ed. Belo Horizonte: Autêntica, 2016, p. 120 [grifo da autora].

Páginas de sociabilidade feminina 123

Apesar de Constância Lima Duarte afirmar que houve uma diminuição no número de textos defendendo a emancipação feminina, eles não deixaram de ser impressos pela redatora Violante. Durante este período foi publicado textos sobre a educação e emancipação feminina – da jovem pernambucana Maria Clementina da Cruz,[135] de L'abblé Constant,[136] e de Joanna Paula Manso de Noronha –[137] dando continuidade aos objetivos da primeira redatora chefe.

A segunda redatora,

> [...] filha de Violante Lima de Bivar e do conselheiro imperial Diogo Soares da Silva de Bivar, recebeu uma educação bastante refinada e aprendeu francês, italiano e inglês. Foi membro do grêmio do Conservatório Dramático do Rio de Janeiro, cujo ingresso foi assegurado pela tradução da peça *O xale de casemira verde* de Alexandre Dumas e Eugênio Sue. Casou-se com o oficial João Antônio Boaventura Velasco. Faleceu em 25 de maio de 1875 tendo dedicado sua vida às letras.[138]

A educação de Violante e sua atuação na tradução de textos e na atividade com os impressos periódicos possivelmente facilitaram seu trabalho como redatora chefe.

O fato de ela ser filha de um redator e presidente do Conservatório Dramático provavelmente lhe rendeu habilidades no trato com os im-

---

135 CRUZ, Maria Cleentina da. Artigo I. *O Jornal das Senhoras. Op. cit.*, n° 30, 25 jul. 1852, p. 02-03; Artigo II. *Op. cit.*, n° 35, 15 ago. 1852, p. 03-04/07.

136 *O Jornal das Senhoras. Op. cit.*, n° 30, 25 jul. 1852, p. 02; N° 31, 01 ago. 1852, p. 03; N° 32, 08 ago. 1852, p. 03.

137 *Ibidem*, n° 43, 24 out. 1852, p. 02-04; N° 45, 07 nov. 1852, p. 03-04; N° 46, 14 nov. 1852, p. 02-03; N° 47, 21 nov. 1852, p. 04-05; N° 59, 13 fev. 1853, p. 06-07; N° 61, 27 fev. 1853, p. 01-03; N° 65, 27 mar. 1853, p. 03.

138 SOARES, Ana Carolina Eiras Coelho. *Op. cit.*, p. 141 [grifo da autora].

pressos, bem como nas relações sociais estabelecidas com outros agentes históricos, ao proporcionar melhorias para *O Jornal das Senhoras* e mantê-lo publicado e aceito por suas assinantes.

A atuação de irmãos, primos, pais, filhos e pessoas com um determinado grau de parentesco na rede de impressos periódicos foi comum no século XIX.[139] Assim como atuou Evaristo da Veiga e seu irmão João Pedro Ferreira da Veiga, Paulo Martin Filho e seus parentes livreiros estabelecidos na Europa, e os irmãos Eduardo Laemmert e Henrique Laemmert, o trabalho de Diogo de Bivar e de sua filha Violante na redação chefe demonstrou um tipo de conhecimento que, ao ser passado de geração a geração, favoreceu o estabelecimento de acordos comerciais e sociais firmados entre estes agentes culturais.

Os acordos realizados entre a segunda redatora e outros agentes culturais demonstraram as tentativas de manter os objetivos iniciados por Joanna e a aceitação de suas leitoras por meio das assinaturas semestrais.

Deste modo, no mesmo mês que assumiu a direção do jornal, Violante firmou um acordo com o impressor de música Sr. João Paulo Ferreira Dias, que disponibilizaria a cada último domingo do mês uma peça de música.[140]

Também houve a entrada de novas colaboradoras para o jornal. A partir do final de outubro de 1852 "As nossas Assinantes lerão hoje algumas linhas dedicadas pela nova Colaboradora do JORNAL DAS SENHORAS à memória de sua mãe."[141]

---

139 Ao realizar um balanço e as perspectivas de pesquisa no âmbito da prosopografia dos livreiros, Sabine Juratic destaca que muitas vezes, as circulações transnacionais dos profissionais do livro, eram organizadas em bases familiares. Cf. JURATIC, Sabine. "Da prosopografia dos livreiros ao estudo das redes do livro: Balanço e Perspectiva de Pesquisa". Trad: Claudio Giordano. *Livro. Revista do Núcleo de Estudos do Livro e da Edição*. Nº 01, maio, p. 75-88. São Paulo: USP/ Ateliê Editorial, 2011, p. 85.

140 *O Jornal das Senhoras. Op. cit.*, nº 30, 25 jul. 1852, p. 01/12.

141 *Ibidem*, nº 44, 31 out. 1852, p. 01.

E em dezembro do mesmo ano, a redatora anunciou "[...] que o pessoal das nossas dignas colaboradoras acha-se enriquecido com a nova aquisição de mais três ilustradas e nobres senhoras desta corte, fazendo parte dele a Exma. Baronesa de...".[142]

Neste sentido, a adesão de outras senhoras no jornal contribuiu para dar credibilidade à redatora e ao impresso, que continuou a ser assinado e lido na corte e nas províncias.

Ao manter o valor de assinatura, os objetivos iniciados por Joanna, a busca por melhorias no periódico, e o aumento no número de colaboradoras, Violante demonstrou suas habilidades ao estabelecer parcerias para o jornal e sua experiência de vida no mundo das letras, adquiridas antes, durante e depois de sua atuação como redatora chefe.

Apesar de ter deixado a redação chefe do *O Jornal das Senhoras* em junho de 1853, Violante continuou atuando como escritora e redatora, publicando

> [...] em 1859, uma coletânea, *Algumas traduções das línguas francesas, italiana e inglesa*, com prefácio de Beatriz Francisca de Assis Brandão. Em 1865, sofreu a perda de seu pai e, pouco depois, também seu marido faleceu. Retornaria ao mundo das letras, oito anos depois, ao criar o jornal *O Domingo*, seguindo a linha do antigo periódico.[143]

Neste sentido, o trabalho de Violante, assim como o de Joanna, não ficou restrito apenas à redação chefe em *O Jornal das Senhoras*. Sua relação com o universo letrado foi uma das características que lhe permitiu atuar como redatora chefe e dar continuidade aos objetivos propostos por sua antecessora.

---

142 *Ibidem*, nº 52, 26 dez. 1852, p. 02.

143 SCHUMAHER, Schuma; BRAZIL, Érico Vital (Orgs.). *Dicionário mulheres do Brasil: de 1500 até a atualidade biográfico e ilustrado*. Rio de Janeiro: Jorge Zahar Ed. 2000, p. 521 [grifo dos autores].

Do mesmo modo que Violante manteve a busca pela emancipação moral e pela melhoria social feminina, Gervasia Nunezia Pires dos Santos Neves sustentou estes princípios ao assumir a redação chefe em junho de 1853. Como ela já atuava no periódico e havia se casado no mês anterior com o Sr. Antonio José dos Santos Neves (1827-1874), as condições de escritora e de esposa foram os possíveis fatores que permitiram seu acesso a redação chefe em *O Jornal das Senhoras*. Enquanto os textos de Gervasia, sob o pseudônimo de Estrella, começaram a aparecer no periódico no início de 1852, e como Gervina P. a partir de abril de 1853, o texto de Antonio Neves aparece em janeiro de 1853, com a poesia *Quanto te amo!... Canções a Vargesia*, dedicada à sua futura esposa,[144] demonstrando sua aproximação com o universo letrado e sua contribuição com o periódico feminino.

Antonio José dos Santos Neves

> Era taquígrafo do Senado e funcionário do Ministério de Guerra. Foi um dos primeiros membros da Igreja Presbiteriana do Rio de Janeiro, tendo professado a fé com o Ver. Alexander L. Blackford em 26 de abril de 1863. Foi um dos fundadores do jornal Imprensa Evangélica, em novembro de 1864.[145]

A participação na imprensa, na escrita de poemas, na composição de hinos, e na criação de dramas teatrais ligou o esposo de Gervasia ao universo cultural.

---

144 *O Jornal das Senhoras. Op. cit.*, nº 53, 01 jan. 1853, p. 06-07.

145 KERR, Samuel; KERR, Dorotéa Machado. "O cantar dos hinos e o emergir de um fazer musical". In: SCKEFF, Maria de Lourdes; ZAMPRONHA, Edson S. (Orgs.). *Arte e cultura IV*: estudos interdisciplinares. São Paulo: Annablume; FAPESP, 2006, p. 198.

Páginas de sociabilidade feminina 127

Da mesma forma que Francisco de Sá Noronha ajudou sua esposa com suas atividades no periódico e em suas peças teatrais dramáticas, a adesão e a contribuição textual e financeira de Antonio Neves em *O Jornal das Senhoras* contribuíram para manter sua esposa Gervasia na direção do jornal por dois anos e sete meses, período maior que o de suas antecessoras.

Com isso, a redatora Gervasia, assim como Joanna, utilizou o periódico para dar visibilidade à atuação de seu esposo no meio literário, musical e de impressos.

Assim como fez Violante durante o período em que esteve na direção do periódico, Gervasia deu continuidade aos objetivos iniciados por Joanna. A publicação de assuntos que compunham o universo feminino – sobre modas, peças de roupas e bordados, crônicas de quinzena, sobre a educação feminina, partituras e assuntos musicais – contribuíram no melhoramento social e na emancipação moral feminina, legitimando *O Jornal das Senhoras* como um veículo de comunicação e instrução feminina no âmbito público.

Um dos textos que explicitou a necessidade de melhorias na educação feminina foi o *Opúsculo Humanitário*, publicado em dezembro de 1853. Este texto "[...] consiste, na realidade, de uma coletânea de 62 artigos que foram publicados no *Diário do Rio de Janeiro*, em 1853, e também em *O Liberal*, de julho de 1853 a maio de 1854".[146] Nele "[...] encontra-se a síntese do pensamento de Nísia Floresta sobre a educação – formal e informal – de meninas",[147] apropriado por Joanna, Violante e Gervasia.

Além deste texto, a terceira redatora publicou diversos assuntos, dinamizando a leitura de suas assinantes e possibilitando atualizá-las com informações da corte, do país e do mundo. Dentre os assuntos impressos, encontramos informações sobre modas, crônica dos salões, e um

---

146 DUARTE, Constância Lima. "Nísia Floresta e a educação feminina no século XIX". In: LÔBO, Yolanda; FARIA, Lia (Orgs.). *Vozes femininas do Império e da República*. Rio de Janeiro: Quartet / FAPERJ, 2008, p. 109-110 [grifo da autora].
147 *Ibidem*, p. 110.

espaço de variedades, onde eram publicados textos de colaboradores ou extraídos de outros periódicos.

As informações musicais podiam vir inseridas nas *Chronicas dos salões* ou pelo *Boletim musical*, impressos em algumas sessões. Enquanto o artigo de *Chronicas dos salões* abrangeu os teatros, salões de bailes, eventos religiosos, jantares e demais eventos sociais que aconteciam pela cidade ou região, o *Boletim musical* foi destinado a divulgar as partituras e composições impressas ou criadas naquele período por determinados músicos, informar as execuções musicais que ocorreram nos teatros, salões e demais espaços de sociabilidade, e também expor suas opiniões e gostos sobre determinadas músicas e execuções.

A manutenção destes assuntos deve-se em parte a permanência de Gervasia no período de dois anos e sete meses na direção do periódico, sendo dois anos e quatro meses sob a mesma casa tipográfica, na Rua Cano, nº 165. Portanto, é possível afirmar que ela conseguiu estabelecer o periódico em um espaço próprio e legitimá-lo socialmente.

Após o fim do jornal, em dezembro de 1855, sabemos que Gervasia se converteu à Igreja Presbiteriana, assim como seu marido Antonio Neves, em 09 de agosto de 1863. Ela também "[...] era diretora da escola paroquial, professora da escola dominial e organista da igreja" e viveu até 25 de dezembro de 1872.[148] Assim, sua atuação fora do *O Jornal das Senhoras* também esteve ligada ao universo letrado e musical.

Neste sentido, compreendemos que as experiências de vida destas mulheres, suas sensibilidades e seus objetivos se entrecruzaram em *O Jornal das Senhoras*. Se nos bastidores do jornal elas desempenharam

---

148 Informações disponíveis em < http://www.ebenezer.org.br/wp-content/uploads/2015/09/Parte-4-Educadoras-e-leigos-destacados.pdf >. Acesso em 01 de mar. 2017; Cf. MEDEIROS, Pedro Henrique Cavalcante de. *Pelo progresso da sociedade: a imprensa protestante no Rio de Janeiro imperial (1864-1873)*. Dissertação de mestrado. Seropédica, RJ: UFRRJ, 2014, p. 195; IGREJA PRESBITERIANA DO RIO DE JANEIRO. *Centro de Documentação: CENDOC*. Livro de Registro de Membros da Igreja Presbiteriana do Rio de Janeiro: Início 12 de janeiro de 1862, Fim 02 de julho de 1911, Rio de Janeiro, 06 nov. 1864, p. 02.

as funções de escritoras e redatoras, estas mulheres também assumiram os papeis de mãe, esposa, dona de casa, dramaturga, musicista, pedagoga e diretora escolar.

Tais atividades, somadas à redação chefe do jornal, demonstraram suas habilidades e possibilidades de atuação feminina em meados do século XIX.

2.4 Do público ao privado e vice-versa: Os espaços de sociabilidade impressos no jornal

Para produzir um periódico ao longo do século XIX, o redator chefe recebia os artigos escritos por seus colaboradores, lia e escolhia quais textos comporiam determinada sessão e edição, e moldava o conteúdo nas páginas do jornal para publicação, distribuição e venda. Ainda que esta sequência não fosse igual para todos os impressos periódicos produzidos neste século – e realmente não era – a dinâmica de criação tinha suas semelhanças.

No caso do *O Jornal das Senhoras*, os textos eram enviados à casa da redatora chefe para leitura e seleção. Depois, ela encaminhava à tipografia aqueles que seriam publicados no periódico.

Mesmo que esta tarefa fosse "terceirizada" a um criado ou a um escravo, sua presença na tipografia era necessária para a realização de correções e adaptações textuais que fossem encontradas ao longo de uma leitura atenta.

A chegada de assuntos recebidos de última hora também foi um dos motivos que levava a redatora até a tipografia, em especial, entre os dias que antecedia a publicação de cada edição.

A dependência da chegada de embarcações e do descarregamento dos impressos periódicos, das vestimentas, e das peças de modas, moldes e bordados vindos de outros países, influenciava a escrita do jornal, especialmente quando havia algum tipo de atraso.

Quando este incidente acontecia, cabia a redatora do periódico anunciar, de última hora, as mudanças no programa do impresso:

Para o número seguinte, anunciamo-lo com a maior satisfação de nossa alma, vos daremos, senhoras, todos os figurinos que estamos devendo do semestre passado: felizmente chegaram ainda no mês de Junho, pelo vapor LUSITANIA, como tínhamos prometido, e só porque não puderam ser despachados em tempo, não temos mais o prazer de já os distribuir com o presente número. De agora em diante, confiamos em Deus, não passaremos mais por uma tão desagradável crise; e continuaremos a publicar regularmente Figurinos, Padrões de bordados e Músicas de delicado gosto, todos os domingos, conforme determina o nosso programa.

Este número, entretanto, vai acompanhado de uma brilhante Schottisch intitulada EMILIA, música que não desagradará às nossas assinantes, pela vivacidade e gosto de sua composição.[149]

A inserção de partituras no lugar de peças de modas, e vice-versa, foi um dos meios utilizados pelas redatoras para manter a publicação do periódico e a adesão de suas leitoras.

Da mesma forma que a redatora precisava se deslocar de sua residência para a tipografia, as demais colaboradoras que escreviam para o periódico também se deslocaram pela cidade, conforme as sessões e os assuntos que abordavam.

A redatora Violante, que escreveu para a sessão de modas com o pseudônimo de Christina, foi uma destas senhoras que se deslocou em diversos locais da cidade com a função de ver, ouvir e relatar as informações que comporiam seu artigo:

---

149 O Jornal das Senhoras. Op. cit., n° 131, 02 jul. 1854, p. 01.

Páginas de sociabilidade feminina 131

Mas se eu vos disser que foi só neste momento (10 horas da manhã de sábado!) que recebi da redação os figurinos que chegaram neste paquete, e logo atrás veio uma ordenança da tipografia a pedir-me com olhos piedosos e a suar copiosamente – que aprontasse o artigo o quanto antes, do contrário o JORNAL não podia sair domingo... eu a humílima redatora das modas, que tenho de ler jornais, consulta a inteligente interpretação de Mme. Barat, ir ao armazém de Wallerstein, conversar com Mme. Hortence Laccarrière, visitar Mme. Josephine, enfim, preparar-me, orientar-me em forma de que o que vos digo, embora mal arranjado, é a verdade e a fiel notícia do movimento da moda.[150]

Conforme relatado por Christina/Violante, o atraso do paquete somado à necessidade de entregar seu artigo no mesmo dia para a tipografia acarretou no aceleramento de sua tarefa.

Assim, ela se deslocou pelos estabelecimentos reservados à moda e conversou com algumas pessoas que trabalhavam com vestimentas e adereços para obter novas informações, organizá-las textualmente e enviá-las à casa tipográfica para ordenação nas páginas do jornal e, por fim, publicá-las, chegando às mãos de suas assinantes.

Além destes estabelecimentos, sua presença também foi feita em teatros, bailes e demais eventos que aconteceram pela cidade, tanto para desfrutar deste tipo de lazer quanto para relatar às suas leitoras, as vestimentas que viu naquela ocasião:

Se lindos foram em geral os *toilettes* que estrearam nos primeiros dias do mês, para o baile do dia 15, outros de mui apurado gosto devem aparecer; oh!

---

150 *Ibidem*, n° 46, 14 nov. 1852, p. 08.

Que lindos que eles são: sua distinção por certo me-
recerá as honras do nosso bom-tom fluminense.[151]

Nestes mesmos espaços circulavam as colaboradoras que escreviam crônicas para o periódico. Diferente do olhar atento de Christina/
Violante às roupas e aos adereços utilizados, as demais colaboradoras relatavam em seus escritos os locais que os eventos aconteceram, as pessoas
que estavam presentes, as músicas executadas, as peças teatrais encena-
das, as óperas ouvidas e demais atividades culturais que foram conferidas:

> O nosso mundo elegante teve a repetição do deli-
> cioso movimento dos bailes mensais: o mágico e
> deslumbrante Cassino, o Campestre, a Sylphide, a
> Phil'Euterpe, o Cassino Medico, O Guanabara, a
> Harmonia Nitheroyense, a Eleusina Nitheroyense,
> e jantares e funções particulares que o trouxeram
> ao seu verdadeiro estado de vida animadora e
> embriagante.[152]

A diversidade de espaços de sociabilidade existentes no Rio de
Janeiro era relatada pelas cronistas no periódico. Ao mencionarem todos
ou a maioria dos divertimentos, eventos e acontecimentos na cidade durante aquela semana ou quinzena, as leitoras tinham a possibilidade de
escolher quais eventos elas frequentariam.

Ainda que a escritora não conseguisse participar de todos os eventos, pois muitos aconteciam simultaneamente, ela contava com o auxílio
de cartas enviadas por pessoas que relataram sua participação e as situações ocorridas em determinados divertimentos, jantares ou bailes.

A escritora também obtinha informações por meio das conversas
com suas amigas e outros interlocutores, verdadeiras testemunhas ocula-
res. Como já vimos, o criado de Joanna/Bellona, Santos, foi um destes in-

---

151 *Ibidem*, n° 33, 15 ago. 1852, p. 02 [grifo da autora].
152 *Ibidem*, n° 44, 31 out. 1852, p. 09.

termediadores culturais encarregado de andar pelos diversos espaços, ouvir as inúmeras conversas e levá-las à sua ama, para que ela pudesse redigir todas as novidades em seu artigo, e encaminhá-lo à tipografia do jornal. Deste modo, percebemos a importância que estes agentes culturais tiveram no período e para *O Jornal das Senhoras*. Sua presença nos eventos públicos e privados e seu relato textual ou oral para a colaboradora e redatora do periódico contribuiu para dar visibilidade aos espaços de sociabilidade disponíveis às suas assinantes.

Quando mencionamos espaços de sociabilidade, nos aproximamos do conceito histórico desenvolvido por Maurice Agulhon,[153] Marco Morel[154] e de Angela de Castro Gomes. Enquanto os dois primeiros relacionaram a ideia de espaços de sociabilidades ao movimento associativo de seus membros e suas múltiplas conexões no tempo e no espaço, Angela de Castro Gomes compreendeu tal noção

[...] em uma dupla dimensão. De um lado, aquela contida na ideia de "rede", que remete às estruturas organizacionais, mais ou menos formais, tendo como ponto nodal o fato de se constituírem em lugares de aprendizado e de trocas intelectuais, indicando a dinâmica do movimento de fermentação e circulação de ideias. De outro, aquela contida no que a literatura especializada chama de "microclimas", que estão secretados nessas redes de sociabilidade intelectual, envolvendo as relações pessoais e profissionais de seus participantes. Ou seja, se os espaços de sociabilidade são "geográficos", são também "afetivos", neles se podendo e devendo captar não só vínculos de amizade/cumplicidade e de com-

---

153 Cf. AGULHON, M. *Op. cit.*, 1984.
154 Cf. MOREL, M. *Op. cit.*, 2001.

petição/hostilidade, como igualmente a marca de uma certa sensibilidade produzida e cimentada por eventos, personalidades ou grupos especiais. Trata-se de pensar em uma espécie de "ecossistema", onde amores, ódios, projetos, ideias e ilusões se chocam, fazendo parte da organização da vida relacional.[155]

Ao transpormos esta noção para o contexto de meados do século XIX, na primeira dimensão, os espaços divulgados em *O Jornal das Senhoras* podem ser classificados como lugares de sociabilidade intelectuais, fornecendo às suas frequentadoras aprendizados sociais, culturais, e trocas de informações. O periódico de Joanna, Violante e Gervasia, fez parte desta "rede" de relações simbólicas, tanto ao perpassar quanto ao divulgar tais espaços e acontecimentos.

A segunda dimensão pode ser identificada na relação pessoal entre as redatoras, colaboradoras, leitoras, e demais pessoas envolvidas. Esta relação, estabelecida por diálogos, conversas e encontros, geralmente aconteceu nestes espaços geográficos: teatros, cafés, bailes, jantares, igrejas, passeio público, festas e demais divertimentos ou locais de lazer.

Neste sentido, a constante frequência nestes locais, a sensibilidade por gostos parecidos, bem como a assinatura e leitura de periódicos foram os possíveis fatores que influenciaram a aproximação e o contato entre estas mulheres.

O artigo *As Semanas* deu um panorama dos diversos locais de divertimentos existentes pela cidade para os variados gostos e públicos:

> [...] por patrocínio de Santa Tereza, S. Francisco, e S. Januário temos três teatros em serviços ativos todas as semanas, onde há muito que ver, ouvir, e contar: temos na rua do Lavradio um circo olímpico onde trabalham também todas as semanas

---

155 GOMES, A de C. *Op. cit.*, p. 20.

três companhias, uma em cima da corda, outra por baixo, e a terceira às cabeçadas: na primeira destas companhias dança uma Francesa, Mme. Jenny, que vale a pena de ser admirada: temos bailes repetidos de fantasia ou sem ela na rua de Catumbi, e no largo do Paço onde pode ir muita gente de *graça*; temos aos domingos de manhã Museu, que nos mostra coisas verdadeiras e outras tão semelhantes... temos depois a barca de banhos para purificar o corpo, e por fim o Passeio Público para arejar os pulmões. Além disto, temos as sociedades de música, as de baile, e as dramáticas, as quais todos os meses tem a sua noite de função. E, sobretudo, temos as festas de Igreja, onde os festeiros têm bancos para estarem bem assentados, lajes frias ou tapetes no chão para nós, e lugar de sobra para quem quiser estar em pé confundindo a reverência com o desrespeito ao lugar sagrado.

Ora, parece-me que isto não é pouca coisa para quem só nos divertimentos públicos acha alegria! E se acham que é pouco, ainda temos mais um divertimento: vão de tarde ao campo de Santana para observarem o namoro do Provisório com a casa do museu; é uma graça vê-los; ele quer entrar, ela fecha-te a porta, e nesta contenda fica ele de esguia arrufado – dia e noite...![156]

Diante dos diversos locais de divertimentos disponíveis, cada redatora, colaboradora e leitora poderia escolher quais espaços frequentaria.

---

156 *O Jornal das Senhoras. Op. cit.*, n° 6, 08 fev. 1852, p. 05-06 [grifos da autora].

O Teatro Santa Tereza, localizado na cidade de Niterói, o Teatro São Francisco, localizado entre os números 27 e 29, dando fundos para a Rua Cano e o Teatro São Januário, localizado na Rua do Cotovelo, próximo à praia de D. Manuel foram alguns dos espaços de sociabilidade frequentados pelas redatoras, colaboradoras e assinantes do jornal.

Apesar de estes teatros serem divulgados pelas redatoras do jornal, não podemos afirmar que todos eram frequentados por suas leitoras, como exemplo, o Teatro São Januário, devido a sua localização e o seu público:

> O local onde fora erigido, na praia de dom Manuel, perto do cais Pharoux, região que concentrava grande população de escravos, libertos e homens livres e pobres. Esta localização influía sobre sua frequência, a ponto de o teatro transformar-se no preferido dos caixeiros e de outros indivíduos de baixo poder aquisitivo e condições sociais mais humildes. Além disso, o São Januário era frequentado por uma outra parcela de público também desconsiderada na ocasião: o das mulheres de vida "duvidosa".[157]

A localização e o público que frequentava, portanto, eram alguns dos fatores que poderia limitar ou restringir a participação feminina. Ainda que o Teatro São Januário não estivesse bem localizado socialmente e mal frequentado, as redatoras do *O Jornal das Senhoras* não deixavam de anunciar os eventos que aconteciam naquele espaço e que pudessem ter alguma relevância para suas leitoras:

> Teatro de S. Januário.
>
> Como havíamos anunciado às nossas assinantes, teve lugar na noite do 1.º do corrente, no teatro de S.

---

157 SOUZA, Silvia Cristina Martins de. *As noites do Ginásio: teatro e tensões culturais na Corte (1832-1868)*. Campinas: Editora da UNICAMP, Cecult, 2002, p. 51-52.

Januário, o benefício do Sr. Van Marcke, distinto rabequista. Não somos conhecedoras da arte, por isso nada podemos dizer a respeito do seu merecimento artístico, senão que gostamos muito de ouvi-lo tocar, sobretudo acompanhado ao piano pelo nosso patrício o Sr. Stokmeyer Junior, artista de grandes esperanças, que o obsequiou nessa noite.[158]

Neste anúncio, é possível constatar a frequência da escritora Joanna no teatro, relatando ter gostado de ouvir o rabequista. Porém, a presença dela e demais mulheres da elite neste local deveu-se por um motivo peculiar: "Tendo-se queimado o Teatro de S. Pedro de Alcântara na madrugada de 9 de Agosto de 1852, passou a companhia dramática a representar no Teatro de S. Januário".[159] Como o esposo de Joanna Paula Manso de Noronha – o músico Francisco de Sá Noronha – fazia parte desta companhia, enquanto o grupo atuou no teatro, a escritora e demais colaboradoras frequentaram este local.

Além disso, a execução do pianista Sr. Stokmeyer, músico já conhecido pelas redatoras do O Jornal das Senhoras, também deve ter influenciado a presença feminina neste espaço:

> Acha-se de volta à sua pátria o Sr. Stokmeyer, que fora mandado por seu pai à Europa para estudar a bela arte da música. O Sr. Christiano Stokmeyer não regressou ao Brasil com vozes esperançosas, nem com atestados de seus mestres, não: trouxe consigo riquíssimas composições suas, e uma valentia de execução, que o eleva ao grau de um grande pianista.[160]

---

158 O Jornal das Senhoras. Op. cit., n° 49, 05 dez. 1852, p. 08.
159 LAEMMERT, E; LAEMMERT, H. Op. cit., 1852, p. 286.
160 O Jornal das Senhoras. Op. cit., n° 03, 18 jan. 1852, p. 08.

Ainda que Christiano Stokmeyer não tenha recebido títulos ou comprovações de seus mestres durante sua viagem à Europa, o fato de ele ter vivido no velho continente e ter trazido de lá sua bagagem cultural e suas práticas musicais, o tornaram um homem ilustre, um gênio que deveria ser contemplado e ouvido.

Tal "*status* social" levou a colaboradora do periódico a conferir sua execução musical e publicar no jornal feminino sua apreciação, mesmo o Teatro São Januário sendo mal localizado e mal frequentado.

E da mesma maneira que a escritora do *O Jornal das Senhoras* foi até o Teatro São Januário para conferir a genialidade musical do pianista Stokmeyer, ela se deslocou até o mesmo espaço para relatar a ilustre presença de suas altezas reais:

> SS. MM. Imperiais dignaram-se honrar o teatro de S. Januário domingo passado, dia dos anos de S. M. a Imperatriz, para lá receberem as saudações e os festejos dessa noite entre os repetidos vivas do povo, que anelante esperava tão Augustas Personagens.
>
> Os camarotes, guarnecidos da primeira nobreza da corte, a par do corpo diplomático, que ali também se achava, estavam brilhantes. As senhoras, em grande gala, ostentando o luxo de seus valiosos diamantes e dos seus ricos vestidos de seda branca, o clarão da bem disposta iluminação do salão, e sobretudo a satisfação que se reconhecia no semblante de SS. MM., formavam um complexo de prazer e majestade que fascinava a todos.[161]

Portanto, o fato de estar na presença de pessoas ilustres, geniais ou com um prestígio social superior, foi sinônimo para ignorar o problema de má localização e de público nestes espaços de sociabilidade e frequentá-los.

---

161 *Ibidem*, n° 12, 21 mar. 1852, p. 09.

Assim, após a volta da companhia dramática ao Teatro São Pedro de Alcântara, o Teatro São Januário deixou de ser frequentado pelas redatoras e escritoras do *O Jornal das Senhoras*, demonstrando que o local e a frequência de um determinado público influenciavam o acesso destas senhoras nestes e em outros lugares.

Além deste teatro, dificilmente as senhoras da elite frequentavam bairros na região da "[...] Cidade Nova, que à época incluía os atuais bairros do Estácio, do Catumbi, parte do Rio Comprido e do Mangue",[162] pois

> A população pobre formada pelos escravos de ganho e pelos trabalhadores livres, que precisava estar próxima ao Centro para garantir sua sobrevivência, foi progressivamente ocupando os cortiços e as habitações coletivas das freguesias de Santo Antonio, São José, Santa Rita e Santana.[163]

Ao invés de se deslocarem para estas regiões, elas participavam de jantares, festas e clubes que se localizavam no centro da cidade ou na zona sul. Dentre algumas regiões, "[...] bairros como Botafogo e Laranjeiras passam a atrair os grandes latifundiários e proprietários de fazendas de café e engenhos do interior fluminense, e mesmo de outras regiões".[164]

A redatora Gervasia/Estrella reivindicou em um artigo a instalação de um espaço de divertimento para as famílias no bairro do Catete.[165] Já a colaboradora Francina Oscenia, ao participar do aniversário da filha de um militar "No domingo, para o lado do Botafogo, gozou-se de uma

---

162 ISHAQ, Vivien. O Rio de Janeiro das festas chilenas. In: MALERBA, Jurandir; HEYNEMANN, Cláudia Beatriz; RAINHO, Maria do Carmo Teixeira. *Festas Chilenas*: sociabilidade e política no Rio de Janeiro no Ocaso do Império. Porto Alegre: EDIPUCRS, 2014, p. 81-82.

163 *Ibidem*, p. 82.

164 *Ibidem*.

165 *O Jornal das Senhoras. Op. cit.*, nº 10, 07 mar. 1852, p. 09.

bela noite, dançando-se e cantando-se".[166] E a redatora Violante/Délia relatou que na festa de folia de reis "Além da Rua dos Ciganos, cada vez mais bela e encantadora nesses dias festivos, menos no que respeita a lama, com que a ilustríssima houve por bem de brindar, os lugares que mais primaram foram Botafogo e Laranjeiras".[167]

Enquanto determinados locais não receberam a presença destas senhoras, nos espaços de sociabilidade por elas frequentados muita coisa aconteceu. As conversas nos cafés, os jantares nas residências, as danças nos bailes, as peças operísticas e teatrais e os concertos nos teatros são exemplos das informações que compuseram a paisagem sonora impressa no periódico.

A frequência, a vivência, a audição e a visão destas mulheres, publicadas no periódico, ilustram e moldam este cenário complexo, híbrido, múltiplo, colorido, sonoro e de sentidos.

Enquanto a paisagem sonora nos remeteu aos espaços públicos e privados de convivência, frequência e relações sociais, cercados por diversas sonoridades, a noção de cenário musical carioca manteve a ideia de espaços de sociabilidade públicos e privados, onde a música foi ouvida, praticada e sentida.

Neste sentido, seguiremos observando as sensibilidades femininas impressas nas páginas do periódico para identificarmos o cenário musical carioca sob a ótica do O Jornal das Senhoras.

Se até o momento foi possível identificar parte desta paisagem sonora e deste cenário musical carioca, o próximo capítulo adentrará os espaços frequentados e identificará as sonoridades ouvidas. Também serão observados alguns locais não frequentados e músicas não percebidas.

Ao identificar estes lugares e estes sons, poderemos compreender os gostos, as escolhas e as preferências impressas pelas redatoras do jornal. Ainda daremos destaque aos musicistas e instrumentos que fizeram parte deste cenário, bem como o público que ouviu, assistiu e leu as cenas impressas.

---

166 *Ibidem*, n° 134, 23 jul. 1854, p. 03.
167 *Ibidem*, n° 56, 23 jan. 1853, p. 07-08.

Páginas de sociabilidade feminina

Por fim, ainda que não seja possível reproduzirmos integralmente este espetáculo sonoro, ler parte do que ele representou para as redatoras, colaboradoras e leitoras do *O Jornal das Senhoras,* nos aproximam de suas práticas, costumes, vivências, e sensibilidades.

3.
Imprimindo um cenário musical carioca

Figura 6
Mulheres francesas e as práticas musicais e de leituras

Fonte: *O Jornal das Senhoras*, nº 166, 04 mar. 1855, p. 05.

A imagem acima foi uma das mais de cento e sessenta peças de figurinos, moldes e bordados que acompanharam as edições do *O Jornal das Senhoras*. Conforme anunciou na 65ª edição, "Desde que a Redação do JORNAL DAS SENHORAS foi autorizada para poder publicar regularmente os figurinos do *Moniteur de la Mode* que os deve apresentar às suas assinantes tais quais chegam eles de Paris".[1]

O acordo estabelecido por correspondentes do *O Jornal das Senhoras* em Paris possibilitou que as gravuras de modas e os periódicos parisienses fossem utilizados como base ilustrativa e informativa para compor as páginas do periódico de Joanna, Violante e Gervasia.

Assim, as peças que acompanharam o impresso ilustravam figurinos de homens, crianças e, em sua maioria, de mulheres em ambientes públicos e privados, indicando o tipo de vestimenta utilizada para cada ocasião.

> Em meados da década de 1830 a maioria das placas representava duas mulheres, na esfera doméstica ou ao ar livre, envolvidas em atividades femininas de classe alta ou média, tais como participar de bailes – incluindo o baile de fantasia para crianças – recebendo uma visita no salão, tocando pianoforte, lendo livros ou revistas, escrevendo ou lendo cartas, fazendo bordado, esboçando, pintando, e passeando nos jardins, parques ou pelas propriedades rurais.[2]

No caso da imagem acima, a redação do jornal, como de costume, fez a descrição das duas peças ilustradas[3] e ao final anunciou que "Acompanha este n.º 9 uma estampa com figurinos de *soirée* e de estar em casa".[4]

---

1   *O Jornal das Senhoras, Op. cit.*, n° 65, 27 mar. 1853, p. 02 [grifo da autora].

2   HAHN, H. Hazel. *Scenes of parisian modernity: culture and consumption in the nineteenth century*. New York: Palgrave Macmillan, 2009, p. 67-68.

3   *O Jornal das Senhoras. Op. cit.*, n° 166, 04 mar. 1855, p. 02.

4   *Ibidem*, p. 09 [grifo da autora].

Diferente das outras peças que acompanharam *O Jornal das Senhoras*, o que chamou nossa atenção foram os elementos que compuseram a imagem: um libreto textual nas mãos de uma senhora em pé, e o libreto de partituras e um piano, próximos à senhora que está sentada.

E ainda que a ilustração esteja retratando as mulheres da sociedade francesa, sua aproximação com o contexto das senhoras no Rio de Janeiro não foi muito diferente. O retrato do maestro Francisco Manuel da Silva (1795-1865) ditando o Hino Nacional, junto de suas filhas, próximas a um piano e a um libreto, pintadas por José Correia de Lima (1814-1857) confirmam a reprodução dos mesmos elementos que ilustravam a cultura feminina francesa: a leitura e a prática do piano.

Mais que uma aproximação ilustrativa, as leituras e as práticas musicais no Brasil simbolizaram as apropriações da cultura francesa feitas por estas mulheres. Ao se espelharem nos modos e nos costumes europeus, ditos civilizados, o público feminino reproduzia tais conceitos, verdadeiros símbolos de luxo e de poder.

Além de analisar as cores e as vestimentas utilizadas pelas moças brasileiras, retratadas na imagem, Joana Monteleone destacou que "Tudo na pintura representava a elite imperial: o piano, as moças, o grande livro, cortinas, candelabros e harpas na casa fazem um cenário de fundo que ressalta a riqueza e distinção das personagens da cena".[5]

Neste sentido, estas imagens e cenários nortearão este capítulo, a fim de identificamos os gostos, as escolhas, os espaços de sociabilidade frequentados e as músicas ouvidas, executadas e registradas por estas senhoras nas páginas do *O Jornal das Senhoras*.

---

5   MONTELEONE, Joana. *O circuito das roupas: A Corte, o consumo e a moda (Rio de Janeiro, 1840-1889)*. Tese de doutorado. São Paulo: USP, 2013, p. 170-171.

Figura 7: Mulheres brasileiras e as práticas musicais e de leituras

Fonte: LIMA, José Correia de Lima. *Maestro Francisco Manuel ditando o Hino Nacional*. 1850. 1 original de arte, óleo sobre tela, 238 cm x 175 cm. Disponível em: <http://goo.gl/vao4fu>. Acesso em 01 mar. 2017.[6]

---

6 Imagem escaneada de: XEXÉO, Pedro; ABREU, Laura. *A Missão Artística Francesa*. Rio de Janeiro: Coleção Museu Nacional de Belas Artes, 2007, p. 94.

3.1 Os instrumentos musicais e os/as musicistas do cenário musical carioca

As práticas de leitura e a execução musical do piano fizeram parte do cotidiano cultural feminino francês e também brasileiro. As Figuras 6 e 7, inseridas no início deste capítulo, permitem observar tais costumes e perceber suas aproximações.

Conforme constatou Gilberto Freyre,

> Em 1820 quem passasse pelas ruas do Rio de Janeiro
> já ouvia, em vez de violão ou harpa, muito piano,
> tocado pelas moças nas salas de visitas para o gozo
> único, exclusivo, dos brancos das casas-grandes; e
> em vez de modinhas, canções italianas e francesas.[7]

Os violões e as harpas não deixaram de ser praticados pela cidade, assim como as modinhas continuaram sendo dançadas, tocadas e cantadas entre os diversos grupos sociais. Porém, a expansão de pianos no Brasil, na primeira metade do século XIX, atraiu a atenção e o gosto dos homens e das mulheres da elite carioca, ofuscando a imagem dos demais instrumentos que circulavam pela cidade. O fato de a harpa aparecer como plano de fundo na Figura 7 é um indício de seu ofuscamento em relação ao piano.

A atenção e o gosto pelo piano chegaram a tal ponto que em 1856, um ano após o término do periódico de Joanna, Violante e Gervasia, Manuel Araújo Porto-Alegre (1806-1879)[8] afirmou que o Rio de Janeiro era a "cidade dos pianos", referindo-se a maciça presença deste instrumento no período.

---

7   FREYRE, Gilberto. *Op. cit.*, 2008a, p. 151.

8   Manuel José de Araújo Porto-Alegre foi um escritor, político e jornalista, fundador da *Revista Guanabara* (1849-1856) e do periódico *Lanterna Mágica* (1844-1845).

Apesar de Mário de Andrade[9] e tantos outros[10] atribuírem a frase ao escritor Manuel Araújo Porto-Alegre, mal sabiam que a "cidade dos pianos" já havia sido impressa nas páginas do *O Jornal das Senhoras* por Joanna Paula Manso de Noronha em 1852.

Ao prestigiar o regresso do músico brasileiro Christiano Stokmeyer e destacar o quadro incompleto de professores da instituição musical existente no período, a redatora Joanna questionou: "[...] e porque não o aproveitaremos n'este elemento civilizador, como é devido, e como reclama o nosso estado de progresso, mormente na *cidade dos pianos?*".[11]

Afinal, "Que o Brasileiro é músico, isso é indubitável". E devido ao crescente número de músicos nacionais, a redatora concluiu o artigo *Bellas Artes* afirmando que "Felizmente já temos no país artistas capazes de bem ensinar".[12]

Neste sentido, Manuel Araújo Porto-Alegre, Joanna Paula Manso de Noronha e, provavelmente, os músicos, escritores e leitores de seus periódicos tiveram a sensibilidade de perceber a realidade musical do país, bem como a quantidade significativa de pianos presentes neste cenário carioca.

A chegada do piano no Brasil geralmente é atribuída a partir de 1808, junto à vinda da família real portuguesa. Porém em um "[...] inventário post-mortem do botânico Antônio Pereira Ferreira, de 1798", já havia cravos e pianoforte no Rio de Janeiro.[13]

---

9   Cf. ANDRADE, Mário de. *Pequena história da música.* 9ª edição. Belo Horizonte: Editora Itatiaia Limitada, 1987, p. 158.

10 Cf. WISNIK, José Miguel. *Op. cit.*, 2008, p. 43; TINHORÃO, José Ramos. *Os sons que vêm da rua.* São Paulo: Ed. 34, 1976, p. 164; DINIZ, André. *Joaquim Callado: o pai do choro.* Rio de Janeiro: Jorge Zahar, 2008, p. 47; BITTENCOURT-SAMPAIO, Sérgio. *Música: velhos temas, novas leituras.* Rio de Janeiro: Mauad X, 2002, p. 56.

11 NORONHA, Joanna Paula Manso de. "Bellas Artes". *O Jornal das Senhoras. Op. cit.*, nº 3, 18 jan. 1852, p. 08 [grifo nosso].

12 *Ibidem.*

13 PEREIRA, Mayra Cristina. *Do cravo ao Pianoforte no Rio de Janeiro: um estudo documental e organológico.* Dissertação de mestrado, Rio de Janeiro: UFRJ, 2005,

A diversidade de nomes que estes objetos receberam ao longo do século XIX nos leva a perceber que "Ao mesmo tempo em que alguns instrumentos idênticos podem receber nomes diferentes em várias culturas, eles podem ser transformados e adaptados para as práticas em que seriam utilizados".[14] Além disso, o instrumento, "[...] ao migrar para outros espaços geográficos e em outros contextos históricos se reveste de um novo significado e passa a ter outra função".[15]

Desde a vinda da família real, as medidas feitas por D. João VI e as demais transformações que ocorreram ao longo da primeira metade do século XIX proporcionaram ao Rio de Janeiro "[...] um ambiente favorável para a vinda de um material musical importante, como partituras e instrumentos".[16]

Apesar de não haver uma precisão exata na data da chegada do pianoforte na cidade, "[...] eles continuavam sendo os instrumentos mais anunciados, evidenciando a demanda e predileção carioca por este instrumento".[17] Os anúncios sobre a venda, a compra, o ensino ou o conserto deste instrumento confirmaram sua proliferação pela cidade.

O *Jornal do Commercio*, por exemplo, publicou alguns anúncios neste período: "RAFAEL Lucci, professor de piano e cantoria, sobrando-lhe ainda algumas horas para dar lições, o faz ciente às pessoas que quiserem utilizar-se do seu préstimo, podendo dirigirem-se ao beco dos Ferreiros, n.º 7, 2º andar, perto da praia de D. Manuel";[18] "Precisa-se de um piano forte";[19] "No

---

p. 77-78.

14 MONTEIRO, Maurício. *Op. cit.*, 2008, p. 162.

15 CUNHA, Fabiana Lopes da. *Da marginalidade ao estrelato: o samba na construção da nacionalidade (1917-1945)*. São Paulo: Annablume, 2004, p. 140.

16 MONTEIRO, Maurício. *Op. cit.*, 2008, p. 279.

17 PEREIRA, Mayra Cristina. *A circulação de instrumentos musicais no Rio de Janeiro: do período colonial ao final do primeiro reinado*. Tese de doutorado. Rio de Janeiro: UNIRIO, 2013, p. 158.

18 *Jornal do Commercio*. Rio de Janeiro: Typographia Imperial e constitucional de J. Villeneuve e Comp., nº 268, 29 nov. 1838, p. 04.

19 *Jornal do Commercio*. Rio de Janeiro: Typographia de Emile-Seignot Plancher e Comp., nº 78, 05 jan. 1828, p. 03.

armazém francês, Rua d'Ajuda, n.º 29, consertam-se piano, harpas, violas, e todos os instrumentos de cordas".[20]

Já o *Almanak do Rio de Janeiro* anunciou a existência de três organistas e um organeiro,[21] além de outros músicos na Capela Real.[22] E o *Diário do Rio de Janeiro* anunciou a venda de "[...] um piano forte, de 5 oitavas, por 120$".[23]

Também foram comuns os anúncios sobre libretos de partitura no mesmo período:

> Na livraria de Souza, Laemmert e Comp., Rua dos Leitoeiros, n.º 88, acha-se à venda as seguintes músicas novamente chegadas, o dos melhores compositores, a saber: para piano: concertos, septos, sextetos, quintetos, quartetos, trios, sonatas em duos e a 4 mãos, variações com acompanhamento e sem ele, 54 diferentes aberturas de Rossini, danças, marchas, peças de canto de Elisabeth, Gazza Ladra, Tancredi, Barbeiro; as óperas inteiras de Rossini, arranjadas para piano sem palavras, &c., músicas de harmonia, e solos para rebeca, rabecão, música militar, flauta, clarineta, oboé, trompa, fagote, flauta e guitarra francesa.[24]

Todos estes anúncios demonstraram o crescente comércio de música na cidade do Rio de Janeiro. Ligado a vinda de músicos no Brasil, junto ao séquito da corte portuguesa e ao gosto musical destes agentes culturais,

---

20 *Ibidem*, n° 82, 10 jan. 1828, p. 04.

21 Segundo o dicionário Michaelis, organeiro pode ser um fabricante de órgãos ou o encarregado da conservação dos órgãos de uma igreja. Acreditamos que a segunda definição se enquadre para a realidade da Capela Real.

22 *Almanak do Rio de Janeiro*. Rio de Janeiro: Imprensa Imperial e Nacional, 1827, p. 53.

23 *Diário do Rio de Janeiro*. Rio de Janeiro: Typographia do Diário, n° 0600013, 18 jun. 1831, p. 01.

24 *Ibidem*.

Páginas de sociabilidade feminina   151

O mercado musical do Rio de Janeiro, desde a
Independência até meados da segunda metade do
Oitocentos, permaneceu relacionado ao teatro,
principalmente ao de ópera ou, na segunda metade
do século XIX, ao teatro de costumes (vaudeville).
A música, como atividade remunerada, quase que
dependia da existência dos teatros.[25]

Os músicos atuavam nos teatros existentes pela cidade por prestígio, mas também como meio de sustento próprio ou familiar. Francisco
de Sá Noronha, esposo da redatora Joanna Paula Manso de Noronha,
circulou pelos teatros São Pedro de Alcântara, São Januário, e no Teatro
Provisório, ora como mestre de canto e regente da orquestra, ora executando peças musicais.

O Sr. Christiano Stokmeyer Junior foi outro músico que atuou nos
teatros cariocas. No comemorativo dia 07 de setembro a orquestra executou no Provisório uma abertura por ele composta.[26] Em outubro, ele
obsequiou o beneficiado rabequista Sr. Van Marck no São Januário.[27] Em
dezembro do mesmo ano, ele executou novamente no Provisório uma de
suas novas sinfonias,[28] e nas apresentações feitas neste teatro, ele contou
com as ilustres presenças de SS. MM. Imperiais, demonstrando o desempenho satisfatório com que ele realizou sua execução.

O desempenho deste pianista brasileiro lhe rendeu o benefício de
suas Majestades para atuar em um sarau no Paço de São Cristóvão. Dias
antes, esta mesma honra havia sido concedida aos músicos Srs. Labocceta,
Scaramello, Fioretto e Dionísio Vega, todos oriundos da Europa.[29] Com

---

25 LEME, Monica Neves Op. cit., 2006, p. 24 [grifo da autora].
26 Diário do Rio de Janeiro. Op. cit., n° 9090, 07 jul. 1852, p. 3; O Jornal das Senhoras.
    Op. cit., n° 38, 19 set. 1852, p. 06.
27 O Jornal das Senhoras, Op. cit., n° 43, 24 out. 1852, p. 09.
28 Ibidem, n° 50, 12 dez. 1852, p. 07.
29 Ibidem, n° 42, 17 out. 1852, p. 08.

isso, este pianista alcançou o patamar de músico "ilustre", legitimado como "gênio", e digno de ser visto e ouvido no país e no mundo. A legitimidade que o Sr. Christiano Stokmeyer Junior recebeu como músico por suas Majestades Imperiais, também conferiu um valor simbólico para suas composições. Neste sentido, a inserção de suas partituras musicais no periódico *O Jornal das Senhoras* teve como objetivo aproximar o impresso da genialidade do artista, e atribuir este caráter ilustre às assinantes do jornal por meio do ensino e da prática musical.

A redatora chefe Violante, "Na edição de 25 de julho, estampa a *Lira do Jornal das Senhoras*, de Christiano Stokmeyer, para voz e piano, uma canção simples forjada no estilo clássico, com letra igualmente banal".[30] Já na edição de 26 de setembro de 1852, foi estampada duas páginas da schottisch *As Duas irmãs*, e na edição de 10 de outubro, mais uma peça da mesma composição foi publicada, completando esta partitura musical.[31]

E enquanto o pianista Stokmeyer e o músico Francisco de Sá Noronha executaram suas composições musicais nestes locais, Joanna Paula Manso de Noronha também adentrou aos palcos teatrais, tendo seus dramas e comédias representados entre os anos de 1852 e 1853.

Na *Chronica da semana* de 16 de maio de 1852, *O Jornal das Senhoras* publicou que "Com efeito, estreou na quinta-feira – a Saloia – no teatro de S. Januário: é um drama, como já vos disse, composição da estimável redatora do nosso jornal, e a música de que ele é entremeado pertence ao maestro Noronha, seu esposo".[32]

Já na edição de 02 de outubro de 1853, foi publicada uma página inteira contendo o programa do benefício dado à Joanna Paula Manso de Noronha no Teatro São Pedro de Alcântara para sábado, dia 08 de outubro do mesmo ano.[33]

---

30 GIRON, L. A. *Op. cit.*, p. 163 [grifo do autor]; *O Jornal das Senhoras. Op. cit.*, nº 30, 25 jul. 1852, p. 05-08.

31 *O Jornal das Senhoras, Op. cit.*, nº 39, p. 05-06; Nº 41, 10 out. 1852, p. 05.

32 *Ibidem*, nº 20, 16 mai. 1852, p. 10.

33 *Ibidem*, nº 92, 02 out. 1853, p. 09.

Neste período, Joanna já não era a redatora chefe do *O Jornal das Senhoras*, mas atuava como colaboradora no artigo sobre *Mulheres Celebres*. Enviado e publicado no periódico sob o pseudônimo J. P., este texto serviu para "[...] prestar um valioso serviço às nossas leitoras, tornando-lhes patentes e conhecidos os nomes das mulheres que se celebrizaram nos séculos passados, quer como artistas, quer como literatas".[34]

Impressa em ordem alfabética por pouco mais de um ano, a compilação nominal feita por Joanna foi impressa somente até a letra G, deixando incompleta esta publicação em *O Jornal das Senhoras*. Porém, este fato não impediu que a obra contribuísse para dar visibilidade à atuação feminina nos diversos espaços públicos e privados, legitimando seu papel social, político e cultural.

Devido ao término de seu casamento com Francisco de Sá Noronha e pelo fim da ditadura na Argentina, Joanna retornou ao seu país de origem com suas duas filhas no final de 1853 e no início de 1854. Lá, ela publicou o periódico *Álbum de Señoritas* (1854),[35] mantendo os mesmos princípios femininos iniciados em *O Jornal das Senhoras*. Na Argentina ela "[...] tratou de ensinar inglês, francês e italiano, mas as classes particulares não lhe permitiram manter sua situação econômica e regressou ao Brasil".[36]

Ao regressar para o Rio de Janeiro, Joanna buscou estabilidade financeira atuando nos teatros da cidade. Em 1856, ela atuou como artista

---

34 *Ibidem*, n° 86, 21 ago. 1853, p. 04.

35 Cf. COROMINA, Irene Susana. "El Álbum de Señoritas y la emancipación de la mujer". *Dialogía*: revista de lingüística, literatura y cultura, ISSN 1819-365X, n° 3, 2008, p. 169-186.

36 Tradução livre: "[...] trató de enseñar inglés, francés e italiano pero las clases particulares no le permitieron llevar adelante su situación económica y regresó a Brasil". PAGLIARULO, Elisabetta. "Juana Paula Manso (1819-1875) Presencia femenina indiscutible en la educación y en la cultura argentina del siglo XX, con proyección americana". *Revista Historia de la Educación Latinoamericana*, vol. 13, n° 17, p. 17-42, Tunja Jul/dec. 2011, p. 28.

no teatro do Ginásio Dramático,[37] residindo na Rua dos Ciganos, nº 35. Já em 1857, ela foi uma das atrizes do Teatro São Pedro de Alcântara,[38] se mudando para a Rua Regente, nº 27.

As mudanças de teatros e endereços provavelmente foram ocasionadas pela tentativa de se estabilizar financeiramente. Ao tentar reorganizar sua vida, em 1858 ela voltou a trabalhar no Ginásio Dramático[39] e se mudou para a Rua do Lavradio, nº 9, permanecendo no teatro e no endereço até 1859,[40] ano em que ela retornou definitivamente à Argentina.

A atuação de Joanna no mundo das letras, das artes e da música, assim como Violante e Gervasia, também fez parte do cotidiano de outras mulheres no Rio de Janeiro ao longo de todo o século XIX.

Foi comum para as distintas senhoras da elite o aprendizado do coser e do bordar para desempenharem estas funções no espaço doméstico, cuidando da casa, do marido e dos filhos. Mas elas também aprenderam sobre modas, pintura, danças, letras e música para obterem bons casamentos, receberem civilizadamente as visitas e se portarem adequadamente nos teatros, bailes e demais espaços de sociabilidade.

A intensificação da vida comercial e a efervescência política no Rio de Janeiro, em meados do século XIX, levaram à promoção de eventos sociais maiores e mais complexos. Em tais eventos, assim como nas recepções formais de convidados, esperava-se que as mulheres de classe alta demonstrassem habilidades sociais adequadas e talentos que promovessem o nome da família – como entreter os convidados, conversar polidamente, tocar instrumentos, cantar

---

37 LAEMMERT, E; LARMMERT, H. *Op. cit.*, 1856, p. 327.
38 *Ibidem*, 1857, p. 340.
39 *Ibidem*, 1858, p. 355.
40 *Ibidem*, 1859, p. 380.

Páginas de sociabilidade feminina 155

de modo agradável, demonstrar maneiras refinadas, falar línguas.[41]

E para que estas mulheres aprendessem os ensinamentos voltados às atividades privadas e públicas, elas e suas famílias "[...] contavam com o concurso de preceptoras estrangeiras e/ou colégios femininos leigos e religiosos, cujo ensinamento via de regra se resumia às primeiras letras, francês, música, piano e prendas femininas".[42]

A jovem Aurélia Dias Rollemberg (1863-1952) registrou em suas cartas o "[...] ensino de música (piano) e língua estrangeira (francês)" que ela e sua irmã receberam da preceptora alemã Marie Lassius.[43] Enquanto isso, outras jovens eram enviadas aos colégios femininos para realizarem seus estudos.

Dentre os colégios particulares femininos existentes no Rio de Janeiro e na região, o *Almanak Laemmert* anunciou: trinta e oito para o ano de 1852;[44] quarenta e três para o ano de 1853;[45] quarenta e seis para o ano de 1854;[46] e quarenta e um para o ano de 1855.[47]

Estes números demonstram a demanda das famílias que buscavam nestes colégios a instrução necessária para que suas filhas desempenhassem corretamente as funções sociais e culturais que lhes eram destinadas: o cuidado com a casa, o marido e os filhos, a boa recepção dos convidados no âmbito privado, e a boa conduta nos espaços públicos.

Além das preceptoras e dos colégios femininos, o ensino também podia ser realizado por professores particulares. Os professores e as pro-

---

41 HAHNER, June E. *Op. cit.*, 2012, p. 54-55.

42 VEIGA, Cyntia Greive. *História da educação*. São Paulo: Ática, 2007, p. 191.

43 ALBUQUERQUE, Samuel. *Nas memórias de Aurélia*: cotidiano feminino no Rio de Janeiro do século XIX. São Cristovão: Editora UFS, 2015, p. 27.

44 LAEMMERT, E; LAEMMERT, H. *Op. cit.*, 1852, p. 340-343.

45 *Ibidem*, 1853, p. 348-351 / Suplemento, p. 142.

46 *Ibidem*, 1854, p. 347-351.

47 *Ibidem*, 1855, p. 381-385.

fessoras eram contratados(as) para complementarem ou reforçarem o conhecimento adquirido pelas preceptoras ou nos colégios femininos.

No caso de Aurélia Dias Rollemberg, "As aulas de piano foram reforçadas com a contratação de uma jovem professora particular (francesa e diplomada) que, por meio da preceptora Marie Lassius, aproximou-se da família".[48]

Assim, foram comuns os professores particulares de várias ciências, línguas, ginástica, desenho, pintura, bordado, dança e, em especial, de música instrumental e vocal, prestando seus serviços às famílias que podiam pagar.

Nos impressos periódicos, geralmente eram anunciados informações sobre o nome, o tipo de ensino que seria ministrado e o endereço para entrar em contato e formalizar o início, o local e o valor das aulas. No almanaque dos irmãos Laemmert foram publicadas as diversas categorias de ensinos prestados na cidade e na região fluminense.

Dividido por categorias – Várias línguas; Desenho, Pintura, Bordado, &c.; Várias Ciências; Ginástica e Esgrima; Dança; Música Instrumental e Vocal – os anúncios agrupavam os professores em ordem alfabética pelo nome, indicando em seguida o que ensinavam e o local onde poderiam ser encontrados.

Tabela 6
Anúncios de professores no *Almanak Administrativo, Mercantil e Industrial do Rio de Janeiro* **(1852-1855)**

Professores / Ano	1852	1853	1854	1855
Várias línguas	29	30	37	39
Desenho, Pintura, Bordado, &c.	18	23	21	18
Várias Ciências	21	17	17	18
Ginástica e Esgrima	3	3	4	4
Dança	9	10	10	6
Música Instrumental e Vocal	57	61	57	50

Fonte: *Almanak Administrativo, Mercantil e Industrial do Rio de Janeiro* (1852-1855)

---

48   ALBUQUERQUE, S. *Op. cit.*, 2015, p. 97.

Dentre os professores de várias línguas, os anúncios indicavam o ensino do idioma francês, inglês, italiano, português, castelhano, latim e alemão. E no caso dos professores de várias ciências, constatamos anúncios voltados ao ensino das primeiras letras, história, geografia, aritmética, caligrafia, matemática, filosofia moral e racional, botânica, zoologia e trabalhos de agulha e de tesoura.

Porém, apesar de não especificarem nos anúncios, certas matérias geralmente eram destinadas a gêneros específicos: enquanto os meninos estudavam aritmética e matemática, as meninas aprendiam os trabalhos de agulha e de tesoura.

Ao compararmos o número de anúncios publicados pelo *Almanak Laemmert* nos quatro anos pesquisados (1852-1855) percebemos um aumento mínimo no número de professores de ginástica e esgrima, e um crescimento significativo no ensino de várias línguas. Enquanto isso, as outras categorias de ensino oscilaram no mesmo período.

Estas oscilações e aumentos podiam estar relacionados a vários fatores: falta de dinheiro para publicar um anúncio no periódico; anunciar em outro impresso; mudança de profissão; morte ou doença; a falta de tempo para novos alunos; ou mudança de cidade/país.

O falecimento do professor Sr. Tornaghi foi digno de ser impresso em *O Jornal das Senhoras*:

> Ao retirar-se do Rio de Janeiro, o Sr. Tornaghi, de junto de nós o antigo professor de música, tão amestrado em sua arte, tão prudente, tão delicado e urbano para com todas as suas discípulas, render-lhe este pequeno sinal de gratidão pouco é aos cuidados que soube aplicar em favor do nosso aperfeiçoamento na música de piano e canto. Nossos corações agradecidos mais lhe desejam: que o Sr. Tornaghi chegue ao seu destino felizmente, que o Céu vele na sua propriedade, na de sua querida família, e que

um venturoso porvir engrinalde a sua prezada existência. Eis o que pedem a Deus.[49]

E se a morte do músico influenciou no número de anúncios sobre o ensino vocal e instrumental, a chegada de novos professores também alteraram este quadro.

O professor de piano e canto Giacomo Arnaud foi um dos músicos estrangeiros que se mudou para o Rio de Janeiro neste período. Atuando como professor de piano e canto, ele anunciou seus serviços no *Almanak Laemmert*, em 1855, influenciando no número de professores, impressos nos anos seguintes.

Além disso, ele atou em alguns espaços de sociabilidade pela cidade. No aniversário de S. M. a Imperatriz, em 14 de março de 1855, ele cantou no terceiro ato um dueto com o Sr. Mageroti no teatro lírico.[50] Em abril, ele participou do baile da sociedade Vestal, acompanhando o cantor Ferranti.[51] E na noite de 29 de maio, ele deu um concerto vocal e instrumental no salão do teatro lírico, sendo honrado pelas ilustres presenças reais.[52]

Este fato demonstrou a circulação de alguns musicistas que se mudavam para outras cidades, províncias e países em busca de aprendizado, ensino, (re)conhecimento e prestígio.

Enquanto o músico Arnaud veio para o Rio de Janeiro, o músico Henrique Alves de Mesquita (1830-1906) se deslocou para a França em busca de conhecimento e prestígio. Ao receber uma bolsa do Imperial Conservatório, ele "[...] partiu para Europa em 1857, estudou no Conservatório de Paris, onde foi aluno do compositor François Bazin (1816-1878)".[53]

---

49 *O Jornal das Senhoras. Op. cit.*, 71, 08 mai. 1853, p. 09.

50 *Ibidem*, n° 169, 25 mar. 1855, p. 08-09.

51 *Ibidem*, n° 173, 22 abr. 1855, p. 09.

52 *Ibidem*, n° 180, 10 jun. 1855, p. 07-08.

53 CARVALHO, Dalila Vasconcellos de. *O gênero da música: A construção social da vocação*. São Paulo: Alameda, 2012, p. 34.

Páginas de sociabilidade feminina 159

E apesar de ter perdido a bolsa por problemas pessoais, "Ao retornar ao Brasil em 1866, Henrique tornou-se um famoso compositor de operetas", "diretor da orquestra do Teatro Fenix Dramática", "organista da igreja de São Pedro" e "[...] em 1872, foi nomeado professor de harmonia e solfejo do Imperial Conservatório".[54]

Antes de sair do Brasil, Henrique Alves de Mesquita já era conhecido por suas composições anunciadas nas páginas do *O Jornal das Senhoras*. Dentre elas, Mesquita compôs uma modinha, cuja poesia era de autoria do Sr. Santos Neves, esposo da redatora Gervasia, demonstrando a relação social existente entre músicos, poetas e redatores.[55]

Assim como o poeta Antonio Neves teve certas poesias impressas em *O Jornal das Senhoras* e outras musicadas, seu amigo, o poeta Sr. Innocencio Rego, também contou com algumas de suas letras, impressas nas páginas do periódico, enquanto outras foram melodiadas. A poesia *A Flor da Sepultura*, impressa em *O Jornal das Senhoras*,[56] foi musicada pelo Sr. Dionizio Veja,[57] "[...] mestre da Companhia Lírica Italiana do Teatro de S. Pedro de Alcântara, professor da Capela se S. M. I., e Diretor de Música, [que] dá lições de piano e canto, [na] R. do Conde, 35".[58]

Além do Sr. Santos Neves e Innocencio Rego, o poeta Salomon também teve algumas de suas poesias impressas em *O Jornal das Senhoras* e outras melodiadas. A letra *Lundum das Beatas* foi musicada por José da Silva Ramos e impressa como partitura musical, acompanhando o periódico.[59]

Com isso, percebemos que a relação social entre poetas, músicos e redatores possibilitou o estabelecimento de algumas redes de solidariedade e colaboração entre estes agentes culturais.

---

54 *Ibidem.*

55 *O Jornal das Senhoras. Op. cit.*, n° 142, 17 set. 1854, p. 08.

56 *Ibidem*, n° 120, 16 abr. 1854, p. 05.

57 *Ibidem*, n° 142, 17 set. 1854, p. 09.

58 LAEMMERT, E; LAEMMERT, H. *Op. cit.*, 1852, p. 371 [acréscimo nosso].

59 *O jornal das Senhoras. Op. cit.*, n° 25, 20 jun. 1852, p. 05-06.

Enquanto os poetas criavam poesias e os cantores e instrumentistas musicavam estas letras, os redatores anunciavam e publicavam em seus periódicos as músicas em forma de partitura. Deste modo, os poetas e músicos ganhavam visibilidade com suas criações e composições impressas, e os redatores mantinham a circulação e a assinatura de seus periódicos. Esta estratégia garantiu aos poetas e músicos uma visibilidade perante os leitores dos impressos periódicos, bem como um meio para atuarem em diversos locais de sociabilidade.

Os músicos que se dedicaram ao ensino prático vocal, instrumental e/ou teórico tiveram seu meio de trabalho ampliado ao atuarem nos espaços de sociabilidade e também nas residências e colégios onde ensinavam. No caso dos anúncios de professores de música, identificamos profissionais que ensinaram canto e instrumentos como violão, rabeca, flauta, contrabaixo, harpa, órgão, clarineta, violoncelo e guitarra. Também apareceram anúncios no ensino de composição, solfejo ou simplesmente música, e outros sobre mestres ou diretores de música ou de orquestras, estabelecendo distinções hierárquicas entre estes profissionais.

O fato de Antonio Tornaghi ser ex-discípulo do Imperial e Real Conservatório de Milão, Antonio Gonçalves de Castro Maria ser mestre de música dos Imperiais Marinheiros, do 6.º Batalhão da Guarda Nacional da Corte, ou da Madame Félice Smith ter sido aluna do Conservatório de Paris, provavelmente lhes renderam um grau de visibilidade diferenciado perante os demais professores de música.

Ao anunciarem suas experiências internacionais e/ou em instituições públicas, estes professores também se distinguiam dos demais profissionais da música no valor cobrado por este ensino.[60] Enquanto "Uma senhora francesa dá lições de piano, canto e francês por 20$ mensais",[61] a brasileira D. Leopoldina de Souza cobrava

---

60 LAEMMERT, E; LAEMMERT, H. *Op. cit.*, 1853, p. 382-383.
61 *Jornal do Commercio. Op. cit.*, ano 57, n° 16, 16 jan. 1878, p. 06.

mil réis pelo ensino do piano.[62] Mas as diferenças no valor cobrado pelo ensino musical não se limitavam ao grau de origem do professor, ao instrumento ensinado ou à instituição à qual se ensinava. Estas diferenças também podiam ser constatadas nas relações de gênero.

O brasileiro Izidoro Antonio Terra, professor de qualquer instrumento, cobrava "[…] uma jóia de vinte mil réis no ato de inscrever-se, e cinco mil réis por cada dez lições por mês; lições avulsas dois mil réis cada uma",[63] ou seja, valor superior ao cobrado pela brasileira D. Leopoldina de Souza.

Como sairia econômico para os alunos optarem pelo conjunto de dez aulas oferecidas pelo professor Izidoro, ao invés de pagarem as lições avulsas, esta estratégia geralmente garantia ao profissional uma quantidade de alunos fixos em determinados períodos.

Outra estratégia que melhorava a visibilidade e aumentava o número de alunos, era anunciar o ensino musical em outros impressos. Enquanto o *Jornal do Commercio* anunciou que a professora "Anna Rosa dos Santos regresso a esta corte, e continua a dar lições em colégios como em casas particulares, e também ensina nos subúrbios",[64] o *Almanak Laemmert* anunciou apenas seu nome e seu endereço para contato.[65]

O professor de piano Frederico Lipe também anunciou em ambos os periódicos sua atividade profissional, a fim de aumentar sua visibilidade e, consequentemente, o número de alunos.

Apesar de alguns professores de música não anunciarem o tipo de ensino que ministraram, eles acabaram aparecendo nos comentários e acontecimentos cotidianos impressos nos periódicos cariocas.

Em *O Jornal das Senhoras*, além de Francisco de Sá Noronha, esposo da redatora Joanna, também apareceram os professores Sr. Arnaud,[66]

---

62   LAEMMERT, E; LAEMMERT, H. *Op. cit.*, 1865, p. 482.

63   *Ibidem*, 1874, p. 596.

64   *Jornal do Commercio. Op. cit.*, ano 34, nº 02, 02 jan. 1859, p. 03.

65   LAEMMERT, E; LAEMMERT, H. *Op. cit.*, 1859, p. 519.

66   *O Jornal das Senhoras. Op. cit.*, nº 180, 10 jan. 1855, p. 07.

Sr. Antonio Xavier da Cruz Lima,[67] Sr. Scaramella,[68] Sr. Antonio Luiz de Moura,[69] Sr. Bento Fernandes das Mercês,[70] Sr. D. Francisco,[71] Sr. Bevilacqua,[72] Sr. Leoni,[73] Francisca Pinheiro de Aguiar,[74] Madame de Mattos,[75] Antonio Geraldo Horta[76] e Joseph Fachinetti.

Enquanto Francisco de Sá Noronha teve oito partituras impressas em *O Jornal das Senhoras*, Joseph Fachinetti teve quatro peças inseridas - *As lagrimas da saudade*; *Flor mimosa do Brazil*; *Aos felizes annos*; *Amei huma virgem de faces de neve-*,[77] demonstrando sua importância para as redatoras, colaboradoras e leitoras do periódico.

De origem italiana, este músico e professor ganhou a atenção das senhoras brasileiras, não apenas por possuir uma bagagem cultural europeia, mas também pela maneira como ele atuou no ensino musical feminino:

> Sendo este professor dedicado às senhoras, parece-me ser próprio para dar notícia, de uma jovem pernambucana, surda e muda de nascimento, que toca piano forte, executado com perfeição e compasso mais de oitenta peças de música dos melhores autores: esta interessante jovem tem dezoito anos de idade, e é filha do Sr. José Pires de Moraes, negociante da praça

67 *Ibidem*, n° 167, 11 mar. 1855, p. 09.
68 *Ibidem*, n° 163, 11 fev. 1855, p. 09.
69 *Ibidem*.
70 *Ibidem*, n° 159, 14 jan. 1855, p. 09.
71 *Ibidem*, n° 156, 24 dez. 1854, p. 02.
72 *Ibidem*, n° 152, 26 nov. 1854, p. 07.
73 *Ibidem*, n° 142, 17 set. 1854, p. 08.
74 *Ibidem*, n° 127, 04 jun. 1854, p. 07.
75 *Ibidem*, n° 125, 21 mai. 1854, p. 08.
76 *Ibidem*, n° 123, 07 mai. 1854, p. 09.
77 *Ibidem*, n° 35, 29 ago. 1852, p. 05-06; N° 63, 13 mar. 1853, p. 05-07; N° 160, 21 jan. 1855, p. 05-06; N° 165, 25 fev. 1855, p. 05-06.

da Cidade do Recife. Principiou a aprender música há dois anos com o bem conhecido professor italiano, o Sr. Joseph Fachinetti.[78]

O método de ensino do distinto professor, assim como sua origem italiana provavelmente foram algumas das características que garantiram ao músico a inserção de suas partituras em *O Jornal das Senhoras* e informações a seu respeito impressas no periódico.

Assim como o professor Sr. Joseph Fachinetti ensinou a prática do piano a jovem pernambucana, e a pianista francesa ministrou aulas de piano para a jovem Aurélia Dias Rollemberg, vários professores ensinaram este instrumento a outras meninas e senhoras na corte e na região fluminense.

Não foi por acaso que Joanna Paula Manso de Noronha caracterizou o Rio de Janeiro como a "cidade dos pianos", posteriormente citada por Manuel Araújo Porto-Alegre, uma vez que a demanda por este instrumento e por seu ensino cresceu ao longo do século XIX.

Tal demanda também pode ser constatada no número de anúncios de professores de piano, em comparação com outros instrumentos que também circularam no Rio de Janeiro no mesmo período.

No *Almanak Laemmert*, entre 1852 a 1855, se percebe a grande quantidade de professores que ensinavam o piano e em segundo lugar o canto. A rabeca, o violão, a flauta, o violoncelo, o contrabaixo, a clarineta, o oficleide, o órgão, a guitarra e a harpa foram instrumentos que também circularam pela cidade, compondo a paisagem carioca.

E ainda que nem todos os instrumentos tenham sido mencionados nas páginas do *O Jornal das Senhoras*, como o oficleide, o contrabaixo ou a guitarra, possivelmente eles foram utilizados nos mesmos espaços frequentados pelas senhoras que escreviam e liam o periódico.

---

78 *Ibidem*, n° 13, 28 mar. 1852, p. 10.

Tabela 7
Quantidade de anúncios de professores de canto e instrumentos do *Almanak Administrativo, Mercantil e Industrial do Rio de Janeiro* (1852-1855)

INSTRUMENTO/ANO	1852	1853	1854	1855
Piano	42	47	44	37
Canto	37	36	36	33
Violão	03	02	01	02
Música	03	03	03	03
Rabeca	02	02	02	02
Vários	-	-	01	-
Flauta	07	05	03	04
Violoncelo	01	01	01	-
Contrabaixo	01	02	01	-
Clarineta	01	01	-	-
Oficleide	01	01	-	-
Órgão	01	01	01	02
Guitarra	-	-	-	01
Harpa	-	-	-	01
Indefinido	07	07	08	07

Fonte: *Almanak Administrativo, Mercantil e Industrial do Rio de Janeiro* (1852-1855)

Os anúncios indefinidos podiam ser remetidos ao ensino de vários instrumentos, porém mencioná-los no *Almanak Laemmert* acarretaria na utilização de outras linhas do periódico e, consequentemente, em um custo maior pelo anúncio.

Interessante pontuar que o conhecimento musical e de instrumentos nacionais e internacionais também foi publicado em textos e artigos no periódico de Joanna, Violante e Gervasia. Enquanto alguns instrumentos musicais executados no Brasil eram pontuados ou sinalizados nas crônicas semanais, de quinzena, teatral, dos salões ou no boletim musical, as redatoras também publicaram um pequeno texto pontuando alguns instrumentos musicais que compunham "a orquestra nacional dos Russos".[79] Dentre os instrumentos utilizados no Brasil, a harpa ganhou destaque nas páginas do *O Jornal das Senhoras* por ser considerado "[...] o instrumento dos anjos".[80]

No caso do fagote, violino, pistão, trombone, trompa, cítara e saxofone, eles apareceram em outros períodos nos anúncios do *Almanak Laemmert*. Já os tambores, atabaques e pandeiros não tiveram nenhum tipo de anúncio neste periódico, nem foram registrados pelo *O Jornal das Senhoras*.

Como os tambores, atabaques e pandeiros – de origem africana – dificilmente eram executados em óperas, teatros ou praticados nas residências das famílias ricas neste período, seu ensino foi pouco difundido para este grupo social. Estes instrumentos geralmente eram praticados por escravos ou pelas camadas populares do Rio de Janeiro. E tais práticas musicais, quando anunciadas nas páginas do *O Jornal das Senhoras*, sinalizavam críticas e incômodos pelos ruídos provocados por estes instrumentos.

Na tentativa de escrever o artigo de *Modas* para o periódico, a escritora comentou sobre as dores de cabeça causadas

> [...] desde que o meu vizinho, que é do batalhão dos estropiados, comprou um preto barbeiro com seus princípios de rabequista, para alegrá-lo nas horas de descanso e atormentar a vizinhança que não partilha do seu bom gosto. Já me lembrei de fazer a minha criada aprender a tocar zabumba às mesmas horas, a ver que tal vai o concerto a duo aos ouvidos musicais do bom do homem. Se achar uma zabumba em segunda mão é muito possível que ponha em prática o meu plano.[81]

---

79 *Ibidem*, n° 177, 20 mai. 1855, p. 08.
80 *Ibidem*, n° 128, 11 jun. 1854, p. 06.
81 *Ibidem*, n° 21, 23 mai. 1852, p. 01 [grifos da autora].

Percebe-se nesta descrição que o *bom gosto* do vizinho não era o mesmo da escritora e da vizinhança, indicando que a prática musical feita pelo escravo não era bem executada, mas também não era apreciada. E na tentativa de atormentar o vizinho, a escritora destacou que iria colocar sua criada para tocar a zabumba, buscando equiparar a prática musical produzida pelos escravos e demonstrar o incômodo que tal prática provocava.

Neste sentido, compreende-se a falta de anúncios destes instrumentos, uma vez que eles eram ensinados e praticados por escravos e por uma camada social pouco letrada ou analfabeta:

> Um bom exemplo disso é a *vielle à roue* ou viola de roda; um instrumento considerado pelas elites italianas do século XVI como um "strumento di porco", porque era um dos mais utilizados pelos cegos e pedintes. Um outro exemplo no sentido oposto é o do cravo; surgido em fins do século XVI a partir das transformações do virginal e do clavicórdio, representou muito bem a aristocracia barroca; na sucessão o piano seria um símbolo da burguesia que começa a se fortalecer em fins do século XVIII.[82]

Enquanto alguns instrumentos adquiriram um caráter social destinado às classes pobres e pouco letradas, o piano adquiriu um prestígio elevado ao substituir "[...] as antigas violas no acompanhamento das modinhas, tornando-se presença obrigatória nas festas de família e na educação das moças".[83]

Assim, o ensino feminino do piano e do canto poderia ser realizado por professores, mas também por professoras. Madame Alexandrina Chomet, D. Anna Augusta Diepen, A filha do insigne professor Luiz José Nunes, Madame Brillani, Madame Bevilacqua, Josefa Leopoldina

---

82   MONTEIRO, Maurício. *Op. cit.*, 2008, p. 85-86 [grifos do autor].

83   MAMMI, Lorenzo. *Carlos Gomes.* 1ª ed. São Paulo: Publifolha, 2001, p. 19.

dos Reis, D. Nina Rosa Termacsics de Santo, Madame Félice Smith, D. Francisca Pinheiro de Aguiar, Madame Guilmette, Madame Laure, Madame L. Perrot, D. Maria da Conceição Mascarenhas Leitão, Madame Roechling e Uma Senhora Alemã foram algumas das senhoras que anunciaram o ensino de piano e/ou canto no *Almanak Laemmert*. D. Francisca Pinheiro de Aguiar foi uma exceção entre as demais professoras. Além de ensinar canto, ela também ensinou a flauta, instrumento pouco praticado pelas mulheres no Rio de Janeiro. Esta brasileira, de origem mineira, compôs a valsa *Os Poetas Brasileiros*, tocada pelo 1º batalhão de fuzileiros, dirigida por Sr. Santos, no baile dos militares[84] e executada em grande orquestra no teatro de São Pedro de Alcântara.[85] E compôs a valsa *A Flor da Esperança*, oferecida ao poeta Sr. Innocencio Rego,[86] além de outras composições impressas e vendidas nas casas de música existentes pela cidade.

Para as redatoras do *O Jornal das Senhoras* "Esta senhora, conhecida pelo seu talento musical, há por mais de uma vez demonstrado todo o gosto da arte nas suas diferentes composições".[87] Provavelmente o aprendizado musical adquirido na Europa rendeu à professora Francisca Pinheiro de Aguiar o talento necessário para ser bem quista e aceita como mestre de canto e flauta.

Já a filha do professor Luiz José Nunes, a filha do músico José Joaquim dos Reis, Josefa Leopoldina dos Reis,[88] a senhora Bevilacqua, casada com o professor Sr. Bevilacqua, e a senhora Guilmette, esposa do músico Sr. Guilmette, foram mulheres que fizeram parte de uma rede familiar ligada ao ensino musical, assim como a rede familiar ligada ao trabalho com impressos periódicos.

---

84   *O Jornal das Senhoras*. *Op. cit.*, 125, 21 mai. 1854, p. 08

85   *Ibidem*, n° 137, 13 ago. 1854, p. 08.

86   *Ibidem*, n° 134, 23 jul. 1854, p. 08.

87   *Ibidem*, n° 125, 21 mai. 1854, p. 08.

88   *Jornal do Commercio*. *Op. cit.*, ano 15, n° 9, 11 jan. 1849, p. 04.

A família Bevilacqua ganhou destaque na atividade musical ao atuarem como professores, musicistas e também comerciantes de música. No baile da Recreação Pilarense "[...] cantou divinamente uma das estimáveis filhas do Sr. Dr. Serqueira, acompanhada ao piano pelo Sr. Bevilacqua".[89] Isidoro Bevilacqua foi "[...] um genovês que chegou ao Rio de Janeiro no dia 11 de julho de 1839"[90] e estabeleceu com sua família uma das maiores editoras de música no Rio de Janeiro:

> Assim que chegou ao Brasil, o genovês estabeleceu-se como professor de música, conquistando rapidamente grande prestígio, alcançando inclusive o cargo de professor de Suas Altezas Imperiais d. Izabel e d. Leopoldina. Isidoro também tratou logo de abrir seu armazém de pianos e músicas, no dia 7 de setembro de 1846. A loja ficava situada na rua dos Ourives n° 53, onde permaneceu por longos anos. A julgar pela rapidez com que montou seu negócio, é bem provável que Isidoro já tivesse bons contatos com empresas exportadoras de instrumentos e música impressa na Europa.[91]

A relação de Isidoro com empresas exportadoras de instrumentos e música impressa na Europa proporcionou a este músico comerciante a fixação e expansão de sua loja, obtendo filiais em São Paulo e Juiz de Fora.[92]

Além dele, outros músicos comerciantes estabeleceram lojas de música na cidade a fim de atenderem ao aumento na demanda deste tipo

---

89   O Jornal das Senhoras. Op. cit., n° 152, 26 nov. 1854, p. 07.

90   LEME, Monica Neves. Isidoro Bevilacqua e Filhos: radiografia de uma empresa de edição musical no longo século XIX. In: LOPES, Antonio Herculano et. al. (Orgs.). Música e história no longo século XIX. Rio de Janeiro: Fundação Casa de Rui Barbosa, 2011, p. 117.

91   Ibidem, p. 118.

92   Ibidem, p. 117.

Páginas de sociabilidade feminina   169

de comércio e mercadoria. Os anúncios em periódicos confirmaram as diversas lojas fixadas no Rio de Janeiro.

Pedro José Gomes Braga tinha um depósito de instrumentos musicais na Rua de São Pedro, n° 116. Domenico Filippone vendia música impressa em sua casa, na Rua dos Latoeiros, n° 59. Pedro Laforge também vendia música impressa em sua casa, na Rua dos Ourives, n° 60, depois sucedido por Leopoldo Luiz de Salmon.[93] Frederico Rohicke tinha "[...] sempre um lindo sortimento de Pianos, na Rua de São Pedro, n° 244". No estabelecimento de Raphael Coelho Machado (1814-1887) havia "[...] sempre um rico sortimento de música, pianos de mesa e de gabinete", na Rua dos Ourives, n° 43. "Manoel Ferreira d'Esmoris tem um grande sortimento de todos os instrumentos de música, tanto de sopro, como de cordas, que são necessários para formar qualquer banda ou orquestra", na Rua do Ouvidor, n° 116. Além deles, outros comerciantes se estabeleceram pela cidade em busca de atender o consumo de partituras e instrumentos que crescia constantemente.[94]

Esta demanda musical proporcionou o aumento no número de professores, afinadores e consertadores,[95] alugadores de instrumentos,[96] fábricas de pianos,[97] copistas de música,[98] depósitos e lojas de instrumentos musicais,[99] capelães cantores, músicos e instrumentistas da Capela

---

93 LEME, Mônica Neves. *Op. cit.*, 2006, p. 189.

94 LAEMMERT, E; LAEMMERT, H. *Op. cit.*, 1852, p. 450; LEME, M. N. *Op. cit.*, 2006, p. 158-222.

95 *Ibidem*, 1852, p. 372; 1853, p. 384; 1854, p. 385; 1855, pp. 421-422.

96 *Ibidem*, 1852, p. 475; 1853, p. 495; 1854, p. 508; 1855, p. 562.

97 *Ibidem*, 1852, p. 500; 1853, p. 525; 1854, p. 536; 1855, p. 594.

98 *Ibidem*, 1852, p. 487; 1853, p. 508; 1854, p. 521; 1855, p. 578.

99 *Ibidem*, 1852, pp. 447-450; 1853, pp. 466- 469; 1854, pp. 474-478; 1855, pp. 524-528.

Imperial,[100] violeiros,[101] informações sobre os conservatórios musicais[102] e sobre as sociedades musicais.[103]

Apesar de este variado comércio atender aos diversos tipos de instrumentos musicais existentes no Rio de Janeiro, a maioria destinava sua atenção ao piano, o que lhe conferiu um grau de "mercadoria-fetiche", afinal nesta cidade "Desenvolve-se um importante mercado para esse instrumento".[104]

Conforme afirmou Samuel Albuquerque, "De fato, as elites brasileiras nutriam verdadeira fixação pelo piano, o que elevou, sobremaneira, a comercialização desse 'objeto de luxo', bem como a demanda por professores de música, afinadores e restauradores".[105]

Ele foi considerado um objeto de luxo, pois "O piano traz consigo um fragmento prestigioso de Europa, constituindo-se nesse misto de metonímia de civilização moderna e ornamento do lar senhorial, onde entretém as moças confinadas ao espaço da casa".[106]

A prática deste instrumento pelas mulheres estava relacionada a certas convenções sociais e culturais:

> A concepção e a evolução das formas musicais, dos instrumentos, das diferentes estéticas, enfim, todo o progresso da arte musical, bem como de quase todos os ramos do conhecimento, durante séculos,

---

100 *Ibidem*, 1852, pp. 125-127; 1853, pp. 114-115; 1854, pp. 116-117; 1855, pp. 136-137.

101 *Ibidem*, 1852, p. 534; 1853, p. 559; 1854, p. 569; 1855, p. 634.

102 *Ibidem*, 1852, pp. 267-268/309; 1853, pp. 285-286/324; 1854, pp. 342-343; 1855, pp. 305-308.

103 *Ibidem*, 1852, pp. 309-310; 1853, pp. 325/327; 1854, pp. 325-327; 1855, pp. 350/352-353.

104 ALENCASTRO, Luis Felipe. Vida privada e ordem privada no Império. In: NOVAIS, Fernando de A. (Org.). *História da vida privada no Brasil. Império: a corte e a modernidade nacional.* Vol. 2. São Paulo: Companhia das Letras, 1997, p. 46-47.

105 ALBUQUERQUE, Samuel. *Op. cit.*, 2015, p. 28.

106 WISNIK, José Miguel. *Op. cit.*, 2008, p. 42

foi promovido por homens, resultado do contexto
vigente em sociedades patriarcais, o qual lhes reservou poder e conhecimento.[107]

Ao elencar alguns fatores sociais e psicobiológicos, resultantes de uma sociedade patriarcal, Sérgio Bittencourt-Sampaio demonstrou o processo de desqualificação de mulheres em atividades ligadas às artes, literatura, ciência, e demais áreas do conhecimento. No caso da música, ele destacou que a atuação feminina geralmente "[...] se volta para o estudo do canto ou de algum instrumento, mas não para o ato de compor",[108] devido sua situação comumente reservada ao espaço doméstico e de imaturidade intelectual.

Dentre os instrumentos, "Às moças o piano convinha mais do que qualquer instrumento, visto que elas podiam tocar sentadas, com as pernas fechadas e sem fazer grandes movimentos – além de não ficarem de frente para o público fazendo trejeitos faciais ou corporais".[109]

Neste sentido, é possível perceber que o ensino do piano era adequado às mulheres, por ser um instrumento de execução "discreta". Além de ele oferecer recursos de técnica e expressão,[110] a posse e a prática deste objeto conferiram às senhoras e às suas famílias um melhor grau social, uma vez que seu alto custo limitou a sua aquisição por parte das camadas populares. Por isso, "O piano trouxe uma nova simbologia na organização social, tornou-se aos poucos a representação de grupos sociais mais abastados, pré-burgueses e burgueses".[111]

E mesmo que a prática do piano tenha sido submetida a convenções sociais e culturais, a fim de evitar a atenção do público ao corpo feminino,

---

107 BITTENCOURT-SAMPAIO, Sérgio. *Op. cit.*, 2012. p 210.

108 *Ibidem*, p. 206.

109 SILVA, Eliana Maria de Almeida Monteiro da. *Clara Schumann: Compositora X Mulher de compositor*. Dissertação de mestrado. São Paulo: USP, 2008, p. 74.

110 MONTEIRO, Maurício. *Op. cit.*, 2008, p. 281.

111 *Ibidem*, p. 282.

seu aprendizado lhe rendeu uma melhor posição cultural, contribuindo com a emancipação moral, o melhoramento social e a equiparação sexual.

Cristina Magaldi destacou que os instrumentos brasileiros – zabumba, pratos, triângulos, pandeiros e violas -, e instrumentos europeus – harpas, acordeões e guitarras - também circularam e eram vendidos no país em meados do século XIX, "Mas nenhum instrumento encarnou um profundo senso de modernidade urbana europeia e avanço tecnológico como fez o piano".[112]

E ainda que algumas mulheres executassem outros instrumentos, como a professora de canto e flauta D. Francisco Pinheiro de Aguiar, a prática do canto e do piano foi aceita, aprendida e executada pelas mulheres no Rio de Janeiro.

Neste sentido, é possível perceber o prestígio social que o piano ganhou ao longo da primeira metade do século XIX em relação aos outros instrumentos existentes no Brasil. As harpas, flautas, violões e instrumentos de percussão continuaram dando o som da paisagem sonora carioca, e seus executores - homens, mulheres, brasileiros e estrangeiros – deram o tom melódico e harmônico das músicas ouvidas, dançadas, cantadas e sentidas neste cenário.

Ao imprimirem informações sobre o professor de piano Joseph Fachinetti, assuntos sobre a prática deste instrumento por senhoras em associações e clubes recreativos e inserirem partituras de canto e execução de piano, as redatoras do *O Jornal das Senhoras* legitimaram a prática deste instrumento, e assim, moldaram o gosto de suas leitoras, e um cenário musical carioca impresso nas páginas deste periódico.

---

112 Versão original: "But no instrument embodied such a deep sense of urbane European modernity and technological advancement as did the piano". MAGALDI, Cristina. *Music in imperial Rio de Janeiro: European culture in a tropical milieu*. Maryland: Scarecrow Press, Inc., 2004, p. 09.

3.2 A música nos espaços de sociabilidade frequentados

Com a vinda da família real em 1808, e de uma grande quantidade de pessoas - em especial de músicos -, a cidade do Rio de Janeiro foi crescendo, se transformado e se adaptando aos costumes trazidos pelos novos habitantes. Adeptos de uma intensa atividade cultural europeia, "[...] ocorreu um extraordinário aumento na demanda de música em função do número de portugueses que chegaram no Brasil, interessados em manter o mesmo nível de prática musical a que estavam acostumados em Lisboa".[113]

Neste sentido, "[...] os espaços, os frequentadores e as ocasiões das audiências multiplicaram-se e novas instituições foram criadas para suprir a demanda de música cortesã, passando aos poucos a fazer parte da vida cotidiana do carioca".[114]

Conforme afirmou Luís Antônio Giron, "No início dos anos 50 do século XIX, as instituições artísticas já se encontraram criadas: conservatório, sociedades filarmônicas, publicações, casas de ópera, jornais com cobertura dos espetáculos".[115]

Enquanto o Conservatório Dramático Brasileiro foi "[...] encarregado da suprema censura dos teatros da corte",[116] o Conservatório de Música tinha "[...] por fim promover a cultura da arte, e exercer uma beneficência recíproca entre os Artistas associados, e por morte deste as suas famílias".[117] Porém, nestes espaços o acesso feminino ainda não era bem visto. No caso do ensino musical, "[...] a aula particular era o modo predominante de

---

113 CASTAGNA, Paulo. Música na América portuguesa. In: MORAES, José Geraldo Vinci de; SALIBA, Elias Thomé (Orgs.). *História e música no Brasil*. São Paulo: Alameda, 2010, p. 40.

114 MONTEIRO, Maurício. *Op. cit.*, 2008, p. 291.

115 GIRON, Luís Antônio. *Op. cit.*, 2004, p. 158.

116 LAEMMERT, E; LAEMMERT, H. *Op. cit.*, 1854, p. 343.

117 *Ibidem*, 1854, p. 326.

aprender piano, já que neste período as mulheres não podiam frequentar os cursos do Liceu de Artes e Ofícios e das associações musicais".[118]

Apesar de as mulheres não poderem frequentar estes espaços, elas tiveram acesso às sociedades filarmônicas e casas de ópera, às igrejas e festas religiosas, ao Passeio Público, aos bailes e reuniões promovidos em associações, e em residências. Nestes espaços de sociabilidade a música podia ser ouvida, dançada e/ou executada por estas senhoras.

A folia de reis, manifestação cultural associada à Igreja Católica, foi presenciada pelas senhoras que relataram esta festividade nas páginas do *O Jornal das Senhoras*. Esta manifestação ainda era desconhecida da redatora Joanna em 1852, que "[...] julgava que isto de cantar os reis, era um passeio romântico, em que com passo mesurado se gozava do belo luar, da música, do golpe de vista sem igual da nossa baía".[119] Porém, ela percebeu que esta festa era movimentada, necessitando se deslocar em algumas residências para rememorar a atitude dos três reis magos em busca do menino Jesus. E a presença de seu marido, Francisco de Sá Noronha, na execução musical possivelmente influenciou sua participação nesta festa.

Em 1854, a colaboradora Viscondessa da... escreveu um artigo, impresso no periódico feminino, relatando a possível origem da folia de reis e como esta manifestação se dava em alguns países e no Brasil,[120] demonstrando que esta festa também compôs o cenário musical carioca destas mulheres, ainda que elas presenciassem esta prática como ouvintes.

Nas demais festas religiosas e no Passeio Público, geralmente uma orquestra realizava a execução musical, enquanto as mulheres podiam participar cantando. E dentre os eventos religiosos, "[...] houve na sexta-feira boa música na festa que se celebrou na igreja da Candelária, em cujo *Te-Deum* cantaram algumas senhoras, cujos talentos tem já brilhado na sociedade *Phil-Euterpe*".[121]

---

118 CARVALHO, Dalila Vasconcelos de. *Op. cit.*, 2012, p. 39.
119 *O Jornal das Senhoras. Op. cit.*, n° 03, 18 jan. 1852, p. 03-04.
120 *Ibidem*, n° 106, 08 jan. 1854, p. 04-05.
121 *Ibidem*, n° 119, 09 abr. 1854, p. 08 [grifos da autora].

Assim como nas festividades religiosas, a música executada no Passeio Público era realizada a céu aberto, cujo clima podia influenciar na quantidade de pessoas nestes locais:

> No domino passado, transformou-se de tal modo o tempo, que não foi possível comparecer a música que costuma executar algumas peças no Passeio Público, para divertir as pessoas que aí concorrem; e muito pouca foi a afluência dessa tarde em que a chuva impediu os passeios.[122]

Assim como a chuva, o calor dentro dos teatros também foi relatado nas páginas do *O Jornal das Senhoras*, influenciando a frequência de suas leitoras. Porém, mesmo com as adversidades causadas pela natureza ou pelo homem, as escritoras do periódico não deixaram de acessar estes espaços, em busca de relatarem o que viram, ouviram e sentiram, moldando assim um cenário musical carioca.

A noção de cenário musical carioca provém do conceito de cena musical, entendido como "[...] aquele espaço em que uma gama de práticas musicais coexistem, interagindo uma com a outra em uma variedade de processos de diferenciação, e de acordo com a grande variedade de trajetórias de mudança e cruzamentos".[123]

Apesar de esta noção ser estruturada para a conjuntura norteamericana durante o século XX, sua adaptação para o contexto carioca em meados do século XIX pode ser feita quando pensamos as maneiras em que determinadas práticas musicais produziram senso de comunidade em um espaço geográfico determinado.

Ao atualizar este conceito após vinte anos de sua estruturação, Will Straw destacou que "[...] a noção de 'cena' não precisa ter agentes

---

122 *Ibidem*, nº 177, 20 mai. 1855, p. 01.
123 STRAW, Will. *Op cit.*, p. 373.

humanos ativos em seu centro; também pode referir-se a redes, nodos e trajetórias de circulação".[124]

E se antes a preocupação era "[...] tanto com o movimento e o desenvolvimento de circuitos de estilos quanto com as espécies de mundos em que as pessoas viviam sua relação com a música", com esta atualização, o cuidado passa a ser o de identificar "[...] como as esferas circunscritas de sociabilidade, criatividade e conexão que tomam forma em torno de certos tipos de objetos culturais no transcurso da vida social desses objetos" são organizadas.[125] Neste sentido, *O Jornal das Senhoras* foi este objeto cultural, utilizado por suas redatoras e colaboradoras como veículo de instrução e mensageiro de informações.

Como veículo de instrução, ele proporcionou o acesso a leituras nacionais, internacionais, ao conhecimento musical e cultural, atuando pedagogicamente no ensino de suas leitoras.

E como mensageiro de informação, ele divulgou os acontecimentos do cotidiano feminino, e locais frequentados, servindo como um mediador cultural e, assim, contribuindo no estabelecimento de redes de sociabilidade.

Estas redes agrupavam pessoas que, geralmente, possuíam algum grau de proximidade, seja por parentesco, atividade profissional, residir próximo, ou por amizade.

Em uma reunião de fim de ano dada em uma residência na Rua do Lavradio, algumas senhoras e cavalheiros que lá participaram, "[...] se reuniram, no dia seguinte, na Rua de D. Luiza, onde passaram a noite em luzida companhia: e, no imediato, as mesmas pessoas tornaram a encontrar-se nas magníficas salas de uma casa titular da Rua de Santa Thereza".[126]

---

124 JANOTTI JUNIOR, Jeder. "Entrevista – Will Straw e a importância da ideia de cenas musicais nos estudos de música e comunicação". *Revista da Associação Nacional dos Programas de Pós-Graduação em Comunicação* | E-compós, Brasília, v.15, n.2, p. 1-10, maio/ago. 2012, p. 03.

125 *Ibidem*, p. 09.

126 *O Jornal das Senhoras. Op. cit.*, n° 157, 31 dez. 1854, p. 02.

Páginas de sociabilidade feminina

Enquanto isso, no teatro Provisório, conhecido como teatro lírico fluminense, a noite de 23 de agosto de 1852 também foi um momento de sociabilidade registrado nas páginas do *O Jornal das Senhoras*. Neste dia festivo, a cantora da ópera *Favorita*, Mme. Rosina Stoltz recebeu um valioso colar de finos brilhantes e pérolas de S. M. a Imperatriz, e uma "[...] elegante corôa de ouro e pedras preciosas, sobre rica e galante almofada, que lhe foi graciosamente entregue pela Exmª. viscondessa de Abrantes". Nesta coroa foram bordados os nomes das quarenta e quatro senhoras – suas amigas – que estavam presentes no teatro para conferirem a homenagem e prestigiarem a cantora.[127]

Além do teatro Provisório,[128] os teatros São Januário,[129] São Pedro de Alcântara[130] e São Francisco[131] também foram frequentados e relatados pelas redatoras, colaboradoras e leitoras do *O Jornal das Senhoras*.

Apesar de o teatro São Januário ser mal localizado e mal frequentado,[132] a companhia dramática dirigida pelo empresário João Caetano dos Santos (1808-1863) precisou permanecer temporariamente neste espaço em 1852, até a reabertura do teatro São Pedro de Alcântara, que foi incendiado em 1851.

Como o músico Francisco de Sá Noronha era mestre de canto da companhia, ele também se deslocou temporariamente para o teatro. Este foi o motivo que levou a redatora Joanna a anunciar as peças que aconte-

---

127 *Ibidem*, nº 35, 29 ago. 1852, p. 01-02.

128 Inaugurado em 1852. Cf. < http://www.ctac.gov.br/centrohistorico/TeatroXPeriodo.asp?cod=62&cdP=19>. Acesso em 01 mar. 2017.

129 Inaugurado em 1838. Cf. < http://www.ctac.gov.br/centrohistorico/TeatroXPeriodo.asp?cod=57&cdP=18>. Acesso em 01 mar. 2017.

130 Inaugurado em 1839, ele foi incendiado em 1851. Foi reinaugurado em 18 set. 1852. Cf. < http://www.ctac.gov.br/centrohistorico/teatroXperiodo.asp?cdp=14&cod=65>. Acesso em 01 mar. 2017.

131 Inaugurado em 1846. A partir de 1855 passou a ser denominado Teatro Ginásio Dramático. Cf. < http://www.ctac.gov.br/centrohistorico/TeatroXPeriodo.asp?cod=54&cdP=18>. Acesso em 26 jun. 2017.

132 SOUZA, Silvia Crstina Martins de. *Op. cit.*, 2002, p. 51-52.

ciam no São Januário, bem como apresentar o drama *Saloia*, peça de sua autoria e executada musicalmente por seu marido.[133] Ainda em 1852, o teatro recebeu a presença da S. M. a Imperatriz.[134] E lá também foi encenada a peça *Manoel Raymundo*, do poeta Sr. Santos Neves,[135] futuro esposo da redatora Gervasia.

Neste sentido, as presenças da Imperatriz, do empresário João Caetano, da redatora Joanna e de seu esposo Francisco de Sá Noronha, do poeta Sr. Santos Neves e de sua esposa Gervasia, da redatora Violante e de outras pessoas ligadas ao universo cultural das letras e artes no teatro, demonstraram as redes "[...] de alianças e interesses que se constroem e se refazem permanentemente [...]"[136] entre músicos, poetas, dramaturgos, redatores e demais agentes culturais que frequentaram os mesmos espaços.

Após a reinauguração do teatro São Pedro em 11 de agosto de 1852, as atenções e frequências foram voltadas a este espaço de sociabilidade. Assim, a companhia dramática de João Caetano e o mestre de canto e, agora, também regente de orquestra Francisco de Sá Noronha retornaram ao teatro. No mês seguinte à reinauguração do teatro, Noronha executou a abertura *Regeneração*.[137]. E em outubro do ano seguinte foi a vez de sua esposa e redatora Joanna ser beneficiada com a apresentação de suas peças.

Como foi previsto, após a transferência da companhia dramática para o teatro São Pedro de Alcântara, o teatro São Januário deixou de ser frequentado e comentado pelas redatoras e colaboradoras do *O Jornal das Senhoras*, e no início de 1853, ele foi colocado em arrematação.[138]

Enquanto o teatro São Januário deixou de ser citado nas páginas do impresso feminino, o teatro São Francisco também foi pouco comentado e, provavelmente, pouco frequentado por suas redatoras:

---

133 *O Jornal das Senhoras. Op. cit.*, n° 20, 16 mai. 1852, p. 10.

134 *Ibidem*, n° 12, 21 mar. 1852, p. 09.

135 *Ibidem*, n° 4, 25 jan. 1852, p. 10.

136 MARTINS, Maria Fernanda Vieira. *Op. cit.*, 2007, p. 29.

137 *O Jornal das Senhoras. Op. cit.*, n° 38, 19 set. 1852, p. 06.

138 *Ibidem*, n° 54, 09 jan. 1853, p. 09.

Páginas de sociabilidade feminina   179

– O acanhado teatro de S. Francisco tem dado algumas récitas, mas estas têm sido tão pouco frequentadas, que agouramos mal da empresa que vivendo
de si mesmo deste modo, pouco poderá lucrar, se é
que não perde. Lastimamos profundamente que assim aconteça ao Sr. Florindo, nosso patrício, e bom
pai de família – e invocamos em seu favor o governo
– e a proteção do público.[139]

Como o empresário João Caetano já atuava no teatro São Pedro,
restou ao Sr. Florindo permanecer no teatro São Francisco, pois o teatro
São Januário não estava bem localizado e não era bem frequentado, mesmo tendo mais espaço.[140]

Não podendo disputar em pé de igualdade com o
Teatro de São Pedro, que comportava a encenação
de peças de grande aparato, com cenários grandio-
sos, restava ao Teatro de São Francisco firmar-se
como um teatro de variedades, a exemplo daqueles
em funcionamento em Paris e Lisboa.[141]

Ainda que as redatoras e colaboradoras do *O Jornal das Senhoras*
desejassem que a companhia do Sr. Florindo prosperasse no teatro São
Francisco, o tipo de entretenimento não atraiu a atenção feminina e dos
demais espectadores.

Neste sentido, a falta de público, a concorrência com o empresário
João Caetano e a falta de auxílio econômico por parte do governo imperial,
fizeram com que o Sr. Florindo dissolvesse sua empresa no início de 1853.[142]

---

139 *Ibidem*, n° 28, 11 jul. 1852, p. 09.
140 SOUZA, Silvia Cristina Martins. de. *Op. cit.*, 2002, p. 51-52
141 *Ibidem*, p. 52.
142 *Ibidem*, p. 56.

O teatro só voltou a receber certa atenção por parte das redatoras e colaboradoras do periódico em 1855, por causa "[...] de uma nova empresa criada para um novo teatro lírico", e de algumas pessoas dizerem "[...] que será muito maior que o *Provisório*".[143]

Na verdade, houve a "[...] inauguração de uma companhia dramática pelo "capitalista" Joaquim Heliodoro Gomes dos Santos", que iniciou seus trabalhos no dia 12 de abril de 1855.[144]

Apesar de esta companhia gerar concorrência, a grandeza das encenações teatrais e toda sua estrutura foram alguns dos motivos que levaram a maioria das colaboradoras do *O Jornal das Senhoras* a escolherem o teatro São Pedro de Alcântara e o Provisório.

Enquanto o teatro São Pedro de Alcântara presenteou suas espectadoras, na maioria das vezes, com belas peças teatrais, e com outras atividades, o Provisório, ou teatro lírico fluminense, contemplou o público feminino com diversas óperas, representadas pelo seu conjunto artístico europeu, bem como outros divertimentos artísticos e musicais.

As óperas, assim como toda a companhia lírica estabelecida no Provisório, foram as mais frequentadas e mais relatadas nas páginas do *O Jornal das Senhoras*. Para Joanna/Bellona,

> O mundo elegante e não elegante não quer saber por ora de outra coisa: teatro italiano, Candiani e Stoltz é o seu – Ai Jesus – de todas as horas. E com toda a razão: quem já tem visto e ouvido na Semíramis a maviosa e dulcíssima Sra. Candiani, com a divina e extraordinária Sra. Rosina Stoltz, tem apreciado bocadinhos do Céu, que Deus Nosso Senhor nos concede por Sua alta misericórdia para suavizar-nos os

---

143 *O Jornal das Senhoras*. *Op. cit.*, n° 172, 15 abr. 1855, p. 06 [grifo da autora].
144 SOUZA, Silvia Cristina Martins de. *Op. cit.*, 2002, p. 60-61.

ouvidos da satânica gritaria dessas dúzias de más línguas que se encontram a cada canto.[145]

Além das Sras. Candiani e Stoltz, a Mme. Charton Demeur, Anneta Casaloni Borboglio e Giusseppina Zecchini foram algumas das mulheres que ganharam os palcos do Provisório e as páginas do *O Jornal das Senhoras*. Os Srs. Gioachino Giannini, Domenico Labocceta, Arthur Gentile, Giacomo Arnaud, Filippe Tati, também fizeram parte da companhia, atuando no teatro e ganhando visibilidade no periódico feminino.

E apesar de as óperas e as peças teatrais serem bem quistas e bem frequentadas pela maioria das damas no Rio de Janeiro, nem todas gostavam deste tipo de entretenimento, preferindo participar de outros divertimentos existentes na cidade. O comentário da colaboradora Corina, no *Boletim teatral*, demonstrou isso:

> Há bastante tempo que as nossas leitoras não recebem um boletim teatral, talvez porque a espirituosa *Alina* freqüente pouco os teatros, ou porque não seja apaixonada por este gênero de divertimento, e prefira antes os bailes, onde aprecia a música, cujo gosto lhe percebemos já nos boletins com que tem mimoseado o *Jornal das Senhoras*.[146]

Ao escrever a *Crônica dos Salões*, Alina contemplou os bailes que aconteceram pela cidade, as músicas que eram impressas e vendidas nas litografias e tipografias, e os músicos que atuaram nestes espaços, deixando de relatar as peças teatrais, óperas e demais apresentações que aconteceram ou aconteceriam nos teatros durante a semana.

As poucas informações relatadas por Alina em suas crônicas confirmaram a mínima atenção dada por ela aos teatros. Os bailes e demais eventos musicais fizeram parte do gosto e da escolha desta colaboradora.

---

145 *O Jornal das Senhoras. Op. cit.*, n° 30, 25 jul. 1852, p. 11.
146 *Ibidem*, n° 150, 12 nov. 1854, p. 08 [grifo da autora].

Dentre os bailes frequentados por Alina e por outras colaboradoras, relatados na *Crônica dos Salões* e impressos em *O Jornal das Senhoras*, constatamos: a beneficência francesa;[147] o Cassino Médico;[148] o Recreio da Mocidade;[149] a Fraternidade Musical;[150] a Sociedade Recreação Campestre;[151] a Sociedade Philarmonica de São Christovão;[152] a Sociedade

147 *Ibidem*, n° 40, 03 out. 1852, p. 08. "O primeiro artigo dos estatutos da Sociedade Francesa de Beneficência de 1836 afirmava que essa associação, formada por subscritores voluntários, tinha como fim socorrer os franceses 'necessitados' e empreender tudo que pudesse ser 'útil e honroso a sua Nação' e que fosse na qualidade 'de ações de beneficência'". Cf. CANELAS, Letícia Gregório. O Courrier du Brésil e o conflito entre associações francesas no Rio de Janeiro. In: VIDAL, Laurent; LUCA, Tania Regina de (Orgs.). *Franceses no Brasil*: século XIX-XX. São Paulo: Editora Unesp, 2009, p. 302.

148 *Ibidem*, n° 44, 31 out. 1852, p. 9. Inaugurado em 1852 e localizado no Pavilhão do Paraíso, oferecia bailes.

149 *Ibidem*, n° 137, 13 ago. 1854, p. 4. Supomos ser esta a *Sociedade Dramática Particular Recreio da Mocidade*, onde constatamos registros de exame sensório das peças *Camila no subterrâneo*, *Crime e mistério* e *Uma aposta no Hotel Verona*, em 1853; das peças *O desertor húngaro*, *Valéria*, *O dia de Vanessa*, *Os apuros de um sócio*, *Léa, ou A irmã do soldado* e *Aviso à gazeta*, *A estalagem da Virgem*, em 1854; do drama *Caravaggio*, em 1855; e do drama *O marquês de Pombal, ou A Inglaterra humilhada*, em 1859. Cf. LEMOS, Valéria Pinto (Org.). *Os exames censórios do Conservatório Dramático Brasileiro: inventário analítico*. Rio de Janeiro: Fundação Biblioteca Nacional, 2014, p. 132-133/136/139/142/214/319.

150 "Instalou-se há poucos dias uma sociedade com título de FRATERNIDADE MUSICAL, cujos fins são promover o progresso e desenvolvimento da arte e socorrer os artistas indigentes". *O Jornal das Senhoras*. *Op. cit.*, n° 62, 06 mar. 1853, p. 08.

151 *Ibidem*, n° 68, 17 abr. 1853, p. 09. Organizada em 22 de Setembro de 1846 e localizada na Praça da Aclamação, no Paraíso, n° 9, ela oferecia bailes e concertos. Sua diretoria era composta por oito membros. LAEMMERT, E; LAEMMERT, H. *Op. cit.*, 1849, pp. 227-228.

152 *Ibidem*, n° 87, 28 ago. 1853, p. 11. Diferente da Sociedade Philarmonica que só oferecia concertos entre os anos de 1835 e 1851, localizada na Rua do Conde, n° 10, a Sociedade Philarmonica de São Christovão dava concertos e bailes, porém só funcionou no ano de 1852.

Phil'Euterpe;[153] o Recreio Fluminense;[154] a Harmonia Nitheroyense;[155] o Cassino Fluminense;[156] a Sociedade Familiar;[157] a Sociedade Recreio dos Militares;[158] o Cassino Comercial;[159] a Campezina;[160] Sociedade Vestal;[161] a Sociedade Sylphide;[162] o Cassino Militar;[163] o Club Fluminense;[164] o

153 *Ibidem.* Instalada por José da Silva Ramos em 18 de Agosto de 1850 e localizada na Rua dos Beneditinos, n° 6, ela oferecia concertos e bailes e funcionou até 1863. A diretoria era composta entre oito a dez membros, e mais três pessoas na comissão de música. LAEMMERT, E; LARMMERT, H. *Op. cit.*, 1852, p. 310.

154 *Ibidem*, n° 134, 23 jul. 1854, p. 03. Organizava suas reuniões e bailes em uma das salas do Paraíso.

155 *Ibidem.* Fundado em 1852 na cidade de Niterói, oferecia bailes.

156 *Ibidem*, n° 150, 12 nov. 1854, p. 01. "Esta Sociedade foi instituída no ano de 1845. Seu fim é proporcionar a seus membros honestos divertimentos, por partidas de Baile e Música. Seus Bailes tem sido muito esplendidos e honrados por muitas vezes com a Augusta Presença de SS. MM. II. A Diretoria do Cassino é composta de doze Diretores eleitos de dois em dois anos que dentre si nomeiam o Presidente, Secretário, Tesoureiro e Procurador". LAEMMERT, E; LAEMMERT, H. *Op. cit.*, 1849, p. 227.

157 *Ibidem*, n° 152, 26 nov. 1854, p. 01. Oferecia bailes periodicamente.

158 *Ibidem.* Oferecia bailes periodicamente.

159 *Ibidem*, n° 169, 25 mar. 1855, p. 01. Oferecia bailes periodicamente.

160 *Ibidem*, n° 166, 04 mar. 1855, p. 01. "Sociedade musical particular, fundada no Rio de Janeiro em 12 de Abril de 1852, por uma associação de pessoas gradas", constando com dez fundadores. LAEMMERT, E; LAEMMERT, H. *Op. cit.*, 1855, p. 354.

161 *Ibidem*, n° 173, 22 abr. 1855, p. 09. Criada na década de 50, oferecia concertos e bailes.

162 *Ibidem*, n° 185, 15 jul. 1855, p. 02. "A Sociedade – SYLPHIDE – tem por fim promover entretenimento decente por meio de partidas de Baile, e jogos lícitos. Compor-se-á do número de Sócios que a Diretoria julgar suficiente, concorrendo cada um com a jóia de 10$000 pela sua admissão, e contribuindo com 15$000 em cada trimestre, pagos adiantados". Cf. *Estatutos da Sociedade Sylphide*. Rio de Janeiro: Typographia de Paula Brito, Praça da Constituição, n. 64, 1851.

163 *Ibidem*, n° 185, 15 jul. 1855, p. 2. Fundado em 1855, oferecia bailes.

164 *Ibidem.* Funcionou entre os anos de 1853 e década de 1870, oferecendo concertos e bailes. Era "propriedade de seu empresário Augusto Carlos Gonçalves e Souza, e tem por objetivo proporcionar às pessoas educadas e polidas da sociedade desta Corte um ponto de reunião, onde possam encontrar agradável passatempo

Club Recreio Marítimo;[165] e outros bailes e associações tanto na cidade quando na região fluminense.[166] E da mesma forma que alguns teatros e regiões da cidade não eram frequentados pelas redatoras, escritoras, colaboradoras e leitoras do *O Jornal das Senhoras*, certos bailes também eram evitados, e sequer foram citados nas páginas do periódico feminino. "Os 'outros' bailes são os denominados bailes *syphiliticos*, aqueles aos quais concorriam sobretudo as prostitutas e os homens de todas as classes (e preferências eróticas)".

Dentre eles, havia o baile "[...] do Caçador, do Hotel Pharoux, do Rachado, do Chico Caroço, no Largo do São Domingo, do Oriente, do Hotel Guinard, em Botafogo, do Amaral, no Jardim Botânico, e os bailes "alemães" de Santa Teresa".[167]

Ainda que determinados bailes fossem localizados em bairros como o de Botafogo e do Jardim Botânico – onde residia parte da elite carioca -, o público que frequentava estes espaços de sociabilidade possuíam um gosto duvidoso e mal visto pela sociedade. Portanto, não era recomendado a uma senhora da elite participar deste tipo de divertimento.

---

com os lícitos divertimentos admitidos em tais estabelecimentos nas principais Cortes da Europa". Cf. LAEMMERT, E; LAEMMERT, H. *Op. cit.*, 1854, p. 320.

165 "Possa a aurora do dia 15 adornar-se de pureza, e a natureza trajar gala nesse dia, para servir de fundo ao magnífico quadro vivo do primeiro passeio do *Club Recreio Marítimo*". Neste passeio houve música, dança, brindes e banquetes. *O Jornal das Senhoras. Op. cit.*, nº 185, 15 jul. 1855, p. 02 [grifo da autora].

166 A lista com o nome de alguns clubes e sociedades privadas no Rio de Janeiro ao longo do século XIX pode ser conferida em: SILVA, Janaína Girotto da. *Profusão de Luzes*: os concertos nos clube musicais e no Conservatório de Música do Império. Rio de Janeiro: Fundação Biblioteca Nacional, 2007, p. 18-20 (Relatório de Pesquisa). Disponível em <https://www.bn.br/sites/default/files/documentos/ producao/pesquisa/profusao-luzes-concertos-nos-clubes-musicais-conservato-rio//janaina_girtotto.pdf>. Acesso em 01 mar. 2017.

167 FIGARI, Carlos. *As outr@s cariocas: interpelações, experiências e identidades homoeróticas no Rio de Janeiro: séculos XVIII ao XX*. Belo Horizonte: Editora UFMG; Rio de Janeiro: IUPERJ, 2007, p. 208 [grifo do autor].

Nos bailes em que o acesso feminino era permitido, geralmente elas participaram cantando, executando peças de partituras musicais ao piano, dançando, e se entretendo com os demais convivas de maneira intensa e mais ativa, diferente de sua participação nos teatros. Enquanto no baile da sociedade Vestal a colaboradora presenciou D. Idalina Pereira da Silva cantar uma ópera,[168] na reunião da Phil-Euterpe

> A parte musical foi bem desempenhada, como sempre a é, pelos graciosos amadores da música; e também não prescindiremos de fazer especial menção de uma das melhores pianistas dentre as nossas patrícias, que se fez ouvir nessa noite em uma brilhante execução.[169]

A presença desta e de outras colaboradoras foi intensa nestes espaços de sociabilidade por participarem não somente como espectadoras, mas também como cantoras. E além dos bailes em sociedades e associações privadas, os jantares e demais eventos promovidos em distintas residências ampliaram o cenário musical carioca vivido por estas mulheres.

> Na terça-feira de noite, um cavalheiro morador na Rua do Conde, por ocasião do batizado de um seu filho, reuniu em sua casa uma brilhante companhia; dançou-se, cantou-se até alta noite, e os convivas retiraram-se penhorados das amáveis maneiras dos donos da casa, e gabando o belo excelente e profuso serviço de sorvetes, doces, etc.; que eles lhes ofereceram.[170]

---

168 *O Jornal das Senhoras. Op. cit.*, n° 164, 18 fev. 1855, p. 08.

169 *Ibidem*, n° 155, 17 dez. 1854, p. 01.

170 *Ibidem*, n° 177, 20 mai. 1855, p. 02.

Nestes espaços de sociabilidade, geralmente promovidos em favor de datas festivas – aniversário, batizado, casamento, comemoração de algum padroeiro –, a dança, a música, a alimentação e os convidados compuseram o cenário musical impresso no periódico. Dentre estas reuniões,

> [...] em uma das mais pitorescas e agradáveis chácaras do lado do Catete, onde passamos um dia de plena satisfação, conversando, dançando e rindo, até que foi servido um magnífico jantar que terminou com um brinde ao aniversário natalício do inocente primogênito do nobre hóspede.[171]

Na continuação, Alina relatou que os convivas passaram "[...] a entreter-se com as elegantes senhoras entre as flores do jardim" e que "Pouco antes das oito horas uma orquestra chamou os cavalheiros ao meio da sala com seus pares".[172]

Ela e os convidados ouviram

> [...] cantar duas lindas árias e um dueto com perfeita execução: uma interessante senhora executou também ao piano umas difíceis variações de Hertz; um amador nos fez ouvir os maviosos sons de uma flauta concertada com o piano; e além disso o chá, os doces, os sorvetes oferecidos pela sala, de instante a instante fizeram o complemento de um baile suntuoso e animado.[173]

E mesmo com metade dos convivas se retirando do local após a meia noite, "[...] teve então lugar o folgar: então se cantou modinhas, lun-

---

171 *Ibidem*, n° 148, 29 out. 1854, p. 01.
172 *Ibidem*.
173 *Ibidem*, p. 01-02.

dus, etc., até que a prudência intimou a retirada dos convidados para se não tornarem incômodos aos donos da casa".[174] A descrição detalhada da reunião dada nesta chácara complementou este cenário musical carioca.

Deve-se lembrar que os espaços de sociabilidade frequentados eram locais considerados adequados à presença feminina. Diferente dos bailes e teatros mal localizados e com um público de "gosto duvidoso", os espaços em que a frequência feminina era aceita ganharam as páginas do periódico, bem como o gosto deste público.

Portanto, as missas e festas religiosas, o Passeio Público, os teatros, os bailes em residências e as reuniões e festividades em associações e sociedades recreativas foram os principais espaços de sociabilidade frequentados pelas mulheres. Nestes espaços a música foi ouvida, dançada, praticada, sentida e impressa nas páginas do *O Jornal das Senhoras*.

3.3 Gêneros musicais ouvidos, praticados e impressos

Na metade do século XIX, algumas práticas musicais já eram conhecidas por seus praticantes e ouvintes no Rio de Janeiro. Algumas mais e outras menos ouvidas ou praticadas, elas não deixaram de ser percebidas por suas redatoras e impressas nas páginas do *O Jornal das Senhoras*.

Os teatros foram espaços comumente utilizados para a execução de concertos operísticos e peças teatrais, mas eles também receberam bailes dançantes de máscaras e benefícios musicais.

> O primeiro baile francamente público, para gente de prol, parece que foi o do teatro de São Pedro de Alcântara, no Rio de Janeiro, no ano de 1844. Em 1845, os demais teatro da Corte fizeram os seus bailes mascarados, distinguindo-se os que se realizaram nos dois teatros de João Caetano, no da Praia

---

174 *Ibidem*, p. 02.

Grande e no de são Francisco de Paula. Estava lançada a moda e desviado o carnaval fino de cidade no Brasil de tradição de "entrudo", ao que parece oriental ou indiana, para a de baile de máscaras à maneira francesa ou italiana.[175]

Gilberto Freyre percebeu que no carnaval, "Os bailes de máscaras juntaram-se ao entrudo como meios de desobstrução psíquica e, ao mesmo tempo, social de uma população obrigada, nos dias comuns, a normas comportamentais". Esta prática cultural possibilitou às mulheres da corte "maior variedade de contatos com a vida extra-doméstica. Esse alargamento se fez por meio do teatro, do romance, da janela, do estudo de dança, de música, de francês".[176] Deste modo, "A mulher de elite passou a marcar presença em cafés, bailes, teatros e certos acontecimentos da vida social",[177] bem como as folias de carnaval.

Durante os quatro anos de duração do *O Jornal das Senhoras*, as redatoras e colaboradoras participaram deste divertimento social, registrando nas páginas do periódico suas considerações sobre a organização, bem como as músicas executadas.

No carnaval de 1852, *O Jornal das Senhoras* havia anunciado que tanto o teatro São Pedro quanto o teatro Provisório foram decorados para receberem os foliões nestes dias de festa. E dentre os espaços mais organizados e com acesso disputado, "O teatro provisório, em fim pela novidade e como acontece em todos os países, foi mais frequentado e ganhou a aposta da preferência".[178]

Já em 1855, "No Paraíso, nos teatros de S. Januário e de S. Pedro de Alcântara, em Niterói e em Petrópolis houve os costumados bailes

---

175 FREYRE, Gilberto. *Op. cit.*, 2008a, p. 226-227.

176 *Ibidem*, 2008a, p. 228.

177 D'INCAO, Maria Ângela. Mulher e família burguesa. In: DEL PRIORE Mary (Org.). *História das mulheres no Brasil*. 7ª ed. São Paulo: Contexto, 2004, p. 228.

178 *O Jornal das Senhoras*. *Op. cit.*, nº 09, 29 fev. 1852, p. 05.

Páginas de sociabilidade feminina   189

públicos",[179] e dentre as músicas executadas no teatro S. Pedro, "[...] tocaram muito bonitas quadrilhas, valsas, polcas, etc".[180]

E como a festividade do carnaval era temporária, ao passar o período de folia, as óperas voltavam a ganhar a cena e a atenção dos cariocas. Enquanto as óperas cantadas faziam parte da rotina teatral e os festejos do carnaval compunham o calendário litúrgico anual, os eventos esporádicos deram brecha para a execução de outros estilos musicais nos teatros. Em uma "[...] quinta-feira, por ocasião do benefício da Sra. Ricciolini, foi executada no teatro de S. Pedro a valsa – *D. Pedro V.*, do Sr. Cruz Lima, em grande orquestra".[181]

Por sua esporadicidade e bela execução, os benefícios atraíram não apenas as redatoras, colaboradoras e leitoras do *O Jornal das Senhoras*, mas também Suas Majestades Imperiais:

> Na noite do 29 houve uma dessas cenas que são raras entre nós, mas que tem sempre novidade e interesse. Falo-vos de concerto vocal e instrumental dado pelo distinto pianista, o Sr. Arnaud, em seu benefício, no salão do teatro lírico. O beneficiado foi honrado por Suas Majestades que se dignaram de ir ao seu concerto[182]

Na continuação de seu relato, a colaboradora escreveu que "O exímio pianista executou diversas peças de sua composição com a perfeição e gosto que o distinguem, e foi secundado por todos os cantores e cantoras da companhia lírica", e dentre as cantoras, "[...] a Sra. Lucas brilhou na execução de um lindo romance".[183]

---

179 *Ibidem*, n° 165, 25 fev. 1855, p. 01.
180 *Ibidem*, p. 09.
181 *Ibidem*, n° 163, 11 fev. 1855, p. 09 [grifo da autora].
182 *Ibidem*, n° 180, 10 jun. 1855, p. 07-08.
183 *Ibidem*, p. 08.

A quantidade de mil pessoas que foram ao concerto conferir o benefício musical permitiu ilustrar a concorrência neste tipo de evento. O número de pessoas também foi grande para presenciar as *Summidades Carnavalescas* no Passeio Público. Porém "Maior foi ainda o número de pessoas que concorreram ao salão do teatro de S. Pedro, onde, segundo ouvi dizer por várias pessoas, se reuniram cerca de sete mil pessoas".[184]

A concorrência nestes espaços pode ser explicada pelo aumento no número de pessoas que frequentavam estes locais. Para atender a esta demanda, geralmente havia a repetição de determinadas peças. Afinal, não havia espetáculo sem público.

Os romances e as valsas que se sucederam no benefício do Sr. Arnaud foram alguns dos gêneros musicais que circularam pelos teatros, salões musicais, jantares e festividades residenciais, e também em partituras musicais.

Enquanto em uma festa, realizada na chácara do Sr. José Maria Gomes, foram executadas valsas, quadrilhas, schottisches e "Quatro distintas senhoras cantaram por diversas vezes algumas escolhidas cavatinas[185] e duetos [...]",[186] no baile da sociedade Vestal foram ouvidas e dançadas contradanças, schottisches e valsas.[187]

Esta variação de estilos musicais ouvidos e executados em um mesmo espaço de sociabilidade, também ilustrou as páginas do *O Jornal das Senhoras*, tanto em relatos quanto em partituras musicais inseridas no impresso.

O acompanhamento de partituras adquiriu um caráter pedagógico às assinantes do periódico. Na medida em que elas eram instruídas por suas preceptoras, professores particulares de música, ou em colégios femininos, o conhecimento musical obtido seria concretizado

---

184 *Ibidem*, nº 165, 25 fev. 1855, p. 02.

185 Diminutivo italiano de cavata: é o som de um instrumento, geralmente de corda, produzido pela voz. Disponível em <http://dizionari.corriere.it/dizionario_italiano/C/cavata.shtml>. Acesso em 01 de mar. 2017.

186 *O Jornal das Senhoras. Op. cit.*, nº 38, 19 set. 1852, p. 08.

187 *Ibidem*, nº 156, 24 dez. 1854, p. 01.

Páginas de sociabilidade feminina 191

com a leitura das composições impressas e a execução musical vocal e instrumental.

Neste sentido, a ilustração inicial deste capítulo – com duas senhoras francesas próximas do libreto de canto, do libreto de partituras e do piano – além de divulgar as peças de modas utilizadas na Europa, também serviu como modelo a ser seguido pelas assinantes na leitura e prática musical.

Apesar de a execução instrumental do piano traduzir o conhecimento musical adquirido, este ensino podia ser feito sem a utilização de uma notação musical, ou com sua adaptação para senhoras com alguma necessidade especial.

A jovem surda e muda aprendeu a tocar piano com o professor Joseph Fachinetti por meio de um método de ensino adaptado às suas necessidades. Na continuação da carta que divulgou esta informação, a assinante do *O Jornal das Senhoras* descreveu saber "[...] que em várias nações da Europa, e nos Estados Unidos, existem aulas para o ensino dos surdos, mudos, e dos cegos, e que alguns deles têm feito admiráveis progressos [...]".[188]

Mas deve-se compreender que neste período o ensino musical, sem a utilização de notação musical, geralmente era transmitido às pessoas analfabetas ou com pouca instrução, pois diante do desenvolvimento de um mercado musical na cidade do Rio de Janeiro, é "[...] o piano que substitui a viola, a composição de autor – comercializada sob forma de partitura – que substitui o refrão tradicional ou anônimo, as novas modas internacionais que se manifestam",[189] e foi o aumento na propagação e circulação de partituras e de pianos que se estabeleceram nas residências das famílias ricas, tornando a leitura e a execução musical instrumental e vocal, práticas indissociáveis entre as mulheres que escreviam e que assinavam *O Jornal das Senhoras*.

---

188 *Ibidem*, nº 13, 28 mar. 1852, p. 10.

189 SANDRONI, Carlos. *Feitiço Decente: transformações do samba no Rio de Janeiro, 1917-1933*. Rio de Janeiro: Jorge Zahar / Ed. UFRJ, 2001, p. 83.

E como as redatoras do periódico tinham o objetivo de alcançar a emancipação moral e o melhoramento social feminino por meio da educação, o acompanhamento de partituras musicais no jornal cumpriu sua função pedagógica ao contribuir com os anseios das redatoras.

MÚSICA

Cumprindo o nosso programa por ser hoje o último domingo do mês, tínhamos de oferecer-vos, queridas leitoras, uma peça de música de nossa escolha, que passaria pela censura do vosso bom gosto, e talvez, não merecendo as honras do bom acolhimento, fosse condenada a degredo perpétuo para as prateleiras do vosso guarda-música. Felizmente hoje pudemo-nos livrar dessa alternativa sempre incômoda a quem alimenta as melhores disposições de vos bem servir: do nosso correspondente de Paris obtivemos uma coleção de ESTUDOS para piano, que, ao mesmo tempo sendo fáceis e agradáveis, muito contribuirão para o desenvolvimento da escala de dedos daquelas senhoras que desejam dedilhar perfeitamente o teclado. É, pois, esta a música que temos hoje o gosto de vos apresentar.[190]

Portanto, a escolha e a inserção destas peças no periódico e a leitura e a execução musical por parte das assinantes, ao mesmo tempo em que legitimou a prática musical feminina, deu sentido e significado ao cenário musical carioca sob a ótica do O Jornal das Senhoras.

Como já mencionado, das trinta e cinco partituras inseridas junto ao periódico de Joanna, Violante e Gervasia, dez peças não foram digitalizadas e seu material impresso original não está integrado ao periódico.[191]

---

190 O Jornal das Senhoras. Op. cit., n° 87, 28 ago. 1853, p. 12.

191 Esta constatação foi feita ao longo do período de pesquisa, durante algumas visitas à sessão de obras raras da Biblioteca Nacional do Rio de Janeiro.

Dentre os gêneros musicais destas partituras, havia seis valsas, quatro modinhas, quatro schottisches, quatro romances, três lundus, duas liras, uma quadrilha de contradanças, uma cançoneta italiana, uma polca, uma marcha e uma ópera. Como afirmou Carlos Sandroni, "As danças de par enlaçado apareceram no Brasil nos anos de 1840, com a valsa e a polca. Como novidades modernas, foram adotadas entusiasticamente pelas famílias mais ricas das principais cidades do litoral".[192] A quantidade de seis partituras musicais caracterizadas como valsa e uma peça de polca, inseridas em *O Jornal das Senhoras*, confirmam o gosto feminino por estes gêneros dançantes.

Assim como a valsa, a polca foi um dos gêneros dançantes de origem europeia que ocupou um lugar de honra no gosto feminino. Apesar de ambas serem apreciadas como dança e como canção, a valsa não chegou a se popularizar como dança no Brasil, enquanto que a polca, com seu ritmo mais "requebrado", ganhou espaço nos bailes da elite.

Os schottisches e as quadrilhas de contradanças também foram dançados e publicados em forma de partituras, e inseridas em *O Jornal das Senhoras*. Ao publicarem partituras sem letras, sua execução era destinada ao piano, dando o tom para animar as reuniões residenciais e os bailes realizados nas associações e nas sociedades privadas.

Diferente destes estilos, a modinha além de ser um gênero dançante, também podia ser cantada sob a execução do piano. Na análise de Mário de Andrade, a modinha, na segunda metade do século XIX, foi "[...] um dos gêneros da cantiga popular urbana". E ela "[...] tendia a se desaristocratizar e a coincidir com a banalidade popular praceana", ao possuir variações em formas estruturais, rítmicas, mas também pela melódica, deixando os salões para ser apreciada pelos sereteiros nas ruas da cidade.[193]

Porém, a prática musical executada pelas camadas populares, foi colocada sob um plano secundário nas páginas do periódico feminino.

---

192 SANDRONI, Carlos. *Op. cit.*, 2001, p. 64-65

193 ANDRADE, Mário de. *Modinhas Imperiais*. São Paulo: Martins Editora, 1964, p. 08-09.

Neste sentido, os seresteiros, apesar de já existirem provavelmente desde o século XVIII, só passariam a ganhar algum destaque das elites "No Rio, a partir de 1870, quando a modinha deixa de ser cultivada nos salões, ou entre os poetas da primeira geração romântica, que se reunia à volta de Laurindo Rabelo, na livraria de Paula Brito, e passa aos violões das ruas".[194] No caso do termo "modinha", Mário de Andrade afirmou que era "[...] jeito luso-brasileiro acarinhar tudo com diminutivos", e também "[...] por serem delicadas".[195] Porém, sua letras delicadas, ternas e melodiosas,

> [...] por muito tempo expressões melífluas de idealização ou de romantização de figuras de mulher, foram-se tornando também, na primeira metade do século XIX, expressões de um brando começo de revolta das mulheres contra a inconstância do amor por parte dos homens. Revolta surpreendida em mulheres da época por compositores que procuravam fixar as diferentes ondas sentimentais em torno das relações entre os sexos; e não apenas aquelas idealizações convencionais.[196]

E ainda que as melodias de modinhas pudessem expressar os diferentes sentimentos entre os sexos, bem como serem dedicadas aos cônjuges, amigos(as) ou parentes, as redatoras do *O Jornal das Senhoras* optaram pela inserção de modinhas, em forma de partituras musicais, que mantinham a idealização de romance e de amor.

Assim como as modinhas, os romances, as cançonetas e as liras também foram gêneros musicais inseridos em *O Jornal das Senhoras* com letras delicadas e ternas, traduzindo os sentimentos e as sensações de quem às compunha.

---

194 TINHORÃO, José Ramos. *Op. cit.*, 1976, p. 17.
195 ANDRADE, Mário de. *Op. cit.*, 1964, p. 8.
196 FREYRE, Gilberto. *Op. cit.*, 2008a, p. 152.

Já o gênero do lundu possuía um texto "[...] que põe em cena mais diretamente a escravidão e dá tom masoquista à situação amorosa".[197] Em uma partitura musical impressa na 8ª edição do *O Jornal das Senhoras*, é possível observar e confirmar o teor de sua letra:

Ya ya sinhá venha cá, meu bem
Venha matar seu baboso
Mas não mate ele todo meu bem.
Com seu mendengue mimoso
Mendengues afetados
Iê minha sinhá
Pimentas de cheiro. Bolos de fubá
Tudo isto mexido por mão de sinhá
Qual será o demônio que não comerá?
Tudo isto mexido por mão de sinhá
Qual será o demônio que não comerá?

Moa toda a sua raiva meu bem,
Eu sou seu almofariz
Machuque bem machucado
Me quebre bem o nariz
Eu já escamei o peixe
Os temperos já botei
Tudo ficará bem lavado
Os alhinhos já esfreguei.[198]

Com uma narrativa remetida ao espaço doméstico da cozinha e ao prazer sexual, Mário de Andrade afirmou que este estilo "[...] no geral trata o amor comicamente. Algumas vezes é sem vergonhosamente sensual",[199] além de possuir uma letra com frases de duplo sentido.

---

197 SANDRONI, Carlos. *Op. cit.*, 2001, p. 44.
198 Lundu. *O Jornal das Senhoras. Op. cit.*, n° 08, 22 fev. 1852, p. 05-06.
199 ANDRADE, Mário de. de. *Op. cit.*, 1987, p. 173.

Ao cantar "Venha matar seu baboso, mas não mate ele todo meu bem com seu mendengue[200] mimoso", o tom masoquista se reveste de um discurso associado ao bolo de fubá e à pimenta que, juntos, "matariam" a fome, ao mesmo tempo em que os trejeitos femininos no preparo dos alimentos teria sido o motivo para "matar seu baboso".

Quando o narrador se colocou no lugar de um almofariz,[201] ele manteve o tom masoquista e de duplo sentido, ao solicitar que sua sinhá "moa toda a sua raiva" nele. Por fim, o fato de lhe quebrar "bem o nariz", ao mesmo tempo em que estava associado ao ato de moer os alimentos, também se remeteu ao odor do peixe por ele escamado, aos temperos já colocados e ao alho esfregado.

Além da diferença nas letras entre os romances e as modinhas, o lundu também apresentou síncopes em sua melodia, ritmo dançante associado ao universo das camadas populares e negras do país:

> Ela é associada com "Brasil", com "negro" e com "popular", três coisas que parecem por sua vez estar associadas entre si: "melodias cantadas com síncopes sistemáticas... podem ser associadas com o estilo 'vulgar' da modinha brasileira"; "a figura sincopada (semicolcheia-colcheia-semicolcheia) é de fato identificada com as tradições dos negros no Novo Mundo"; as síncopes seriam "traços rítmicos característicos da música popular e folclórica brasileira".[202]

A associação de "Brasil", "negro" e "popular" foi feita à "modinha brasileira", pois este era o nome que o lundu recebeu até o início do sécu-

---

200 A palavra mendengue significa: "melindre feminino, faceirice; afeminação, trejeitos afetados". SILVA, Odailta Alves da. *A influência africana no português em Pernambuco: um mergulho em Ascenso Ferreira*. Dissertação de mestrado. Recife: UFPE, 2011, p.127.

201 Almofariz é um tipo de objeto utilizado para moer alimentos.

202 BÉHAGUE, Gérard apud SANDRONI, Carlos. *Op. cit.*, 2001, p. 47.

lo XIX. Porém, mesmo sendo um gênero característico de grupos populares e de escravos, ele foi apropriado pela elite nas danças de salão e nas práticas musicais ligadas ao canto e ao piano, impressas e inseridas sob forma de partitura musical em *O Jornal das Senhoras*.

Ao escrever um artigo sobre *As modinhas Brasileiras*, Christina também acrescentou o gosto feminino pelos lundus, destacando seu caráter festivo e envolvente:

> E se ela canta depois um lundu! Meu bom Jesus, que fio elétrico! Que movimento risonho vai na sala! Os meninos chegam-se para o piano, os velhos babam-se de gosto, os moços ficam perdidos, e como que enfeitiçada fica toda a reunião!
>
> Nenhum heresiarca musical poderá contestar os efeitos diversos, mas agradáveis, que produzem as nossas Modinhas e Lundus.[203]

Ao enfeitiçar toda a reunião com seu movimento risonho, o lundu deixou de lado seu caráter sensual e masoquista, ligado à cozinha e às práticas sexuais dos escravos e das camadas populares, para ganhar espaço nas reuniões privadas da elite sob um formato cômico. Torná-lo engraçado e moldá-lo à prática do piano, deu condições para que o lundu ganhasse o gosto feminino e as páginas do *O Jornal das Senhoras*.

Enquanto o lundu manteve seu caráter cômico e festivo, a marcha e a ópera, também impressas e inseridas sob forma de partitura em *O Jornal das Senhoras*, tinham um caráter sério e formal.

A marcha, composta por Francisco de Sá Noronha, dedicada ao aniversário da Imperatriz Tereza Cristina, associou elementos rítmicos comuns aos hinos e composições musicais oficiais, com uma letra formal, já que era destinada a sua Alteza Real.

---

203 *O Jornal das Senhoras*. *Op. cit.*, n° 13, 28 mar. 1852, p. 02.

E a inserção de uma partitura musical da ópera *O Trovador*, ao mesmo tempo em que aproximava as leitoras do periódico feminino dos eventos operísticos realizados nos teatros, permitia que parte daquela sonoridade fosse reproduzida no piano pelas senhoras em suas residências.

Deste modo, é possível perceber que o conjunto de trinta e cinco partituras inseridas em *O Jornal das Senhoras*, com seus diversos gêneros dançantes, musicais, engraçados e sérios, dinamizaram as práticas de escutas destas mulheres e permitiram um maior conhecimento dos diversos estilos musicais que circularam no período.

Assim como as partituras impressas, informações sobre o sistema de notação musical, escrito pelo compositor Joseph Fachinetti, complementaram o aprendizado musical feito pelas redatoras e colaboradoras do periódico feminino.[204]

Além disso, na mesma edição do *O Jornal das Senhoras* em que foi publicada a ilustração de duas senhoras francesas próximas a um libreto de partituras e um piano, também foi impresso um artigo do compositor Fachinetti com o título *Da influência da música*.

Neste texto, o autor coloca a música como "[...] um meio necessário da cultura do homem", e faz associações com

> [...] educação física e ginástica, desenvolvendo nela os órgãos da voz e aumentando a força dos pulmões e do peito, e a educação moral e intelectual despertando em seu coração sentimentos de justiça, amor e benevolência, e dando à sua inteligência maior vivacidade.[205]

Estas associações demonstraram o caráter pedagógico e instrutivo que a música recebeu pelo compositor e também pelas redatoras e colaboradoras do *O Jornal das Senhoras*. Não apenas pedagógico e instrutivo, mas

---

204 *Ibidem*, n° 151, 19 nov. 1854, p. 09.
205 *Ibidem*, n° 166, 04 mar. 1855, p. 07.

Páginas de sociabilidade feminina 199

a música tinha uma representação que ia além deste caráter, sendo considerada como "[...] a mais expressiva linguagem das paixões, das inspirações sublimes, e do mais elevado sentimentalismo. É uma linguagem universal".[206] Não foi a toa que a colaboradora *Alina* relatou no *Boletim musical* que "O gosto pela música toma atualmente entre nós muito vasto espaço a importância que tem adquirido na sociedade civilizada".[207] Este gosto e suas escolhas foram impressas nas páginas do *O Jornal das Senhoras* moldando um cenário musical carioca visto, ouvido e sentido por suas redatoras, colaboradoras e leitoras do periódico na "cidade dos pianos". Deste modo, a leitura de libretos de partituras, o canto e a prática instrumental do piano foram uma realidade na vida destas brasileiras. Se a apropriação do conhecimento musical impresso em *O Jornal das Senhoras* teve como finalidade entreter bem os convidados no espaço doméstico ou arrumar um bom casamento, ela também contribuiu na busca pelo melhoramento social e pela emancipação moral e intelectual feminina.

Além do *O Jornal das Senhoras*, outros periódicos utilizaram a mesma estratégia de anunciar ou inserir partituras musicais em suas edições. Ao indicar a leitura do periódico *Jornal do Commercio*, a colaboradora Corina informou que "Os jornais têm anunciado a publicação de alguns pedaços escolhidos de óperas italianas reduzidas a canto com acompanhamentos de piano".[208] Já o Sr. Paula Brito, redator do periódico *Marmota Fluminense*, publicou um romance,[209] uma valsa,[210] além de outras peças musicais.

Neste período já havia alguns impressos periódicos musicais no Rio de Janeiro que buscaram atender a crescente procura por informações e instruções musicais:

---

206 *Ibidem*, n° 115, 12 mar. 1854, p. 08.
207 *Ibidem*, n° 116, 19 mar. 1854, p. 08.
208 *Ibidem*, n° 164, 18 fev. 1855, p. 08.
209 *Ibidem*, n° 169, 25 mar. 1855, p. 09.
210 *Ibidem*, n° 125, 21 mai. 1854, p. 08.

Os primeiros periódicos musicais brasileiros imprimiam apenas partituras, como Lyra de Apolo Brazileiro (Rio de Janeiro, 1834-?), Terpsichore Brazileira (Rio de Janeiro, 1837-?), Philo Harmônico (Rio de Janeiro, 1842) e aquela que foi a maior do gênero no século XIX, O Brasil Musical (Rio de Janeiro, 1848-1875), responsável pela impressão de cerca de 500 obras. O primeiro periódico misto, entretanto, parece ter sido Ramalhete das Damas (Rio de Janeiro, 1842-1850), que inicialmente imprimia apenas partituras, mas que a partir de 1848 incluiu as "Folhas de leitura", textos editados por Rafael Coelho Machado.[211]

O Brasil Musical foi um dos impressos lido pelas redatoras e colaboradoras do O Jornal das Senhoras. Determinadas informações musicais e partituras publicadas neste impresso foram anunciadas nas páginas do O Jornal das Senhoras, a fim de contribuir com o conhecimento musical de suas leitoras ao adquirirem aquele material.[212]

Algumas partituras musicais também foram vendidas separadamente dos periódicos, mas nem por isso deixaram de ser anunciadas nas páginas do O Jornal das Senhoras. Enquanto uma partitura composta pelo músico Joseph Fachinetti para piano e canto podia ser comprada na loja de música do Sr. Bento Fernandes das Mercês, na Praça da Constituição, nº 19, e na loja de Teixeira & Cª, localizada na Rua do Ouvidor, nº 91 esquina com a Rua dos Ourives por 1$000 réis,[213] outro

---

211 CASTAGNA, Paulo. "Periódicos musicais brasileiros no contexto das bibliografias e bases de dados na área da música". VII ENCONTRO DE MUSICOLOGIA HISTÓRICA. Juiz de Fora: Centro Cultural Pró-Música, 21-23 de julho de 2006. In: Anais. Juiz de Fora: Centro Cultural Pró-Música, 2008, p. 21-54, ISBN: 978-85-89057-04-2, p. 24.

212 O Jornal das Senhoras. Op. cit., nº 125, 21 mai. 1854, p. 08.

213 Ibidem, nº 204, 25 nov. 1855, p. 9; Nº 209, 30 dez. 1855, p. 09.

Páginas de sociabilidade feminina 201

compositor teve uma valsa e dois romances de sua autoria publicados no estabelecimento do Sr. Diniz.[214] As informações e as partituras inseridas contribuíram significativamente no conhecimento musical feminino. Elas poderiam ser adquiridas tanto por meio de impressos nacionais quanto por impressos estrangeiros.

Neste sentido, a publicação de cem volumes da *Biblioteca Musical*, periódico internacional impresso pela *Casa Brandus* em Paris, França, foi anunciada em *O Jornal das Senhoras* a fim de ampliar o conhecimento musical das senhoras francesas e brasileiras que adquirissem este material. Dos cem volumes,

> [...] trinta e cinco, repertório único de tudo quanto os mestres antigos e modernos tem produzido de mais belo; serão consagrados ao canto e divididos pelos registros da voz, isto é, cinco ou seis volumes para *tenor*, sete ou oito para *soprano*, etc.; quarenta volumes pouco mais ou menos, destinados aos pianistas, conterão a reprodução, a mais correta das obras de Beethoven, Mozart, Mendelssohn, Selb, Bach, as de Chopin e dos mais ilustres pianistas modernos: vinte e cinco volumes formarão a parte da rabeca, violoncelo, flauta e outros instrumentos.[215]

Deste modo, quem tivesse posse deste "guia", bem como dos demais periódicos que circularam pela cidade, provavelmente estaria atualizado(a) musicalmente ao obter informações nacionais e internacionais sobre o universo musical.

A atualização musical não significava aceitar passivamente tudo o que era produzido e executado no país ou no exterior. Assim, o gosto musical das redatoras e colaboradoras do *O Jornal das Senhoras* determinou o que seria e o que não seria impresso no periódico.

---

214 *Ibidem*, nº 169, 25 mar. 1855, p. 09.
215 *Ibidem*, nº 180, 10 jun. 1855, p. 08 [grifos da autora].

Dentre as músicas não impressas, além das práticas sonoras executadas pelos sereteiros, os cantores de bares e de cafés cariocas foram deixados de lado pelas páginas do periódico feminino. "Como esses músicos anônimos viviam da contribuição eventual dos seus ouvintes, era nos cafés que encontravam o tipo de auditório mais receptível à sua arte".[216]

Apesar de as redatoras e colaboradoras não mencionarem a existência destes músicos no Rio de Janeiro, estas senhoras publicaram um pequeno texto pontuando a existência de dançarinas-cantoras em "Botequins-concertos" na França e entre os árabes.[217] Assim, esta prática musical provavelmente era conhecida entre as senhoras na cidade, porém os cantores de bares e de cafés cariocas ficaram registrados apenas na memória destas senhoras.

Além destes agentes musicais, o fado foi um estilo musical que passou despercebido no cenário musical carioca sob a ótica do *O Jornal das Senhoras*. Este gênero, "[...] ao que tudo indica, nascido em solo brasileiro de uma derivação do lundu com influência da modinha",[218] foi mais dançado do que cantado, sendo executado nas residências da elite ao longo do século XIX.

No país o fado "[...] se apresentaria ultrapassado por volta de 1870",[219] e provavelmente já era considerado ultrapassado na década de 1850 pelas redatoras e colaboradoras do *O Jornal das Senhoras*.

Outra manifestação musical existente no Rio de Janeiro, porém ignorada por Joanna, Violante, Gervasia e suas colaboradoras, foi o pregão:

> Criação sonora de profissionais livres – vendedores e compradores dos mais variados objetos, do-

---

216 TINHORÃO, José Ramos. *Op. cit.*, 1976, p. 24.

217 *O Jornal das Senhoras. Op. cit.*, n° 189, 12 ago. 1855, p. 09.

218 SANCHES, Cleber. *Fundamentos da Cultura Brasileira.* 3ª edição. Manaus: Editora Valer, 2009, p. 157.

219 TINHORÃO, José Ramos. *Os sons dos negros no Brasil. Cantos, danças, folguedos: origens.* São Paulo: Ed. 34, 2008, p. 83.

Páginas de sociabilidade feminina 203

ceiros, baleiros, sorveteiros, ou pequenos artesãos, como amoladores, consertadores de guarda-chuvas e panelas, etc.– o pregão pode ser apontado como uma das formas mais antigas de publicidade do tipo *jungle*.[220]

Por se tratar de uma prática realizada por vendedores ambulantes, supõe-se que a atenção dada pelas redatoras, colaboradoras e leitoras foi maior à prestação dos serviços oferecidos por estes profissionais, do que as palavras repetidas por eles em uma mesma sonoridade. O fato de muitos destes pregoeiros serem negros libertos ou escravos pode ter sido um dos elementos que influenciou no silêncio desta prática e destes agentes históricos nas páginas do *O Jornal das Senhoras*.

Apesar de viverem sob o sistema escravista, poucos foram os registros impressos no periódico de Joanna, Violante e Gervasia sobre este assunto. O artigo sob o título *Novecentos dólares Por uma escrava*, informou sobre um médico que se apaixonou por uma jovem e tomou-a por sua esposa, sem saber que ela era uma escrava.

Após se mudarem para outra região dos Estados Unidos, o proprietário da escrava foi até a residência do casal solicitar a quantia de novecentos dólares para alforriá-la, caso contrário seria impresso nos jornais o nome da jovem como uma escrava fugida. O médico questionou sua esposa que confirmou o relato de seu dono, que também era seu pai. Por fim, o médico apaixonado pagou a quantia requisitada para permanecer ao lado de sua amada.[221]

Traduzido pela Viscondessa de..., o texto impresso no periódico ilustrou o contexto norte-americano, e possivelmente buscou expor o posicionamento do médico diante daquela situação, mostrando que o amor de um homem era capaz de ir além de qualquer tipo de preconceito ou diferença. Assim, o que estava em jogo não era a condição de escra-

---

220 TINHORÃO, José Ramos. *Op. cit.*, 1976, p. 49 [grifo do autor].
221 *O Jornal das Senhoras. Op. cit.*, n° 72, 15 mai. 1853, p. 05-06.

vidão da jovem, vista como secundária, mas sim o exemplo da postura masculina que deveria ser seguida pelos maridos e ensinada aos filhos.

Para as redatoras e colaboradoras do *O Jornal das Senhoras* também foram secundárias as práticas musicais realizadas por negros e/ou escravos, tanto no Brasil quanto no exterior, mesmo que as músicas executadas se aproximassem do gosto destas senhoras.

Como exemplo, temos o caso da Malibran Preta, cantora da câmara da rainha da Izabel da Espanha e formada pelo conservatório real de Madrid que já se apresentava em Paris, na França, dois meses seguidos. O alvoroço parisiense para conferir a execução musical desta artista negra de origem cubana foi registrada na primeira página no periódico *Marmota Fluminense*, de Francisco de Paula Brito, em outubro de 1852. Porém, esta notícia passou em branco nas páginas do *O Jornal das Senhoras*.

Extraído do periódico *Cosmorama Pitoresco*, jornal de Milão, a biografia desta artista exótica, bem como sua imagem chamaram a atenção dos "Literatos, homens de ciência e política, senadores, ministros e embaixadores [...]" que disputaram um lugar no teatro para conferirem de perto a "preta virtuosa".[222]

---

222 BRITO, Francisco de Paula. *Marmota Fluminense*. Rio de Janeiro: Typographia Dous de Dezembro, n° 301, 01 out. 1852, p. 01.

Figura 8
Capa do periódico *Marmota Fluminense* – A Malibran Preta

Fonte: *Marmota Fluminense*, n° 301, 01 out. 1852, p. 01

Esta artista, reconhecida em vários países por suas habilidades musicais chamou mais a atenção masculina do que feminina. O fato de ela não ser registrada nas páginas do *O Jornal das Senhoras* é um exemplo de negligência desta informação às assinantes do periódico, que também liam a *Marmota Fluminense*, os impressos internacionais que chegavam ao país via embarcação marítima, e provavelmente tinham conhecimento sobre a Malibran Preta.

Deste modo, não houve interesse e importância para registrar nas páginas do jornal de Joanna, Violante e Gervasia certos agentes culturais e determinadas práticas sonoras, seja em outro país, seja no Brasil.

No Rio de Janeiro, os cantos de trabalho realizados por carregadores de sacas de alimentos também foram esquecidos pelas escritoras do *O Jornal das Senhoras*, mas foram registrados por viajantes estrangeiros.[223]

---

223 TINHORÃO, José Ramos. *Op. cit.*, 2008. p. 139.

Talvez a condição de visitante tenha contribuído para aguçar a percepção desta prática musical, considerada diferente e exótica para eles, porém comuns para as senhoras brasileiras.

Da mesma forma os registros do botânico Frei Alemão em expedição no Ceará, em 1859, e mencionados por José Ramos Tinhorão, servem de exemplo para ilustrar e registrar sua visão estrangeira sobre as danças de negros e de negras, o uso dos instrumentos como tambores e percussões e a presença de senhoras da elite para conferirem esta prática musical.[224] Ainda que os registros deste estrangeiro estejam fora da geografia carioca e do período de duração do *O Jornal das Senhoras*, a sensibilidade que ele teve em registrar a presença de senhoras da elite nas manifestações musicais de negros e de negras possibilita uma reflexão acerca do cotidiano destas senhoras, e como tais práticas musicais e instrumentos já eram conhecidas no Brasil.

Neste mesmo sentido, a redatora Joanna registrou em seu diário de viagem na ilha de Cuba sobre a jovem Ritinha e suas práticas musicais, "[...] ao compasso das castanholas e do voluptuoso fandango espanhol".[225] Apesar de ser uma prática de origem europeia e impressa nas páginas do *O Jornal das Senhoras*, o fandango não foi praticado pelas senhoras nos teatros, bailes ou jantares, pois era considerada como uma libidinosa, "[...] engraçada e voluptuosa dança",[226] demonstrando que certas convenções sociais restringiam determinadas práticas musicais. Além disso, o olhar estrangeiro de Joanna sobre a prática musical cubana, assim como do botânico Frei Alemão, provavelmente foi o que motivou o registro deste costume "exótico" em seu diário de viagem e nas páginas do *O jornal das Senhoras*.

Por fim, ainda que certas práticas musicais - os sereseteiros, os pregoeiros, os cantores de fados e de cafés, os cantos dos escravos e as demais manifestações musicais de negros e/ou escravos - tenham sido

---

224 *Ibidem*, p. 89-91.
225 *O Jornal das Senhoras*, *Op. cit.*, n° 13, 28 mar. 1852, p. 04.
226 *Ibidem*, n° 135, 30 jul. 1854, p. 08.

negligenciadas pelas páginas do *O Jornal das Senhoras*, elas não deixaram de fazer parte de seu cotidiano, permanecendo em suas memórias. Assim, o gosto pelas modinhas, lundus, schottisches, valsas, liras, romances, polcas, quadrilhas de contradanças, cantos religiosos e óperas ouvidas, dançadas, executadas, cantadas e sentidas nas residências, associações recreativas e musicais, no Passeio Público, nas igrejas e nos teatros compuseram as páginas de sociabilidade feminina, e moldaram o cenário musical carioca sob a ótica do *O Jornal das Senhoras*.

Conclusão

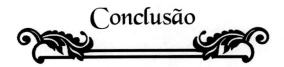

A fim de propagarem a ilustração, a emancipação moral e o melhoramento social e intelectual feminino, Joanna Paula Manso de Noronha, Violante Atabalipa Ximenes de Bivar e Vellasco e Gervasia Nunezia Pires dos Santos Neves atuaram como redatoras chefe do periódico *O Jornal das Senhoras* como meio para alcançarem estes objetivos.

Diante de suas trajetórias de vida, ligadas ao mundo dos impressos, da literatura, das artes teatrais e da música, estas senhoras da elite puderam assimilar os conhecimentos necessários para manterem a publicação de seu periódico, bem como estabelecê-lo em uma tipografia própria, a *Typographia do O Jornal das Senhoras*, localizada na Rua do Cano, nº 165.

A necessidade de mantê-lo estabilizado e bem localizado foi necessária devido ao grande número de tipografias e impressos periódicos existentes na cidade do Rio de Janeiro no mesmo período.

Tamanha concorrência influenciou nas estratégias editoriais utilizadas pelas redatoras para legitimar o periódico feminino na cidade e ser aceito por suas leitoras através das assinaturas semestrais.

Ao buscar aumentar o número de páginas, manter o mesmo valor da assinatura, receber a colaboração de novas escritoras e imprimir cartas de suas leitoras e assinantes, as redatoras do *O Jornal das Senhoras* utilizaram diversas táticas editoriais a fim de alcançar um público estável e ganhar o apoio feminino. Com isso, a subscrição do *O Jornal das Senhoras* na loja de moda e roupas dos Srs. Wallerstein, na casa de beleza de Alexandre e Francisco Demarais e na loja de livros de Louis Mongie, todos localizados na Rua do Ouvidor, serviu para dar visibilidade ao periódico nos determinados locais de constante presença feminina, bem como legitimá-lo na cidade do Rio de Janeiro.

Atentas às informações nacionais e internacionais, a leitura de outros impressos periódicos foi de grande importância para as redatoras e colaboradoras publicarem informações atualizadas sobre a moda europeia, os últimos folhetins escritos por diversos autores, variedades, poesias e o cotidiano carioca nas crônicas semanais, de quinzena, teatral, dos salões e o boletim musical.

O texto sobre moda relatou as vestimentas e acessórios utilizados pelas distintas senhoras em bailes de associações, jantares, festividades e teatros. As peças de estampas, bordados e moldes oriundas do periódico francês *Le Moniteur de la Mode*, inseridas em várias edições do *O Jornal das Senhoras* ilustraram a última moda parisiense influenciando os modos de vestir e os tipos de vestimentas utilizadas em determinados locais.

Os folhetins eram contos inspirados em relações amorosas, história de superação de dificuldades, batalha para alcançar algum objetivo, ou situações envolvendo sentimentos e diferenças sociais.

Com uma finalidade pedagógica, estes textos proporcionaram meios para que suas leitoras percebessem a condição social à qual elas eram submetidas e as possíveis maneiras para superá-las. Neste sentido, os textos sobre a educação moral tiveram um caráter pedagógico a fim de alcançarem a ilustração, o melhoramento social e a emancipação moral e intelectual feminina.

As poesias, assim como os folhetins e outros textos, geralmente traduziam os sentimentos vividos por seus autores. Ao relatarem a dor, o sofrimento, o choro, a saudade, a tristeza, a alegria, a paciência, a espe-

Páginas de sociabilidade feminina

rança, a bondade e o amor, estes escritores se aproximaram da sensibilidade feminina dando visibilidade à suas experiências de vida.

Os assuntos de variedades, além de possuírem uma finalidade informativa, também tinham um caráter instrutivo. Assim, textos sobre a medicina doméstica e medicina científica, receitas caseiras, costumes e práticas de outros povos, ao mesmo tempo em que informaram suas leitoras, contribuíram com suas práticas domésticas e cotidianas.

Já as crônicas semanais, de quinzena, teatral, dos salões e o boletim musical foram textos que contemplaram o cotidiano no Rio de Janeiro. Neste cenário impresso, foi possível relatar o que se viu, ouviu e sentiu em diversos espaços de sociabilidade frequentados.

As partituras musicais inseridas em edições esporádicas, além de contribuírem pedagogicamente na formação musical das assinantes, também ajudaram a moldar e identificar a paisagem sonora e o cenário musical carioca sob a ótica do O Jornal das Senhoras.

Enquanto a ideia de paisagem sonora foi utilizada a fim de identificar as sonoridades captadas por estas escritoras, o cenário musical carioca foi associado aos espaços de sociabilidade musicais frequentados e impressos nas páginas do O Jornal das Senhoras. A impressão destas informações estava relacionada aos gostos e escolhas destas senhoras, indicando suas preferências e, com isso, moldando este cenário musical impresso.

Ao imprimirem textos sobre variedades, modas, poesias, educação feminina, medicina e economia doméstica, folhetins, crônicas semanais, quinzenais, teatrais, dos salões, boletim musical e inserirem peças de modas, bordados e de partituras musicais elas tornaram O Jornal das Senhoras um meio de diálogo "de mulher para mulher", um veículo de instrução feminina e um espaço de poder, na luta pela equiparação sexual.

O diálogo feminino foi proporcionado pelas próprias redatoras que geralmente publicaram sob pseudônimos as cartas e os relatos de outras mulheres, dando visibilidade aos seus dilemas, tensões, sofrimentos, medos, desejos e anseios.

A instrução feminina, ligada à educação, estava relacionada aos conteúdos pedagógicos sobre a formação de uma consciência feminina sobre sua condição atual e de seu papel social em prol de melhorias. Acreditando que a melhoria social feminina aconteceria com a equiparação no ensino de homens e de mulheres e na mudança da educação masculina, alguns textos incutiram em suas leitoras uma atenção na educação de seus filhos a fim de que eles cresçam sob os princípios do respeito às mulheres, e nas virtudes do amor, considerado por elas como o sentimento fundamental para que homens e mulheres vivam sem distinções e sem preconceitos.

Tanto o diálogo quanto a instrução feminina, proporcionados pelo periódico, estabeleceram um espaço de poder simbólico e, consequentemente, um caráter ameaçador para alguns homens. A carta O Homem endereçada à redatora Joanna, e o artigo sobre a emancipação moral feminina, publicado no periódico Novo Correio das Modas foram exemplos das reações masculinas, contrários aos objetivos de Joanna, Violante, Gervasia e de suas colaboradoras.

Assim, os assuntos impressos por estas mulheres possibilitaram que suas leitoras adquirissem um maior conhecimento sobre sua condição em uma sociedade patriarcal, bem como os meios necessários para elas melhorarem seu modo de vida e alcançarem seus objetivos. Além disso, as diversas informações impressas em O Jornal das Senhoras permitiram identificarmos parte do cotidiano feminino, seus costumes, suas práticas e os espaços de sociabilidade frequentados.

As presenças na Rua do Ouvidor, no Passeio Público, no teatro Lírico Fluminense, no teatro de São Pedro, nas associações recreativas e musicais, e nas festas residenciais e religiosas influenciaram as relações sociais entre as mulheres e os homens que frequentaram estes espaços, estabelecendo redes de sociabilidade.

Estas redes de sociabilidade, associadas aos locais frequentados e as relações de solidariedade estabelecidas entre seus membros, foi possível devido aos acordos comerciais, as relações de amizades, os graus de

Páginas de sociabilidade feminina 213

parentescos e as trocas de informações entre as redatoras e outros redatores, músicos, tipógrafos, litógrafos, poetas, dramaturgos, empresários, políticos, comerciantes e demais agentes culturais que apareceram nas entrelinhas do *O Jornal das Senhoras* ou permaneceram nos bastidores deste cenário musical carioca.

Nestes espaços de sociabilidade a música também esteve presente, seja de forma secundária, seja como atração principal. Ouvida, dançada, praticada e sentida, ela foi impressa em *O Jornal das Senhoras* a fim de informar e instruir suas leitoras. Além disso, ela influenciou os gostos, os costumes, as escolhas e as frequências destas mulheres nos diversos locais de sociabilidade no Rio de Janeiro.

Porém, nem todos os espaços de sociabilidade foram frequentados ou relatados no periódico feminino. Enquanto os bares, certas sociedades privadas, bairros da região norte e região portuária não foram acessados e/ou mencionados nas páginas do *O Jornal das Senhoras*, o teatro São Januário só foi frequentado temporariamente, por causa da reconstrução do teatro São Pedro de Alcântara.

Com a reinauguração deste espaço, o teatro São Januário deixou de ser frequentado por possuir uma má localização e um péssimo público. Isso demonstrou que certos locais de sociabilidade até poderiam ser habitados, desde que motivados por alguma finalidade específica.

Da mesma forma que alguns locais não foram anunciados, nem todos os instrumentos, práticas e gêneros musicais foram impressos em *O Jornal das Senhoras*. E mesmo que algum gênero ou instrumento fosse relatado, isso não significava que ele era aceito e/ou praticado pelas redatoras, mas podia determinar críticas aos ruídos e barulhos provocados por estes praticantes e objetos sonoros.

Desde modo, os seresteiros, os pregoeiros, os cantores de bares, os dançarinos de fandango, os cantadores de fado e os cantos de trabalho escravo provavelmente foram vistos e ouvidos por estas redatoras, sendo alguns deles relatados, porém não foram praticados, seja por questão de convenção social, seja pela questão de gosto musical.

A convenção social e cultural destas mulheres da elite estava relacionada à preferência pela prática do canto e do piano. Além de possuir uma ressonância sonora maior do que outros instrumentos, o piano devia ser praticado sentado, impedindo o movimento corporal feminino e sua exposição aos espectadores.

Com a preferência por este instrumento, foi significativo o número de anúncios de professores de piano para suprir a crescente demanda, seguido posteriormente pelos professores de canto e, em menor número, dos demais instrumentos que circularam pela cidade e compuseram o cenário musical carioca.

Assim, até metade do século XIX, já existia no Rio de Janeiro toda uma estrutura social e cultural ligada à abertura de estabelecimentos musicais para dar conta de atender ao gosto e a prática musical do piano e também de outros instrumentos.

Lojas, fábricas, depósitos, copistas de música, litografias e outros estabelecimentos voltados à música proporcionaram a formação de um mercado musical dinâmico, atendendo aos diversos instrumentos praticados na cidade, em especial ao piano.

O aumento na demanda deste instrumento caracterizou o Rio de Janeiro como a "cidade dos pianos". Apesar de Mário de Andrade e outros pesquisadores atribuírem a frase ao escritor Manuel Araújo Porto-Alegre, em 1856, mal sabiam que a redatora Joanna Paula Manso de Noronha já havia publicado a frase em *O Jornal das Senhoras* quatro anos antes.

Além de relatar a massiva presença de pianos na cidade, o periódico de Joanna, Violante e Gervasia também imprimiu os gêneros musicais ouvidos, praticados e sentidos.

Seja em forma de partituras, seja em forma de informação musical, a modinha, o lundu, o schottisch, a valsa, a quadrilha de contradanças, a polca, o romance, a cançoneta italiana, a lira e a ópera foram os principais estilos musicais identificados no periódico de Joanna, Violante e Gervasia.

Estes gêneros – executados em teatros, sociedades privadas recreativas e musicais, residências e chácaras, igrejas, salões, ou mesmo nas ruas – deram o tom harmônico e melódico dos ritos religiosos, eventos oficiais e extra-oficiais, festividades e demais acontecimentos sociais, oferecendo lazer social às mulheres da elite carioca e moldando uma paisagem sonora e um cenário musical de uma nação em construção.

Neste sentido, foi possível conhecer os gêneros musicais ouvidos, dançados, praticados e sentidos nos diversos espaços de sociabilidade existentes na "cidade dos pianos" e frequentados pelas redatoras Joanna, Violante, Gervasia, suas colaboradoras, leitoras e demais agentes históricos.

Portanto, a sensibilidade musical no Rio de Janeiro Oitocentista capitada nesta pesquisa foi utilizada para ler, sentir e entender as páginas de sociabilidade feminina.

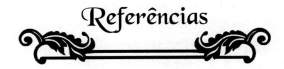

Referências

1. Fontes

1.1 Acervos, Bibliotecas Imagens e Sites consultados

Acervo Especial de Obras Raras – Fundação Biblioteca Nacional, Rio de Janeiro, RJ.

Biblioteca "Acácio José Santa Rosa" da Universidade Estadual Paulista "Júlio de Mesquita Filho" Campus de Assis (FCL – Assis).

Biblioteca Central "Cor Jesu" da Universidade Sagrado Coração, Bauru (USC-Bauru).

Biblioteca Central de Gragoatá da Universidade Federal Fluminense, Niterói, (UFF-Niterói).

Biblioteca da Universidade do Estado do Rio de Janeiro (CCS/A – UERJ)

Biblioteca da Universidade Estadual Paulista "Júlio de Mesquita Filho" Campus de Bauru (FAAC - Bauru).

Biblioteca da Universidade Estadual Paulista "Júlio de Mesquita Filho"

Campus de São Paulo (IA – São Paulo).

Biblioteca Florestan Fernandes da Universidade de São Paulo (FFLCH – USP)

Biblioteca Nacional - Rio de Janeiro

CANO, Jefferson; *et. al.* (Orgs.). *Mapas Temáticos Santana e Bexiga* 09, 10, 11, 14, 15, 16, 19 e 20 (Mapas da Coleção Gotto – Rio de Janeiro, 1866). Projeto Temático FAPESP Proc. 01/05017-1. Disponível em: < http://www.ifch.unicamp.br/cecult/mapas/mapasgotto/introgotto.html>. Acesso em 01 mar. 2017.

Center for Research Libraries – Global Resources Network: Disponível em: <http://www-apps.crl.edu/brazil/almanak/>. Acesso em 01 mar. 2017.

Dicionário inFormal: Disponível em: <http://www.dicionarioinformal.com.br>. Acesso em 01 mar. 2017.

Hemeroteca Digital Brasileira da "Biblioteca Nacional": Disponível em <http://hemerotecadigital.bn.br/>. Acesso em 01 mar. 2017.

LIMA, José Correia de. *Maestro Francisco Manuel ditando o Hino Nacional.* 1850. 1 original de arte, óleo sobre tela, 238 cm x 175 cm. Disponível em: <http://goo.gl/vao4fu>. Acesso em 01 mar. 2017.

UHLÔA, Martha Tupinambá de. Projeto *Matrizes musicais e matrizes culturais da música brasileira.* (Música em periódico Oitocentista): Disponível em <http://www4.unirio.br/mpb/bib/>. Acesso em 01 mar. 2017.

1.2 Periódicos e demais fontes impressas

Almanak do Rio de Janeiro. Rio de Janeiro: Imprensa Imperial e Nacional, 1816-1827.

Páginas de sociabilidade feminina   219

BIVAR, Diogo Soares da Silva. *Idade d'Ouro do Brazil*. Salvador: Typographia de Manoel Antonio da Silva Serva, 1811-1823.

BOIS-GARIN, Adolphe Émile de. *O Espelho das Brasileiras*. Recife: Typographia Fidedigna, 1831.

BRASIL. *Collecção das Decisões do Governo do Brazil* - 1821. Rio de Janeiro: Imprensa Nacional, 1889.

BRASIL. *Collecção das Leis do Brazil de 1808*. Rio de Janeiro: Imprensa Nacional, 1891, vol. 1.

BRITO, Francisco de Paula. *A Marmota na Corte*. Rio de Janeiro: Typographia de Paula Brito, 1849-1852.

_____. *Marmota Fluminense*. Rio de Janeiro: Typographia Dous de Dezembro, 1852-1857.

CABRAL, J. M. Rocha. *Jornal do Instituto Histórico e Geographico Brasileiro*. Rio de Janeiro: Typographia da Ass. do Despertador, 1º de Abril de 1839 [tomo primeiro].

Correio Mercantil, Rio de Janeiro: Typographia do Correio Mercantil, de Rodrigues e Comp., 1844-1868.

Diário do Rio de Janeiro. Rio de Janeiro: Typographia do Diário, 1821-1878.

Estatutos da Sociedade Sylphide. Rio de Janeiro: Typographia de Paula Brito, Praça da Constituição, n. 64, 1851.

Guanabara. Revista Mensal, Artistica, Scientifica e Litteraria, redigida por uma associação de litteratos. Rio de Janeiro: Typographia Guanabarense de L. A. F. de Menezes, 1849-1856.

IGREJA PRESBITERIANA DO RIO DE JANEIRO. *Centro de Documentação: CENDOC*. Livro de Registro de Membros da Igreja Presbiteriana do Rio de Janeiro: Início 12 de janeiro de 1862, Fim 02 de julho de 1911, Rio de Janeiro, 06 nov. 1864.

Illustração Brasileira. Jornal litterario, científico e illustrado, redigido por uma associação de litteratos. Rio de Janeiro: Typographia da Viúva Vianna Júnior, 1854-1855.

Jornal do Commercio. Rio de Janeiro: Typographia de Emile-Seignot Plancher e Comp., 1821-2016.

LAEMMERT, Eduardo; LAEMMERT, Henrique. *Almanak Administrativo, Mercantil e Industrial do Rio de Janeiro.* Rio de Janeiro: Typographia Universal de Laemmert, 1844-1889.

LEVI, Isey. *Rio Mercantil Journal.* Rio de Janeiro: Impresso por Soares & C., 1847-1856.

MARANHENSE, Ignacio José Ferreira. *O Brado do Amazonas.* Rio de Janeiro: Typographia Franceza, 1852-1858.

MARQUES, J. R. de Azevedo, et. al. *Correio Paulistano.* São Paulo: Typographia Imparcial de Marques & Irmão, 1854-1930.

MORANDO, Antonio Maximiano. *Periodico dos Pobres.* Rio de Janeiro: Typographia de Antonio Maximiano Morando, 1850-1856/1870-1871.

NORONHA, Joana Paula Manso de; VELLASCO, Violante Atabalipa Ximenes de Bivar e; NEVES, Gervasia Nunezia Pires dos Santos. *O Jornal das Senhoras.* Rio de Janeiro: Typographia Parisiense; Typographia de Santos e Silva; Typographia de G. Leuzinger do Jornal das Senhoras; Typographia do Jornal das Senhoras, 1852-1855.

Novo Correio das Modas. Rio de Janeiro: Typographia Universal de Eduardo e Henrique Laemmert, 1852-1854.

NUNES, Antonio Duarte. Almanac Historico da cidade de S. Sebastião do Rio de Janeiro para o ano de 1799. *Revista do Instituto Histórico e Geográfico Brasileiro.* Tomo XXI – 2º Trimestre de 1858. Rio de Janeiro: Imprensa Nacional, 1930, p. 156.

O Grito Nacional. Rio de Janeiro: Typographia do Sr. Silva Lima, 1848-1858.

Páginas de sociabilidade feminina 221

O Liberal. Periodico Politico e Litterario. Rio de Janeiro: Typographia de M. A. da Silva Lima, 1848-1855.

PLANCHER, Pierre. *O Espelho Diamantino.* Rio de Janeiro: Imperial Typographia de P. Plancher-Seignot, 1827-1828.

2. Bibliografia

ABREU, Marcia. Duzentos anos: os primeiros livros brasileiros. In: BRAGANÇA, Aníbal; ABREU, Marcia (Orgs.). *Impresso no Brasil: dois séculos de livros brasileiros.* São Paulo: Editora Unesp, 2010, pp. 41-66.

AGULHON, *Maurice. Pénitents et Francs-Maçons de l'ancienne Provence: essai sur la sociabilité méridionale.* Paris: Fayard, 1984.

ALBUQUERQUE, Samuel. *Nas memórias de Aurélia: cotidiano feminino no Rio de Janeiro do século XIX.* São Cristovão: Editora UFS, 2015.

ALENCASTRO, Luis Felipe. Vida privada e ordem privada no Império. In: NOVAIS, Fernando de A. (Org.). *História da vida privada no Brasil* – Império: a corte e a modernidade nacional. Vol. 2. São Paulo: Companhia das Letras, 1997.

ANDRADE, Mário de. *Modinhas Imperiais.* São Paulo: Martins Editora, 1964.

_____. *Pequena história da música.* 5ª edição. São Paulo: Livraria Martins Editora, 1958.

ARAÚJO, Maria da Conceição Pinheiro. *Tramas femininas na imprensa do século XIX: tessituras de Ignez Sabino e Délia.* Tese de doutorado. Rio Grande do Sul: PUC-RS, 2008.

ARRUDA, José Jobson de Andrade. *Uma colônia entre dois impérios: a abertura dos portos brasileiros 1800-1808.* Bauru: EDUSC, 2008.

BELO, André. *História & livro e leitura*. 2ª ed. 1ª. Reimp. – Belo Horizonte: Autêntica Editora, 2013. (Coleção História &... Reflexões, 3).

BITTENCOURT-SAMPAIO, Sérgio. *Música: velhos temas, novas leituras*. Rio de Janeiro: Mauad X, 2002.

BOEIRA, Luciana Fernandes. "Lendo imagens: a litografia no Brasil do século XIX". *Saeculum* (UFPB), Paraíba, nº. 28, p. 155-175, 2013.

BOURDIEU, Pierre. *A economia das trocas simbólicas* (Introdução, organização e seleção Sergio Miceli). São Paulo : Perspectiva, 2007.

_____. "Une révolution conservatrice dans l'édition". *Acte de la recherche em Science Sociale*, vol. 126, nº 1, p. 03-28, 1999.

BRAGANÇA, Aníbal. "A criação da impressão régia no Rio de Janeiro: novos aportes." In: FERREIRA, Tania Maria Tavares Bessone da Cruz *et. al.* (Orgs.). *D. João e o Oitocentismo*. Rio de Janeiro: Contra Capa/Faperj, 2011, p. 39-54.

_____. António Isidoro da Fonseca e Frei José Mariano da Conceição Veloso: precursores. In: BRAGANÇA, Aníbal; ABREU, Marcia (Orgs.). *Impresso no Brasil*: dois séculos de livros brasileiros. São Paulo: Editora Unesp, 2010, p. 25-40.

BUITONI, Dulcília Helena Schroeder. *Imprensa feminina*. São Paulo: Editora Ática, 1986.

_____. *Mulher de papel: a representação da mulher pela imprensa feminina*. São Paulo: Edições Loyola, 1981.

BURKE, Peter. *O que é história cultural?* Tradução: Sergio Goes de Paula. 2ª ed. revista e ampliada. Rio de Janeiro: Zahar, 2008.

CANELAS, Letícia Gregório. "O Courrier du Brésil e o conflito entre associações francesas no Rio de Janeiro" In: VIDAL, Laurent; LUCA, Tania Regina de (Orgs.). *Franceses no Brasil*: século XIX--XX. São Paulo: Editora Unesp, 2009, p. 289-318.

CARVALHO, Dalila Vasconcellos de. *O gênero da música: a construção social da vocação*. São Paulo: Alameda, 2012.

CARVALHO, Leonardo Dallacqua de. *A eugenia no humor da Revista Ilustrada Careta: raça e cor no Governo provisório (1930-1934)*. Dissertação de mestrado. Assis: UNESP, 2014.

CASTAGNA, Paulo. Música na América portuguesa. In: MORAES, José Geraldo Vinci de; SALIBA, Elias Thomé (Orgs.). *História e música no Brasil*. São Paulo: Alameda, 2010.

_____. "Periódicos musicais brasileiros no contexto das bibliografias e bases de dados na área da música". *VII Encontro de Musicologia Histórica*. Juiz de Fora: Centro Cultural Pró-Música, 21-23 de julho de 2006. *Anais*. Juiz de Fora: Centro Cultural Pró-Música, 2008, p. 21-54, ISBN: 978-85-89057-04-2.

_____; TRINDADE, Jaelson. Chapelmasters and musical practice in Brazilian cities in the eighteenth century. In: BAKER, Geoffrey; Knighton, Tess. *Music and urban society in colonial Latin America*. New York: Cambridge University Press, 2011, p. 132-150.

CAVALCANTI, Nireu Oliveira. "A livraria do Teixeira e a circulação de livros na cidade do Rio de Janeiro, em 1794". *Acervo – Revista do Arquivo Nacional*. Vol. 8, nº 01/02, jan-dez. de 1995. Rio de Janeiro: Arquivo Nacional, 1995.

_____. *O Rio de Janeiro setecentista: a vida e a construção da cidade da invasão francesa até a chegada da Corte*. Rio de Janeiro: Jorge Zahar Ed., 2004.

CHARLES-DOMINIQUE, Luc. Les "paysages sonores" en question: l'ethnomusicologie à l'épreuve des théories aréologiques. In: CANDAU, Joël; LE GONIDEC, Marie-Barbara. *Paysages sensoriels: essai d'anthropologie de la construction et de la perception de l'environnement sonore*. Paris: Éditions du Comité des travaux historiques et scientifiques, 2013, p. 123-151.

CHARTIER, Roger. *A História Cultural: entre práticas e representações*. Tradução: Maria Manuela Galhardo, 2ª ed. Rio de Janeiro: Bertrand Brasil; Lisboa: Difel, 2002.

_____. *Leitura e leitores na França do Antigo Regime.* Tradução: Álvaro Lorencini. São Paulo: Ed. Unesp, 2004.

CORBIN, Alain. Do limousin às culturas sensíveis. In: RIOUX, Jean-Pierre; SIRINELLI, Jean-François. *Para uma história cultural.* Lisboa: Editorial Estampa, 1998, p. 97-110.

_____. *Les cloches de la terre: paysage sonore et culture sensible dans les campagnes au XIXe siècle.* Paris : Flammarion, Champs, 2000.

COROMINA, Irene Susana. "El *Álbum de Señoritas* y la emancipación de la mujer". *Dialogía: revista de lingüística, literatura y cultura.* ISSN 1819-365X, n° 3, 2008.

COSTA, Emília Viotti da. *Da Monarquia à República: momentos decisivos.* 9ª ed. São Paulo: Editora UNESP, 2010.

COSTA, Hebe Canuto da Boa-Viagem de Andrade. *Elas, as pioneiras do Brasil: a memorável saga dessas mulheres.* São Paulo: Scortecci, 2005.

CRUZ, Heloísa de Faria; PEIXOTO, Maria do Rosário da Cunha. "Na oficina do Historiador: Conversas sobre História e Imprensa". *Revista Projeto História*, São Paulo, v° 35, p. 253-270, dez. 2007.

CUNHA, Fabiana Lopes da. *Caricaturas carnavalescas e humor no Rio de Janeiro através da ética das revistas ilustradas Fon-Fon! E Careta (1908-1921).* Tese de doutorado. São Paulo: USP, 2008.

_____. *Da marginalidade ao estrelato: o samba na construção da nacionalidade (1917-1945).* São Paulo: Annablume, 2004.

D'INCAO, Maria Ângela. Mulher e família burguesa. In: DEL PRIORE Mary (Org.). *História das mulheres no Brasil.* 7ª ed. São Paulo: Contexto, 2004.

DARNTON, Robert. *O beijo de Lamourette: mídia, cultura e revolução.* Tradução Denise Bottmann. São Paulo: Companhia das Letras, 2010.

Páginas de sociabilidade feminina 225

DINIZ, André. *Joaquim Callado: o pai do choro*. Rio de Janeiro: Jorge Zahar, 2008.

DOURADO, Tatiana Maria. "A revista "As Variedades ou Ensaios de Literatura" e os primeiros indícios de jornalismo especializado". *Revista Brasileira de História da Mídia*, v. 2, p. 223-229, 2013.

DUARTE, Constância Lima. *Imprensa feminina e feminista no Brasil: Século XIX: dicionário ilustrado*. 1ª ed. Belo Horizonte: Autêntica, 2016.

_____. Nísia Floresta e a educação feminina no século XIX. In: LÔBO, Yolanda; FARIA, Lia (Orgs.). *Vozes femininas do Império e da República*. Rio de Janeiro: Quartet / FAPERJ, 2008, p. 105-144.

ÉLART, Joann. *Catalogue des fonds musicaux conservés em Haute-Normandie*. Tome I - Bibliothèque municipale de Rouen. Volume 1 – Fond du Théâtre des Arts (XVIIIe et XIXe siècles). Rouen: Publications de l'Université de Rouen, 2004.

FEITOZA, Tatiana Mariano. *Los Misterois del Plata: literatura feminina e rosismo na Argentina no século XIX*. Dissertação de mestrado. Rio de Janeiro: UFRJ, 2009.

FERREIRA, Tania Maria Tavares Bessone da Cruz. A imprensa no Brasil e os debates sobre propriedade literária no Oitocentos. In: FERREIRA, Tania Maria Tavares Bessone da Cruz *et. al.* (Orgs.). *D. João e o Oitocentismo*. Rio de Janeiro: Contra Capa/Faperj, 2011, p. 79-92.

_____. Reverenciando as letras: Espaços de consagração e construção da cidadania. In: RIBEIRO, Gladys Sabina; FERREIRA, Tania Maria Tavares Bessone da Cruz (Orgs.). *Linguagens e práticas da cidadania no século XIX*. São Paulo: Alameda, 2010b, p. 321-338.

_____; NEVES, Lúcia Maria Bastos P. das. Brasil, Portugal e França: a circulação de ideias políticas e culturais por meio dos que tratam em livros (1808-1830). In: ABREU, Marcia; DEAECTO, Marisa

Midori (Orgs.). *A circulação transatlântica dos impressos*: conexões. 1ª ed. Campinas: IEL/Setor de Publicações, 2014, p. 15-24.

_____. Privilégios ou direitos? A questão autoral entre intelectuais e homens de Estado no Brasil do século XIX. In: BRAGANÇA, Aníbal; ABREU, Marcia (Orgs.). *Imprensa no Brasil*: dois séculos de livros brasileiros. São Paulo: Editora Unesp, 2010a., p. 503-518.

FIGARI, Carlos. *As outr@s cariocas: interpelações, experiências e identidades homoeróticas no Rio de Janeiro: séculos XVIII ao XX*. Belo Horizonte: Editora UFMG; Rio de Janeiro: IUPERJ, 2007.

FREYRE, Gilberto. Gilberto. *Sobrados e Mucambos: decadência do patriarcado e desenvolvimento do urbano*. Apresentação de Roberto DaMatta; Biografia de Edson Nery da Fonseca; notas bibliográficas e índices atualizados por Gustavo Henrique Tuna. – 16ª ed. São Paulo: Global, 2008a.

_____. *Vida social no Brasil nos meados do século XIX*. Tradução do original em inglês por Waldemar Valente em convênio com o Instituto Joaquim Nabuco de Pesquisas Sociais. 4ª ed, revista, são Paulo: Global, 2008b.

FRIDMAN, Fania. *Judeus-franceses no Rio de Janeiro do século XIX*. In: VIDAL, Laurent; LUCA, Tania Regina de (Orgs.). *Franceses no Brasil: século XIX-XX*. São Paulo: Editora Unesp, 2009, p. 175-190.

GARCIA, Sheila do Nascimento. *Revista Careta: um estudo sobre humor visual no Estado Novo (1837-1945)*. Dissertação de Mestrado. Assis: UNESP, 2005.

GAY, Peter. *A experiência burguesa: da Rainha Vitória a Freud: A educação dos sentidos*. Tradução: Per Salter. 2ª reimp. São Paulo: Companhia das Letras, 2000.

GINZBURG, Carlo. *O queijo e os vermes: o cotidiano e as ideias de um moleiro perseguido pela Inquisição* (tradução Maria Betânia Amo-

Páginas de sociabilidade feminina 227

roso; tradução dos poemas: José Paulo Paes; revisão técnica: Hilário Franco Jr.). São Paulo: Companhia das Letras, 2006.

GIRON, Luís Antônio. *Minoridade Crítica: a Ópera e o Teatro nos Folhetins da Corte: 1826-1861*. São Paulo: Editora da Universidade de São Paulo. – Rio de Janeiro: Ediouro, 2004.

GOMES, Ângela de Castro. *Essa gente do Rio...: modernismo e nacionalismo*. Rio de Janeiro: Editora Fundação Getulio Vargas, 1999.

GRAU-LLEVERÍA, Elena. "La ficción política romántica en Los misterios del Plata. Episodios de la época de Rosas, escritos en 1846 de Juana Paula Manso". *Decimonónica*. Vol. 7 nº 1, p. 1-20, Winter/ Invierno 2010.

HABERMAS, Jürgen. *Mudança estrutural da Esfera Pública: investigações quanto a uma categoria da sociedade burguesa* (tradução de Flávio R. Kothe). Rio de Janeiro: Tempo Brasileiro, 2003.

HAHN, H. Hazel. *Scenes of parisian modernity: culture and consumption in the nineteenth century*. New York: Palgrave Macmillan, 2009.

HAHNER, June E. *Emancipação do sexo feminino: a luta pelos direitos da mulher no Brasil. 1850-1940*. Tradução de Eliane Lisboa; apresentação de Joana Maria Pedro. Florianópolis: Ed. Mulheres; Santa Cruz do Sul: EDUNISC, 2003.

_____. Honra e distinção das famílias. In: PINSKY, Carla Bassanezi; PEDRO, Joana Maria. *Nova história das mulheres no Brasil*. São Paulo: Contexto, 2012, p. 43-64.

HALLEWELL, Laurence. *O livro no Brasil: sua história* [tradução de Maria da Penha Villalobos e Lélio Lourenço de Oliveira, revista e atualizada pelo autor]. – São Paulo: T. A. Queiroz: Ed. da Universidade de São Paulo, 1985.

ISHAQ, Vivien. O Rio de Janeiro das festas chilenas. In: MALERBA, Jurandir; HEYNEMANN, Cláudia Beatriz; RAINHO, Maria do

Carmo Teixeira. *Festas Chilenas: sociabilidade e política no Rio de Janeiro no Ocaso do Império.* Porto Alegre: EDIPUCRS, 2014, p. 77-96.

JANOTTI JUNIOR, Jeder. *"Entrevista* – Will Straw e a importância da ideia de cenas musicais nos estudos de música e comunicação". *Revista da Associação Nacional dos Programas de Pós-Graduação em Comunicação* | E-compós, Brasília, v.15, n.2, p. 1-10, maio/ago. 2012.

JINZENJI, Mônica Yumi. *Cultura impressa e educação da mulher no século XIX.* Belo Horizonte: Editora UFMG, 2010.

JURATIC, Sabine. "Da prosopografia dos livreiros ao estudo das redes do livro: Balanço e Perspectiva de Pesquisa. Trad: Claudio Giordano". *Livro. Revista do Núcleo de Estudos do Livro e da Edição.* Nº 1, maio, p. 75-88. São Paulo: USP/Ateliê Editorial, 2011.

KERR, Samuel; KERR, Dorotéa Machado. O cantar dos hinos e o emergir de um fazer musical. In: SCKEFF, Maria de Lourdes; ZAMPRONHA, Edson S. (Orgs.). *Arte e cultura IV: estudos interdisciplinares.* São Paulo: Annablume; FAPESP, 2006, p. 191-206.

KURY, Lorelai. *Iluminismo e Império no Brasil:* O Patriota (1813-1814). Rio de Janeiro: Editora Fiocruz, 2007.

LEME, Mônica Neves. *E "saíram à luz" as novas coleções de polcas, modinhas, lundus, etc. Música popular e impressão musical no Rio de Janeiro (1820-1920).* Tese de doutorado. Niterói: UFF, 2006.

_____. "Isidoro Bevilacqua e Filhos: radiografia de uma empresa de edição musical no longo século XIX". In: LOPES, Antonio Herculano *et. al.* (Orgs.). *Música e história no longo século XIX:* Rio de Janeiro: Fundação Casa de Rui Barbosa, 2011.

LEMOS, Valéria Pinto (Org.). *Os exames censórios do Conservatório Dramático Brasileiro: inventário analítico.* Rio de Janeiro: Fundação Biblioteca Nacional, 2014.

LIMA, Joelma Varão. *O Jornal das senhoras, um projeto pedagógico: mulheres, maternidade, educação e corpo (Rio de Janeiro, segunda metade do século XIX)*. Tese de doutorado. São Paulo: PUC, 2012.

LIMA, Raquel dos Santos Sousa; TEIXEIRA, Igor Salomão. "Ser mãe: o amor materno no discurso católico do século XIX". *Horizonte*. Belo Horizonte, v. 6, n. 12, p. 113-126, jun. 2008.

LOBO, Luiza. "Juana Manso: Uma Exilada em três pátrias". *Gênero*. Niterói, v. 9, n. 2, p. 47-74, 1º sem. 2009.

LUCA, Tania Regina de. História dos, nos e por meio dos periódicos. In: PINSKY, Carla Bassanezi (Org.). *Fontes históricas*. 2ª ed., 1ª reimp. São Paulo: Contexto, 2008, p. 111-154.

_____. Mulher em Revista. In: PINSK, Carla Bassanezi; PEDRO, Joana Maria. *Nova História das Mulheres no Brasil*. São Paulo: Contexto, 2012, p. 447-468.

LUSTOSA, Isabel. *Insultos impressos: a guerra dos jornalistas na independência (1821-1823)*. São Paulo: Companhia das Letras, 2000.

MAGALDI, Cristina. *Music in imperial Rio de Janeiro: European culture in a tropical milieu*. Maryland: Scarecrow Press, Inc., 2004.

MALUF, Marina; MOTT, Maria Lúcia. Recônditos do mundo feminino. In: NOVAIS, Fernando A. (Org.) *História da vida privada no Brasil*, vol. 3 [Organizador do volume Nicolau Sevcenko]. São Paulo: Companhia das Letras, 1998.

MAMMI, Lorenzo. *Carlos Gomes*. 1ª ed. São Paulo: Publifolha, 2001.

MANTOVANI, Rafael. "A moda contra a tirania: elucubrações dos costumbristas argentinos do XIX". *Temas y debates* (Rosario), v. 23, p. 39-54, 2012.

MARTINS, Maria Fernanda Vieira. *A velha arte de governar: um estudo sobre política e elites a partir do Conselho de Estado (1842-1889)*. Rio de Janeiro: Arquivo Nacional, 2007.

MEDEIROS, Pedro Henrique Cavalcante de. *Pelo progresso da sociedade: a imprensa protestante no Rio de Janeiro imperial (1864-1873)*. Dissertação de mestrado. Seropédica, RJ: UFRRJ, 2014.

MELO, José Marques de. *Sociologia da imprensa brasileira: a implantação* (prefácio de Luiz Beltrão). Petrópolis: Vozes, 1973.

MOIRAND, Sophie. Situação da escrita, imprensa escrita e pedagogia. In: GALVES, Charlotte; ORLANDI, Eni Puccinelli; OTONI, Paulo (Orgs.). *O texto leitura e escrita*. 3ª ed., revisada (Organização e revisão técnica da tradução: GALVES, C.; ORLANDI, E. P.; OTONI, P.). Campinas, SP: Fontes, 2002.

MOLINA, Matías Martínez. *História dos jornais no Brasil. Da era colonial à Regência (1500-1840)*. 1ª ed. – São Paulo: Companhia das Letras, 2015.

MONTEIRO, Maurício. *A construção do gosto: música e sociedade na Corte do Rio de Janeiro – 1808 – 1821*. São Paulo: Ateliê Editorial, 2008.

MONTELEONE, Joana. *O circuito das roupas: a Corte, o consumo e a moda (Rio de Janeiro, 1840-1889)*. Tese de doutorado. São Paulo: USP, 2013.

MORAES, Rubens Borba de. *Livros e bibliotecas no Brasil colonial*. 2ª ed. Brasília: Briquet de Lemos, 2006.

MOREIRA, Sandra Careli. "A maternidade na segunda metade do século XIX: sua idealização na imprensa escrita e suas possibilidades de concretude social". *MÉTIS: história & cultura* – v. 2, n. 2, p. 285-306, jul./dez. 2002.

MOREL, Marco. *As transformações dos espaços públicos: imprensa, atores políticos e sociabilidades na cidade imperial (1820-1840)*. São Paulo: Hucitec, 2005.

_____. Da Gazeta tradicional aos jornais de opinião: metamorfoses da imprensa periódica no Brasil. In: NEVES, Lúcia Maria Bastos Pereira das (Orgs.). *Livros e Impressos: retratos do Setecentos e do Oitocentos*. Rio de Janeiro: EDUERJ, 2009, p. 153-184.

_____. "Sociabilidades entre Luzes e sombras: apontamentos para o estudo histórico das maçonarias da primeira metade do século XIX". *Estudos Históricos*, Rio de Janeiro, n° 28, p. 03-22, 2001.

MUZART, Zahidé Lupinacci. "Uma espiada na imprensa das mulheres no século XIX". *Revista Estudos Femininstas*, vol. 11, n° 1, p. 225-233, jan-jun/2003.

NAPOLITANO, Marcos. *História e Música: história cultural da música popular*. 3ª ed. Belo Horizonte: Autêntica, 2005.

NEVES, Lúcia Maria Bastos Pereira das. "As Belas Letras na Livraria de Jean Baptiste Bompard (1824-1828)". *História (São Paulo)* v. 32, n. 1, p. 79-98, jan/jun 2013.

_____. Opinião Pública. In: FERES JÚNIOR, João (Org.). *Léxico da história dos conceitos políticos no Brasil*. Belo Horizonte: Editora UFMG, 2009, p. 181-202.

OLIVEIRA, Paulo Motta. E a imprensa chegou ao Brasil: Reflexões sobre livros, invasões e mercados. In: FERREIRA, Tania Maria Tavares Bessone da Cruz *et. al.* (Orgs.) *D. João e o Oitocentismo*. Rio de Janeiro: Contra Capa/Faperj, 2011, p. 55-64.

ORLANDI, Eni Pulcinelli. *Discurso e leitura*. 5ª ed. São Paulo: Cortez; Campinas, SP: Editora da universidade de Campinas, 2000. (Coleção passando a limpo).

OUVRY-VIAL, Brigitte. "L'acte editorial: vers une théorie du gest". *Communication et langages*, vol. 154, n. 1, pp. 67-82, 2007.

PAGLIARULO, Elisabetta. "Juana Paula Manso (1819-1875) Presencia femenina indiscutible en la educación y en la cultura argentina del siglo XX, con proyección americana". *Revista Historia de la Educaci-*

ón *Latinoamericana*, vol. 13, n° 17, pp. 17-42, Tunja Jul/dec. 2011.

PALLARES-BURKE, Maria Lúcia Garcia. "A imprensa periódica como uma empresa educativa no século XIX". *Cadernos de Pesquisa*. São Paulo, n. 104, p. 144-161, jul. 1998.

PEREIRA, Mayra Cristina. *A circulação de instrumentos musicais no Rio de Janeiro: do período colonial ao final do primeiro reinado*. Tese de doutorado. Rio de Janeiro: UNIRIO, 2013.

_____. *Do cravo ao Pianoforte no Rio de Janeiro: um estudo documental e organológico*. Dissertação de mestrado, Rio de Janeiro: UFRJ, 2005.

PINSKY, Carla Bassanezi. Gênero. In: PINSKY, Carla Bassanezi. (Orgs.). *Novos temas nas aulas de história*. 2ª ed., 2ª reimpr. São Paulo: Contexto, 2013, p. 29-54.

RIBEIRO, Lavina Madeira. *Imprensa e espaço público: a institucionalização do jornalismo no Brasil (1808-1964)*. Rio de Janeiro: E-Papers Serviços Editoriais, 2004.

RIZZINI, Carlos. *O Jornalismo antes da Tipografia*. São Paulo: Comp. Ed. Nacional, 1968.

_____. *O livro, O Jornal e a Tipografia no Brasil, 1500-1822: com um breve estudo geral sobre a informação*. (Ed. Fac Similar). São Paulo: Imprensa Oficial do Estado, 1988.

SANCHES, Cleber. *Fundamentos da Cultura Brasileira*. 3ª edição. Manaus: Editora Valer, 2009.

SÁNCHEZ, Santiago Javier. "Mariquita Sánchez: ¿Madre de la Patria o feminista patriótica? Processos Históricos". *Revista de Historia y Ciencias Sociales*, n° 25, enero-julio. Mérida, Venezuela, p. 18-37, 2014.

SANDRONI, Carlos. *Feitiço Decente: transformações do samba no Rio de Janeiro, 1917-1933*. Rio de Janeiro: Jorge Zahar / Ed. UFRJ, 2001.

SATURNINO, Edison Luiz. *Representações do corpo leitor na pintura*

Páginas de sociabilidade feminina 233

artística brasileira do século XIX e início do século XX: contribuições para a história das práticas de leitura. Tese de Doutorado. Porto Alegre: UFRGS, 2011.

SCHAFER, Raymond Murray. *A afinação do mundo: uma exploração pioneira pela história passada e pelo atual estado do mais negligenciado aspecto do nosso ambiente: a paisagem sonora*. (Introdução: Marisa Trench Fonterrada). São Paulo: Editora da Unesp, 2001.

_____. *O ouvido pensante* (Tradução Marisa Tench de O. Fonterrada, Magda R. Gomes da Silva, Maria Lúcia Pascoal). São Paulo: Fundação Editora da Unesp, 1991.

SCHUMAHER, Schuma; BRAZIL, Érico Vital (Orgs.). *Dicionário mulheres do Brasil: de 1500 até a atualidade biográfico e ilustrado*. Rio de Janeiro: Jorge Zahar Ed. 2000.

SCHWARCZ, Lilian Moritz. *As barbas do imperador: D. Pedro II, um monarca nos trópicos*. 2ª ed. 12ª reimp. São Paulo: Companhia das Letras, 1998.

SCOLT, Ana Silvia. O caleidoscópio dos arranjos familiares. In: PINSK, Carla Bassanezi; PEDRO, Joana Maria. *Nova História das Mulheres no Brasil*. São Paulo: Contexto, 2012, p. 15-42.

SCOTT, Joan Wallach. "Gênero: uma categoria útil de análise histórica". *Educação & Realidade*. Porto Alegre, vol. 20, nº 2, jul./dez. 1995.

_____. Os usos e abusos do gênero. Tradução: Ana Carolina E. C. Soares. *Projeto História*, São Paulo, n. 45, pp. 327-351, dez. 2012.

SEMERARO, Claudia Mariano; AYROSA, Christiane. *História da Tipografia no Brasil*. São Paulo: Museu de Arte de São Paulo (MASP): Secretaria de Cultura, Ciência e Tecnologia do Governo do Estado de São Paulo, 1979.

SILVA, Eliana Maria de Almeida Monteiro da. *Clara Schumann: Compositora X Mulher de compositor*. Dissertação de mestrado. São Paulo: USP, 2008.

SILVA, Janaína Girotto da. *Profusão de Luzes: os concertos nos clube musicais e no Conservatório de Música do Império*. Rio de Janeiro: Fundação Biblioteca Nacional, 2007 (Relatório de Pesquisa).

SILVA, Maria Beatriz Nizza da. *A Gazeta do Rio de Janeiro (1808-1822): Cultura e Sociedade*. Rio de Janeiro: EdUERJ, 2007.

SILVA, Odailta Alves da. *A influência africana no português em Pernambuco: um mergulho em Ascenso Ferreira*. Dissertação de mestrado. Recife: UFPE, 2011.

SILVA JUNIOR, Jonas Alves da. *Doces modinhas pra Iaiá, buliçosos lundus pra Ioiô: poesia romântica e música popular no Brasil do século XIX*. São Paulo: Linear B; Faculdade de Filosofia, Letras e Ciências Humanas, 2008 (Coleção Dissertações e Teses do Programa de Pós--Graduação em Literatura Brasileira da Faculdade de Filosofia, Letras e Ciências Humanas).

SIMMEL, Georg. *Sociologia*. Organizador [da coletânea] Evaristo de Moraes Filho. São Paulo: Ática, 1983.

SOARES, Ana Carolina Eiras Coelho. *Moça Educada, Mulher Civilizada, Esposa Feliz: relações de gênero e História em José de Alencar*. Bauru, SP: Edusc, 2012. (Coleção História). 2012.

SODRÉ, Nelson Werneck. *A história da Imprensa no Brasil*. 4ª ed. (atualizada) Rio de Janeiro: Mauad, 1999.

SOUZA, Silvia Cristina Martins de. *As noites do Ginásio: teatro e tensões culturais na Corte (1832-1868)*. Campinas: Editora da UNICAMP, Cecult, 2002.

_____. "Dos folhetins Dos jornais ao palco: romances folhetins e textos teatrais no Rio de Janeiro da segunda metade do século XIX". *Tempo*, vol. 16, nº 32, p. 193-221, jan/jun, 2012.

STAMATO, Maria Inês Sucupira. "Um olhar na História: a mulher na escola (Brasil: 1549-1910)". *História e Memória da educação bra-*

sileira. Natal. II Congresso Brasileiro de História da Educação, p. 1-11, 2002.

STERNE, Jonathan. *Une histoire de la modernité sonore*. Paris: Éditions La Découverte / Philharmonie de Paris – Cité de la musique, 2015.

STRAW, Will. "Systems of Articulation, logics of change: communities and scenes in popular music". *Cultural Studies*, vol. 5, n°3, p. 368-388, 1991.

TINHORÃO, José Ramos. *Os sons dos negros no Brasil. Cantos, danças, folguedos: origens*. São Paulo: Ed. 34, 2008.

_____. *Os sons que vêm da rua*. São Paulo: Ed. 34, 1976.

VEIGA, Cyntia Greive. *História da educação*. São Paulo: Ática, 2007.

WASSERMAN, Fabio. "La Generación de 1837 y El proceso de construcción de la identidad nacional argentina". *Boletín del Instituto de Historia Argentina y Americana Dr. Emilio Ravignani*. Tercera Serie, n° 15, pp, 7-34, 1er semestre de 1997.

WISNIK, José Miguel. *Machado Maxixe: o caso Pestana*. São Paulo: Publifolha, 2008.

XEXÉO, Pedro; ABREU, Laura. *A Missão Artística Francesa: coleção Museu Nacional de Belas Artes*. Rio de Janeiro, 2007.

ZAMITH, Rosa Maria Barbosa. *A dança da quadrilha: da partitura aos espaços festivos: música, dança e sociabilidade no Rio de Janeiro Oitocentista*. Rio de Janeiro: E-papers, 2011.

Agradecimentos

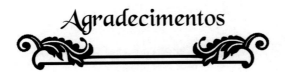

Eu agradeço aos meus pais Celino Barbosa e Lilian Vieira Barbosa, e familiares pelo incentivo e apoio para a realização deste trabalho.

À professora Fabiana Lopes da Cunha, por acreditar nesta pesquisa e por pleitear os recursos necessários para sua publicação.

À Joana Monteleone por apoiar esta obra e toda a equipe da Alameda Casa Editorial pelo empenho e dedicação na confecção deste livro.

À Fundação de Amparo à Pesquisa do Estado de São Paulo (FAPESP) por disponibilizar recursos para a elaboração deste livro, via processo 2016/22201-6.

Muito obrigado!

ALAMEDA NAS REDES SOCIAIS:
Site: www.alamedaeditorial.com.br
Facebook.com/alamedaeditorial/
Twitter.com/editoraalameda
Instagram.com/editora_alameda/

Esta obra foi impressa em São Paulo no
inverno de 2018. No texto foi utilizada
a fonte Minion Pro em corpo 10,25 e
entrelinha de 15 pontos.